KB206109

동성애 상담사례
Coming Out Again Series

거기 누구 없소 나 아픈데

동성애 상담사례
거기 누구 없소 나 아픈데
ⓒ 이요나, 2019

초판 1쇄 발행 2019년 5월 30일

지은이      이요나
펴낸이      이희찬
편집         홀리북스 편집부
펴낸곳      홀리북스(Holybooks)
출판등록   제2014-000225호
주소         서울시 강남구 언주로 608 3층
전화         070)7565-3535
팩스         02)798-5412
이메일      seoul@calvarychapel.kr
홈페이지   www.holybook.kr
가격         15,000원

ISBN        979-11-967143-0-7 (93230)

## 동성애 상담사례
## Coming Out Again Series

# 거기 누구 없소 나 아픈데

이요나 지음

홀리북스

## 5월의 고통

어버이날. 카네이션만 보아도 가슴이 터진다.
어린이날. 아들의 손잡고 소풍 가는 모습을 보며 피를 토하는
어버이들에게 5월은 너무 잔인한 달이다.

5월만 되면 머리를 하늘에 두고 잠들지 못하는 사람들이 있다.
동성애로 어머니를 죽게 한 아들에게 동성애는 지옥이다.
목사의 과격한 설교로 자살한 아들을 둔 어버이에게
교회 종소리는 고통이다.

동성애가 더러운 것은 하늘도 알고 부모도 알고
동성애자도 알고 귀신도 안다.
그러나 더러운 색을 입고 살아야 하는 사람들에게는
숨 쉬는 것만으로도 지옥이다.

예수의 교회는 용서와 사랑이 핵심이다.
복음의 진리는 길이요 생명이 되어야 한다.
어떤 상황에서도 사람을 죽이는 것은 예수가 아니다.
죽어 주는 것이 예수다.
더 참아주고 더 기다려 주었으면 한다.

# 동성애 소고(小考)

"내 지체 속에서 한 다른 법이 내 마음의 법과 싸워 내 지체 속에 있는 죄의 법 아래로 나를 사로잡아 오는 것을 보는도다" (롬 7:23)

살아있다는 것은 실로 아름다운 일이다. 살아있기에 숨을 쉴 수 있고, 생각할 수 있으며 또 소망을 가질 수 있으며 돌이킬 수 있다. 살아있기에 인간은 그 소유된 생명의 틀 속에서 하루를 펼치고, 또 접으며, 시작과 끝을 알 수 없는 인생을 달려가고 있다. 이것이 인생의 매력일지도 모른다.

모든 사람은 누구에게나 가슴에 묻어 둔 인생의 이야기를 가지고 있다. 그것들은 어떤 모습을 하고 있든지 간에 자기의 인격을 대변하는 무형의 분신들이다. 또한, 그것들은 자기 투쟁의 현장이면서도 결코 스스로 쥘 수 없는 칼자루이다. 이처럼 인생은 스스로 거부할 수 없는 벽장 속에서 숨을 쉬고 있다.

만약 사람이 자기의 인생을 자기 지혜로 연출해 나갈 수 있다면 실패한 인생은 없을 것이다. 그러나 아이러니하게도 자신의 의지대로 쓰지 못하는 인생의 일기장은 결국 그 영혼의 판결문이 되어 그 육체를 마감하는 날까지 보전된다.

그러나 그때는 돌이킬 수 없는 유한의 시간과 무한의 공백이 교차되는 분기점이다. 불행하게도 많은 인생들이 육체의 호흡이 정지된 그 시점에서야 자기 영혼에 은밀히 개입된 가증한 얼굴을 발견하게 된다. 한 치도 더 연장할 수 없는 무기력의 분기점에 이르러서야 자기 일기장에 개입한 영들의 배후가 있었다는 사실을 깨닫게 된다.

사람의 과거는 영원히 지워지지 않는 흔적이지만, 그 인생을 함께 만들어간 어떤 형상을 선택한 것은 자신이었기에 그 책임은 결국 자기에게 있다. 그러나 만약 사람이 호흡이 있는 동안에 그의 영혼이 권고를 받을 수 있었다면 그는 참으로 행복한 사람이다. 그날에 그는 자기인생에 관여한 더러운 영들의 사슬을 능히 풀 수 있는 권능자의 이름을 발견하였을 것이기 때문이다.

그날에는 수치로 가득한 인생의 너절한 일기장은 피의 구속을 받아 더 없이 하얀 빛을 발하게 될 것이다. 그날로부터 그의 인생은 더 이상 수고를 하지 않아도 된다. 그의 일기장은 사람의 손으로 쓰지 않은 생명의 이야기들로 가득하게 기록될 것이기 때문이다. 그 아름다운 생명의 매력 속에서 당신의 영혼은 영생의 쉼을 얻게 될 것이다.

'동성애', 이 단어는 기억조차 하고 싶지 않은 말임에도 불구하고 내 인생에서 지워버릴 수 없는 삶의 흔적이다. 동성애라는 단어를 보는 것만으로도 난도질당한 기억 곳곳에서 피고름을 쏟아낸다.

누구든지 이 사슬에 얽히면 스스로 그 멍에를 끊고 나올 장사가 없다. 이 육체의 족쇄는 자극의 원리를 상실한 채, 머리와 꼬리가 뒤엉켜버려 풀어질 수 없는 수억의 뱀 더미와도 같다. 또한, 이들은 브레이크 끊어진 고속열차의 굉음 같아서 죄의 수(數)가 차기까지는 결코 세미한 음성을 듣지 못한다.

그러나 나의 주인은 내가 지음을 받던 날부터 내 혼이 죄를 거절하지 못할 때에도 묵묵히 나를 목도하며, 내 혼이 죄의 역사를 미워할 때까지 인내하고 계셨다.

이로써 나는 그의 사랑이 태초부터 나를 향하고 있었음을 믿는다. 그의 충만한 사랑이 나의 연약한 호흡들을 한 가닥씩 세며 은혜 위에 은혜를 더하셨던 것이다. 이는 그의 자비가 태초로부터 예정된 언약 속에서 나의 인생을 섭리하고 있었던 것을 증명한다.

그러므로 나는 그의 긍휼하신 인내가 진실하고 온전한 사랑인 것을 믿으며, 나 또한 남은 호흡을 그의 위대한 사랑을 위해 인내의 세월을 쌓고자 한다. 부디 이 부족한 사람의 삶의 증언이 주 예수 그리스도의 은혜가 갈급한 모든 영혼들 위에 베풀어지기를 기원한다.


그리스도의 종 이요나 목사

# 목 차

## 제4부 우리 아들, 딸 어떡해요

## 제5부 크리스천 동성애자의 갈등

# 목 차

## 제6부 자유에 이르는 오직 한 길

## 목 차

## 제9부 동성애, 복음적 대응

# 제1부

# 리애마마 동성애 탈출

"어떤 때에는 거리, 어떤 때에는 광장 또 모퉁이마다 서서 사람을 기다리는 자라 그 여인이 그를 붙잡고 그에게 입맞추며 부끄러움을 모르는 얼굴로 그에게 말하되 내가 화목제를 드려 서원한 것을 오늘 갚았노라 이러므로 내가 너를 맞으려고 나와 네 얼굴을 찾다가 너를 만났도다 내 침상에는 요와 애굽의 무늬 있는 이불을 폈고 몰약과 침향과 계피를 뿌렸노라오라 우리가 아침까지 흡족하게 서로 사랑하며 사랑함으로 희락하자"(잠 7:12-18)

# 영들의 유혹

## 꽃 뱀의 숨소리

내 고향은 김포 비행장에서 50리 정도 더 들어간 김포 장능산 기슭의 당곡이라는 조그마한 부락이었다. 지금은 인천과 수도권 위성 도시로 선정된 김포시가 되어 어린 시절에 느끼던 시골 풍치는 없어졌지만 장능산 기슭을 밟던 애틋한 추억들은 아직도 가슴에서 상큼한 향기를 발하고 있다. 장능산 기슭은 유난히도 뱀이 많았다. 오유월이면 신작로를 거슬러 지나가던 뱀들이 자동차에 깔려 시퍼런 선혈이 뭉그러진 채 죽어 있었고 나는 그 뱀의 시체를 피해 침을 뱉고 지나가곤 했다. 또래들에 비해 나는 유난히도 뱀을 무서워했었다. 특별히 초록색 비늘에 붉은 반점의 새빨간 혀의 독사는 꿈에서라도 두 번 다시 볼까 소름이 끼쳐 온다.

내가 독사를 유난히 싫어하는 데는 내 인생의 체험을 통한 두 가지 특별한 이유가 있었다. 한번은 땅에 기어 다니는 독사 꽃뱀의 체험이었고 또 한번은 내 삶 속에 숙명처럼 다가온 꽃뱀들의 실체 속에서 방황해야 했던 삶의 아픔이었다. 중학교 1학년 때 일이었다. 서울로 유학을 온 나는 주말이면 꼭 어머니가 기다리시는 김포 집에 내려갔다. 그 때만해도 그림 그리기에 남다른 재능을 갖고 있어서 나즈막한 초가 지붕 사이로 내다보이는 들판을 화폭에 담기 위하여 앞산 산소 터의 커다란 장송나무 밑으로 가곤 하였다. 늙은 소나무 가지에는 오월단오 놀이에 쓰기 위하여 매여 놓은 그네 줄이 드리워져 있었다.

## 오월의 유혹

오월 따뜻한 봄볕과 어우러진 싱그러운 바람은 지금 생각해도 과히 에덴의 동산을 떠올리게 할 만큼 상큼했었다. 간간이 음률에 맞추어 울어주는 뻐꾸기 울음소리, 그리고 물 찬 제비들이 날아가는 사이로 소를 모는 농부들의 흥타령에 허리춤을 덩실 추어대는 아낙네들의 웃음소리라니...

지금은 소설과 같은 이야기가 되어 버렸다. 하얀 도화지 위에 녹음방초와 잘 어우러진 황토 흙의 향기를 힘있게 토해 나가던 나의 붓 놀림은 흡사 화가의 아들과도 같았다. 하늘과 각양 각색의 푸른 나무들과 철쭉꽃 향, 그 사이 길을 따라 개울 건너편 논두렁을 맞물려 펼쳐진 김포 평야! 그리고 황토 흙과 어울려 보리 이삭을 피어내는 들판을 가슴에 담고 그것을 화폭에 담을 수 없는 아쉬움에 지쳐 잠시 누워 청명한 하늘을 담는 순간 그 평화를 깨고 엄습하는 공포가 있었다.

그 느낌의 순간 지구가 멎어지면서 내 머리털이 곤두선 채 내 의식은 심장의 고동소리조차 내기를 꺼리고 있었다. 흡사 지옥 사자가 내 혼을 감아 채려는 순간이라고나 할까? 그 순간에 내가 그 무엇을 보았다는 감각이 아니라 그 머리 털끝으로 감지된 무엇에 대한 공포가 내 뇌 속으로 전달되어 평소에 알고 있던 그 빨간 아가리의 독사의 모습이 내 동공(瞳孔)안으로 감각된 것이다. 이것은 다시 말하여 인간의 자기 보호능력을 통하여 예지 된 그런 본능적 투시(透視)였다.

그 순간은 감히 눈동자를 돌릴 수조차 없었다. 심장의 고동이 얼어붙어 흡사 냉동인간이 되어 가는 순간이었다. 이러한 죽음을 다투는 절박한 순간의 인간은 오히려 초연해 질 수 있다. 밤이면 무서워서 대문 밖 화장실조차 어머니 손목을 잡았던 내가 이처럼 초연해 질 수 있다는 것은 나도 모르는 어떠한 능력이 솟아 나왔기 때문이다. 인간이 극도의 공포와 냉혹에 도달하면 인간의 의식은 더 잔인해진다는 것을 직접 체험하는 순간이었다.

이후부터 나는 어떠한 것에 쉽게 놀라는 반면 짙은 두려움과 공포에는 깊은 사고로 대처하는 냉철함이 생겼다. 나의 냉철한 의식은 그 무엇인가를 속행하여야 할 절박한 절규를 갖고 있었으나 그러한 나의 생각을 표현해 줄 감각기관은 마비되어 있었다. 마비된 뇌리를 사로잡은 물체는 나의 동공 속에서 꿈틀거리고 있었다. 학교 등교길을 가로막고 길바닥에 짓이겨진 채 찢겨져 있던 그 무서운 빨간 무늬의 꽃뱀 독사의 얼굴이었다. 그때를 생각하면 아직도 그 물체는 내 혈관을 타고 기어가고 있는 듯 하다. 바로 그 실체가 나의 머리카락을 스치고 있는 것이다. 그 거리가 심히 가까워 도망할 순간조차 포착하지 못한 찰나 속에서 그 누군가가 나를 구해 주기를 기다려야 하는 절박한 순간이었다.

## 아! 하나님

나는 그 때 내 생전 처음으로 하나님을 찾았다. 하나님이 구원의 신이라는 것조차 알지 못하는 나에게 있어 하나님에 대한 지식이라고는 초등학교 3학년 때 미군 트럭에서 초콜릿과 함께 던져주던 쪽복음에서 만난 마구간의 아기 예수가 전부였다. 그리고 서울 형수집에 기거하면서 형수 손에 이끌려 나간 군인부대 안의 작은 천막교회에서 가끔 따라 부르던 찬송가와 아무런 의미도 없이 귀에 와 닿던 군목들의 설교는 나의 영혼을 깨우칠 만한 지식이 되어 주지 못하였다.

나는 그때까지 하나님에 대한 아무런 지식을 갖지 못하였고 다만 모든 사람들과 마찬가지로 태어나면서부터 스스로 터득된 하나님의 개념과 귀동냥을 통해 들은 하나님의 아들 예수가 인간을 구원하기 위해 오셨고 십자가에 못 박혀 죽으셨고 그를 믿으면 구원받아 천당에 간다는 신학적 교리가 내 사고와 이성을 무시한 채 머리 속에 세뇌 되어버린 일방적인 지식뿐이었다. 그러나 이 절박한 죽음의 순간에 나의 앞에 다가온 예수의 이름은 내 동공을 뒤덮고 있는 하늘 같은 존재였다.

새까만 죽음이 입술 언저리를 타고 파고드는 순간이었다. 이 절박의 순간 어디서인지 알 수 없는 곳으로부터 또 다른 나의 목소리가 구원자의 이름을 부르고 있었다. "주여 나를 구원하소서!" 그리고 나는 산책을 나온 옆집 아저씨가 깨우기까지 시간을 잃어 버린 채 누워 있었다.

족히 4시간은 지났을 때였다. 그러나 나는 깊은 잠을 자고 난 것처럼 평안하였고 두려움의 고통 같은 것은 전혀 없었다. 어딘가 먼 곳을 다녀온 기분이었다. 무슨 꿈을 꾼 것 같기도 했다. 부시시 일어나 주위를 살펴보니 내 주위에는 뱀의 흔적이라고는 찾아 볼 수 없었고 그리다가 만 시골풍경만이 미완성이 된 채 나를 기다리고 있었다.

멍하니 앉아서 기억을 되살려보니 아주 먼 곳에서 있었던 공포의 순간이 전쟁터의 필름처럼 내 기억의 한쪽에 비켜서 있었다. 그러나 그 꽃뱀의 냉혹한 눈빛과 금방이라도 물어버릴 갈라진 혀를 내 보이던 꽃뱀 독사는 분명 짧은 내 머리카락을 스치고 지나갔던 것이다. 그러나 실신한 채 깊은 잠 속에서 공포의 시간을 잃고 있었던 나의 의식은 그 죽음의 무게를 기억해 내지 못하고 있었다. 그 평안함은 후일 많은 인생의 강을 건너 주님의 안식의 강에 들어 와서야 그것이 하나님의 평안이었음을 알 수가 있었다. 그 찰나에 느꼈던 두려움과 그리고 몇 시간 동안 잃어버린 의식 속에의 평안은 마흔 세 살이 되어서야 하나님의 강가에서 찾을 수 있었다.

# 유혹의 실체

## 쾌락의 궤도

그 사건 이후 무척이나 산을 좋아하던 나는 이제 집 앞의 동산마저
도 오르기를 두려워했다. 이러한 공포의 증상은 군에 입대한 후에도
완전히 떨쳐버리지는 못하였다. 그 뱀에 대한 공포는 나의 머리 속
에 영원히 잊혀지지 않는 두려움으로 각인되어 있었다. 그러나 이러
한 뱀에 대한 증오와는 달리 나의 삶의 한 쪽에서 꽃뱀의 실체가 살
아서 숨쉬고 있었다. 그 이후 뱀에 대한 기억은 땅 속으로 스며들어
간 채, 우리 생활 속의 어느 한 소년의 서글픈 이야기로 이어져 간다.

자살을 연구하던 사람들의 말에 의하면 교수대에 달린 사람들은
모두 마지막 찰나의 극치(極致)의 환희를 감각하며 정액을 분비한
다고 한다. 그것은 인간이 어떠한 극도의 공포와 흥분이 최고조에
다다를 때, 인간의 한계를 벗어나기 위한 마지막 순간에 발생된다고
한다. 이때에 발생되는 파워는 궤도로 진입하기 위해 분리되는 로켓
에 비교할 수 있다.

다시 말하여 이것은 인간의 생의 마지막 끝에 남아 있는 모든 에너
지가 분화되는 지극히 짧은 찰나의 감각으로서 인간의 언어로 감지
할 수도, 표현할 수 없어 인체에 속하지 않은 또 다른 감각을 통하여
느껴지는 쾌감이라고 한다. 꽃뱀이 소년의 짧은 머리를 스치고 지나
가던 순간, 소년의 생명은 끊어내기 직전 교수대에 걸려 있는 실낱
과도 같았다. 그 숨결은 권능자의 손에 간수되어 다시 세상으로 되
돌려지기까지 육질(肉質)의 껍질에서 벗어나 영겁(永劫)의 세계로

돌입할 때 발생하는 쾌락을 체험하고 있었다.

　1960년대 한국의 문명은 사춘기와 함께 또 새로운 세계를 꿈꾸는 소년의 감성을 충족시키기에 너무 뒤쳐져 있었다. 그렇다고 해서 그가 그 시대의 다른 아이들보다 앞선 문명의 이기(利器)를 접하며 살았던 것도 아니다. 다만 이것은 하나님으로부터 계획되었던 숙명의 태엽이 서서히 풀려 나가는 과정으로서 아직 완전한 것을 터득치 못한 인간의 선택이 창조주의 지식을 따르지 못한 채 현실과 타협하고 있었던 것이다.

　이것은 눈에 보이지 않는 세계, 즉 지식과 체험과 그리고 감성과 이성까지도 초월한 초현실적 이데아를 실현시키기 위한 인간 탈피의 몸부림이기도 하다. 남보다 조숙하다는 말로 표현하기는 이상할 정도로, 이 소년의 육체는 그 어떠한 최고의 경지에 도달된 쾌락을 이미 체험하고 있었던 것만 같았다. 그 후 소년의 어린 영혼은 그 무엇인가를 찾기 위하여 현실 세계를 달리기 시작했다. 그러나 그 충동의 세계는 소년의 현실적 연령을 훨씬 뛰어 넘어야만 했다.

## 허기진 자아

　허기진 소년의 이상(理想)은 자아를 채우기 위하여 헤밍웨이의 장서(藏書) 속에서 밤을 지새우기도 하고, 도스토엡스키의 죄와 벌 속에서 인간을 발견하며 어린 영혼의 카타르시스를 위하여 소년은 또 하나의 주홍글씨를 쓰고 있었다.

　결국 그 짧은 인생의 테마 속에서 터득한 철없는 지성(知性)은 데

미안의 뜰에서 신(神)들과의 호흡을 나누고 있었다. 그리고 그 속에서 발생한 교만한 마음은 현실을 질투하며 꿈속의 천사들과 어울려 깊은 하늘 저편 열두 궁성을 넘나들고 있었다. 이렇게 신비를 향한 소년의 이데아 여행은 인생의 태엽을 추스리지 못한 채 미로로 미끄러져 들어가고 있었다.

어느 때부터인가 소년의 머리카락을 스치고 지나 저만큼 비껴 서 있던 그 꽃뱀은 화려한 웃음을 지으며 소년의 연약한 숨소리를 이끌고 불타는 청춘의 늪으로 들어갔다. 날이 갈수록 그 꽃뱀은 황홀한 유혹으로 내려앉아 어린 육체의 새로운 생리적 변화를 요구하며 지난날 소년이 잃어버린 시간 속에서 맛보았던 쾌락을 실현시키고자 애를 쓰고 있었다. 그때부터 지성과 지각(知覺)을 갖추지 못한 무분별한 소년의 이성은 누구의 지도도 받지 못한 채 궤도를 떠나 깊은 늪으로 달려가고 있었다.

학교를 오가며 매일 겪어야 하는 통근 기차 안에서 비벼대는 육체들, 그리고 밤이면 자취방 건너 문풍지 사이에서 술 취한 병사를 이끌고 들어 온 주인집 딸의 신음소리가 숨을 몰아 쉬고 있었다. 또한 주말이면 소년의 발걸음은 집 뒤의 과수원 어두운 숲 속으로 숨어 들어가 욕정을 불태우는 활동사진을 훔쳐보며 충동하고 있었다.

## 이론과 실습

이론이 끝나면 곧 실습의 시간이 있다. 이론이 충분할수록 실습에 임하는 사람은 담대함을 갖게 된다. 사춘기의 우유 빛 얼굴에 볼그스레한 달아 오른 홍도(紅桃)는 SEX에 굶주린 사람들을 유혹하기에 충분하다. 유혹이란 구태여 어떠한 행동을 하지 않아도 쉽게 필요를 충족시킨다. 나의 인생 속에서 스스로 터득한 것은 더러운 마음 속에 불타는 욕정은 언제 어느 때를 막론하고 수요와 공급이 절묘하게 맞아 떨어진다는 것이다. 구태여 어떠한 행동을 전개할 필요도 없다. 그냥 꿈틀거리는 마음을 지피며 거리 한 쪽에 서 있기만 하여도 허기진 욕정들은 기름가마처럼 불붙어 온다. 16살의 불타는 육체는 달려드는 세상의 충동을 수용하기에 용감했다.

그 후로 소년의 가방 속에는 미군부대에서 흘러나온 플레이보이 잡지와 사춘기 소년의 가슴을 불태우기에 부족함이 없었던 야담집으로 가득했다. 채워지지 않는 굶주린 소년의 동정(童貞)은 주말이면 통금을 맞도록 삼류극장 깊은 어둠 속 꽃뱀들 사이에서 파티를 즐기고 있었다. 이 살아 있는 지옥은 내 영혼의 주인이 찾아오는 그 시간까지 그대로 덮어두었어야만 했었다.

나는 지금 이 땅의 방황하는 젊은 영혼을 사로잡고 있는 사단의 끈질긴 역사를 말하고 있는 것이다. 아직도 많은 하나님의 사람들이 우리의 무관심 속에 다가오는 악한 환경들로 인하여 사단에게 유린당하고 있음을 기억해야 한다. 세상에는 열역학이 존재하고 있다. 그러나 우리에겐 그보다 더 큰 예수 그리스도의 능력이 있다.

이제 다시 한번 돌아 보십시다. 물질문명이 만연한 21세기를 살아가는 현대인들... 음주와 성문화 속에 공존해야 하는 삶 속에서 사단은 또 어떠한 꽃뱀의 형태로 당신의 마음을 움직일 것인지 이는 아무도 알 수 없는 영적 비밀이다. 오직 내가 가는 길을 주께서 아시오니 주여 부디 당신의 백성들을 지켜 주시옵소서 아멘 아멘!

## 음녀의 춤사위

사춘기에 접어들면서 유달리 감수성이 풍부했던 나는 이성에 대한 눈도 뜨기 시작했지만, 질풍노도의 사춘기가 발동되면서 동성을 향한 욕정이 불길처럼 솟아올랐다. 나이를 더하면서 나는 동성애자로서의 인격이 완성되기 시작했다. 자위가 시작되면서 시도 때도 없이 주체할 수 없도록 솟구치는 성적 욕구는 하루에도 몇 번씩 은밀한 곳을 찾아야만 했다.

그러나 성적 욕구는 자위만으로는 만족되지 않았다. 아직 서구문화가 만연되지 않은 시대라서 TV도 없었고 포르노 잡지를 본다는 것은 생각도 할 수 없는 시대였다. 비키니 수영복을 입은 여배우 사진이 실린 달력을 구하기조차 쉽지 않았다. 그런 시대에 성적 유혹에 빠져버린 청소년들에게는 생활주변에서 포착되는 은밀한 장면들을 훔쳐보는 것이 유일한 통로였다. 더구나 그 당시 시골집들은 방음이 전혀 되지 않은 한옥 구조라서 창호지 문틈을 타고 개미 기는 소리까지 드러나는 상황이었다.

여름 밤이면 문풍지를 타고 은밀하게 속삭이는 젊은 부부의 정사의 현장을 찾아 나서는 청소년의 성적 욕구. 이는 벌써 성 도착증에 사로잡혔다는 증거이다. 어떤 때는 정사의 신음소리가 들리기를 기다려 새벽을 꼬박 지새운 날도 있었다. 이 정도면 귀신의 조화이다. 그때를 생각하면 그 시절에도 그러했거늘 요즘 청소년들의 상황이 얼마나 심각한가를 짐작케 한다.

그런 상황 속에서도 청소년인 나의 가장 큰 고민은 부모님은 물론 친구들에게까지도 나의 성 정체성을 드러낼 수 없다는 데 있었다. 가정이든 학교든 다른 사람들과 일상을 함께 하면서 은밀하게 겪어야 하는 동성애 성향은 양심을 짓누르는 인격적 모욕이었다. 말할 수도 없는 부끄러운 짓인 줄 알면서도 솟구치는 욕정을 주체하지 못하고 성적 본능에 이끌릴 수밖에 없는 동성애자의 심적 고통은 그 누구도 이해할 수 없는 지옥의 생활이다.

그럼에도 동성애자들은 자신이 동성애자 됨을 절실히 거부하면서도 끊어낼 수 없는 본성의 욕구와 굴욕을 스스로 즐기는 악순환 속으로 미끄러져 내려간다. 이것은 벗어날 수 없는 숙명과 같은 굴레이며 더러운 영들의 사슬이었다. 청춘이 깊어질수록 그날들의 밤도 깊어지고 어느새 그들의 욕정은 음부의 사자들이 되어 거리를 헤맨다. 이들의 마음속에 은밀하게 불타오르는 욕정은 마치 지옥에서 올라온 '음녀들의 춤사위'와 같다.

"소돔과 고모라와 그 이웃 도시들도 그들과 같은 행동으로 음란하며 다른 육체를 따라 가다가 영원한 불의 형벌을 받음으로 거울이 되었느니라"(유 1:7)

## 빗나간 청춘

그 당시는 '커밍아웃', '트랜스젠더'라는 용어 자체가 없었다. '게이', '호모', '동성애자', '여장남자', '오까마'(여장남자를 칭하는 일본어 속어)라고 불렀다. 청년 시절 나는 가족과 다른 사람들의 눈을 피해 이중생활을 해야 했다. 하지만 이미 은밀히 동성애를 즐기기 시작한 내 육체는 스스로 성애(性愛)의 상대를 찾아 나섰다.

대학교에 들어가면서 성적 욕구는 더욱 강렬해졌고, 학교 친구들

사이의 스킨십이 드러나 소문이 퍼지면서 결국 대학생활을 지속할 수 없게 되었다. 그 당시는 밤 열두 시면 통행금지가 있었다. 이 시간이 되면 도심의 유흥가는 매우 분주해진다.

그 시절 나는 명동을 즐겨 찾았다. 명동 국립극장 대로를 타고 활보한다는 것은 특별한 사람만 누리는 특권처럼 느꼈던 시대다. 명동 안에는 명동극장과 유네스코회관 극장이 있었다. 주말이면 이곳은 '게이'(동성애자들의 속칭)들의 헌팅 장소가 된다.

그렇다고 모든 게이가 명동으로 몰리는 것은 아니다. 명동거리는 그만한 메리트를 가진 게이들이 왕래했다. 경제적인 여유가 없는 장년 게이와 청소년 게이들은 종로 3가 파고다극장으로 몰렸다. 아주 싼 값에 두 편의 영화를 온종일 볼 수 있었기 때문이다.

어두컴컴함 속에서 누가 보든지 말든지 하루에도 여러 명씩 파트너를 바꾸어 가며 동성애를 즐겼다. 그들은 오직 동성애 섹스를 하기 위해 태어난 사람들 같았다. 그나마 나는 깔끔한 어머니의 교훈을 받은 터라 그렇게까지 타락하지는 않았다. 때때로 그들과 함께 무너지고 싶은 마음이 간절했지만, 바닥까지 내려간다는 것은 스스로 인간이기를 포기하는 것 같아 참고 또 참았다.

지금 생각하면 그 때는 아직 에이즈가 출현하지 않은 터라 천만 다행이었다. 만약 그 시대에 에이즈가 유입되었다면 의료생활이 발달되지 못한 개발도상국인 우리나라는 아프리카의 국가들처럼 에이즈 천국이 되었을 것이다.

흥미롭게도 동성애자인 내게 이성과의 연애감각이 완전히 마비된

것은 아니었다. 어쩔 수 없는 상황 속에서 친구들과 어울려 사창가
도 가게 되고, 또 대학 시문학 동아리에서 만난 자매와 위선적 연애
에 빠지기도 했다. 어쩌면 이런 나의 행동은 동성애 성향의 아이들
에게는 이율배반처럼 느껴지겠지만, 그래도 내가 살던 시대에는 남
자로서 여자에게 관심을 가져야 하는 도덕성 같은 것이 남아 있었다.

그런 시대적 환경 때문에 그 시대의 대부분의 게이들은 이중생활
을 하고 있었다. 일부러 여자들을 사귀기도 하고 남자다운 척하기도
했다. 결혼한 동성애자들은 게이들 속에서는 창녀처럼 아양을 떨다
가도 집에만 들어가면 갑자기 도덕군자가 되어 버렸다.

그 당시 내가 잠시 교제를 하던 자매는 내 인생에서 여자와의 첫
사랑이다, 그녀는 나를 정말 좋아했고 가까이하고자 하면 할수록 밀
어내는 나에게 더욱 매력을 갖고 있었다. 그녀는 일부러 작전을 세
워 통금이 되도록 술자리를 마련하고 여관방으로까지 유인하였다.

어쩔 수 없는 상황에서 관계를 갖기는 했지만, 그녀의 어떤 유혹
과 나의 노력으로도 동성애적 욕구를 이성적 애정으로 전환할 수는
없었다. 동성을 향한 애정은 본능적 욕구였기 때문에 그 상황은 마
치 이성애자들이 동성과의 관계를 가질 수 없는 것과 같았다. 이처
럼 동성애자들은 애정의 감정선과 본성적 성적 욕구가 완전히 역류
된 상태 속에서 살고 있다.

# 군대 정사(情事)

대학을 중퇴한 나는 현실도피를 위한 궁여지책으로 군대를 선택했다. 부모님을 볼 면목도 없었지만, 혹시 억압된 군대생활 속에서 색다른 변화를 가질 수 있지 않을까 하는 기대감이 있었다. 그러나 나의 동성애적 욕구는 그 어떤 상황 속에서도 통제되지 않았다.

흥미롭게도 그 어디든 동성애자가 있는 곳에는 동성연애를 즐길 수 있는 상황은 항상 준비되어 있었다. 더구나 남자만이 존재하는 군대와 같은 밀폐된 공간에서의 여성스런 외모는 성적으로 민감한 청년들의 시선을 집중케 하는 묘한 매력이 아닐 수 없었다. 더욱이 겨울이면 한 모포 속에 둘씩 자야 하는 그 당시 내무반 구조 속에서 여자같이 하얀 내 속살은 닿기만 해도 터지는 석류와도 같았다.

다행히 그 당시 시작된 일반병 하사로 차출된 터라 하사급 침상이 구분되어 있어 일반 병사들은 범할 수 없는 터였지만, 방탕 끼가 있는 당직 하사관이나 장교들에게는 서로 다투어 지명 차출되는 주번 하사관이었다. 싫든 좋든 몸시중을 들어야 하는 성추행적 고역도 있었지만, 그로 인해 나의 군대생활은 여유로워졌다.

내가 필요한 것은 조건 없이 얻을 수 있었다. 어디 그뿐이랴. 한 달에 한 번씩 주어지는 외출 외박은 공주와 같은 대우를 받을 수 있었으니 고된 군대생활이 아니라 호강이었다. 이처럼 군대 내에서의 은밀한 정사는 지금도 은밀히 진행되고 있을 것이다.

군 생활 속에서는 내가 마음먹은 사람은 누구나 다 정을 통할 수 있었다. 나의 은밀한 유혹을 거부하는 사람은 한 사람도 없었다. 화장실이든, 샤워장이든, 내무반 침상이든, 심지어 보초 막사에서도 동성애 정사는 멈추지 않았다. 절제된 공간에서의 젊은이들의 욕정은 동성이든 이성이든 건드리면 터지는 석류 알과도 같았다.

이와 같이 사람은 그가 어떤 위치에 있든지 간에 은밀한 유혹이 펼쳐지면 그는 성적 욕구가 이끄는 대로 끌려갈 수밖에 없다. 이처럼 동성애자들의 욕정은 거부할 수 없는 블랙홀과 같다.

도덕과 윤리가 살아 있던 시대에도 그러했거늘 지금과 같이 동성애 문화가 난무하고 동성결혼이 이슈화된 시대에서는 어떠하겠는가? 그럼에도 군 형법 92조 동성애 처벌규정을 삭제해야 한다는 주장은 말이 되지 않는다. 더욱이 합의된 동성애는 전혀 문제가 될 것이 없다고 보는 청년 의식 구조 속에서 만약 군대 내에서 동성애를 허용한다면 장차 우리 자녀들은 양성애의 길로 빠져들 것이며 크리스천일지라도 동성애 유혹에 대하여 관대해질 것이다.

## 동성애, 암수동체인가?

대부분의 동성애자들은 암수동체의 본능적 성향을 갖고 있어서 혼자서도 환상적 섹스를 즐길 수 있고 또한 상대를 만나면 그들만이 가진 암수본능의 성감대로써 상대의 본성적 욕구에 즉흥적으로 대응하게 된다. 그러므로 동성애자들이 말하는 사랑의 본질은 섹스다. 만약 그들에게 섹스가 없다면 그들이 말하는바 플라토닉 사랑이란 거짓말이 될 것이다.

지금까지 수많은 동성애자들을 상담해 오면서 대부분의 크리스천 청년 게이들은 자신은 상당히 점잖은 게이처럼 말한다. 아마 그것은 자신이 크리스천이라는 신분에서 오는 위장일 것이다. 모태신앙이라고 말하는 청년일수록 자신의 동성애 성향을 포장하려 한다. 그러나 그것은 솔직히 말해 그들의 말은 새빨간 거짓말이다. 35년 전의 나를 보아도 이렇게 리얼하게 더럽거늘, 오늘과 같은 색욕의 시대에 정결한 게이를 찾는 것은 하수도에서 깨끗한 행주를 찾는 것이 더 쉬울 게다.

상담을 하다 보면 믿음이 좋다는 권사님들일수록 아들에 대한 믿음은 대단하다. 우리 아들은 동성애 성향이 조금 있을 뿐이지 남자의 손은 잡아 보지도 않았을 것이라 확신한다. 아마 35년 전 우리 어머니도 그렇게 생각하셨을 것이다. 본디 나라는 놈은 정말 도덕군자와 같이 양순하고 순전하고 겉보기에 매우 깔끔하였으며 예의 바르기로 칭찬이 자자했으니 말이다.

그런 아들이 그처럼 더러운 호모질을 했을 것이라고는 아무도 생각하지 못했을 것이다. 그러나 동성애자는 최고의 연기자이며 거짓말의 천재이다. 콩으로 메주를 쑤는 정도가 아니라, 똥으로도 메주를 쑤는 악마의 지능을 갖고 있으니 말이다.

이렇게 일상의 삶 전체가 본능적 동성애자의 생활로 활성화되면서 나의 머릿속은 온통 동성애 성향의 생활문화와 성적 체험들로 채워지기 시작하였고 동성애는 고칠 수 없는 나의 인격이 되었다. 동성애를 떠나서는 아무것도 생각할 수 없었다.

그러면서도 나의 마음 한구석에는 동성애자의 비애가 살아있어 괴로워하며 자기 연민에 빠지기도 했다. 이와 같이 인간은 죄 된 행위를 미워하는 심성 또한 함께 갖고 있다. 그러나 아무리 기를 써도 절제할 수 없는 욕정은 허기진 하마의 입과도 같았다.

아, 지금도 그때를 생각하면 내가 죽지 않고 살아 있다는 것이 기적이다. 그러니 이 시대의 아이들의 고통이야 어떻겠는가? 지옥이 따로 없다. 동성애자로 살아간다는 것이 바로 지옥이며 불이다. 오, 주여! 부디 이들을 구원하소서!

# 욕망과 절망 사이

## 이화랑(花郎) 의상실

군 제대 이후 나는 서울연극학교 드라마센터에서 알게 된 당대 유명 연극인이며 패션디자이너였던 현진 선배의 의상실을 돌보아 주다가 현진 선배가 외국으로 이민을 떠나게 되어 충무로에 '이화랑 의상실'을 개장하였다.

그 당시는 꽃미남을 뜻하는 '화랑(花郎)'이란 게이틱(gay-tic)한 이름을 쓰는 것조차 쉽지 않은 시대였지만, 어쩌면 나는 자신이 게이라는 사실을 은연중에 알리고 싶었는지도 모른다. 이처럼 동성애에 빠진 게이들은 자신들의 성이 마치 신으로부터 받은 선물인 것처럼 착각에 빠진다.

충무로 수도경비사 사거리 앞의 허니맨션 7층에 오픈한 의상실의 주 고객은 나이트클럽 호스티스였다. 일찍부터 사교춤을 배워 틈만 나면 나이트클럽을 즐기던 시절이라 호스티스들에게 제법 인기가 있었다. 또한, 그 당시는 명동과 충무로 고급 의상실과 백화점에서는 상류층 부인들을 상대로 한 타운웨어가 중심이어서 파티복 전문 드레스 샵은 상당한 인기가 있었다.

그러나 문제는 호스티스들에게 홍보하기 위해서는 저녁마다 나이트클럽에 가야만 했고, 또 갈 때마다 호스티스들을 유혹할 만한 꽃미남들을 대동했던 관계로 배보다 배꼽이 더 컸다. 이 상황 속에서 자연적으로 생기는 것은 제비족이다. 의상실에는 몇 명의 제비족이 점원을 가장해서 상주하고 있었고, 그들은 내가 게이라는 약점을 이용하여 틈틈이 돈을 뜯어갔다.

이처럼 내 마음이 온통 콩밭에 가 있으니 의상실은 사생활을 화려하게 꾸미는 치장일 뿐 돈을 벌기 위한 사업이 되지 못하였고, 날이 갈수록 어머니께서 평생 모으신 재물만 탕진하였다. 또한, 여기저기서 사채를 쓰다 보니 채무관계로 소송을 당해 구치소에 수감되기까지 하였다. 결국 내 생전 처음으로 시작한 사업은 3년 만에 문을 닫고 말았다.

사십일 간의 구치소 생활로 심신이 극도로 허기진 때에 우연한 계기로 불교대학을 나와 태고종단의 총무원에 봉직하던 젊은 스님을 만나게 되었는데, 그는 연극계 현진 선배의 숨겨 둔 애인이기도 했다. 그는 훤칠한 키에 오똑한 콧날의 조각남으로 중후한 매력까지 더해 지나가던 사람들도 다시 돌아볼 만하였다. 내 일생을 통해서도 그만한 얼굴은 만나보지 못했다. 그런 연고로 지승 스님은 상류층 게이 세계에서 우상과 같은 존재였다.

(그러나 불행하게도 의상실을 정리하고 프랑스에 이민을 떠나기를 소원했던 현진 선배는 프랑스 교포라는 꽃뱀에게 사기를 당하여 중동 사우디 땅에 버려져 한국으로 돌아오지 못한 채 자살로써 생애를 마감했다. 그 당시 나를 아는 많은 사람들이 여러 면에서 현진 선배를 많이 닮았다고 하였다.)

# 산사의 정사(情事)

명동 현진 선배의 의상실에서 처음 만난 지승 스님은 내 마음을 사로잡았지만, 언감생심 패션계 선생이자 연극계 선배의 애인을 넘볼 수는 없었다. 그냥 옆에서 보는 것만으로도 만족했다. 그러나 선배가 손님을 맞는 동안 힐끔 나의 얼굴을 쳐다보는 그의 눈에는 '언젠가 우리는 꼭 만나게 될 거야' 하는 무언의 메시지가 서려 있었다. 그처럼 가슴에 멈춰 있던 지승 스님을 명동 저녁거리에서 우연히 만난 것이다. 우리는 누가 먼저라고 말할 것도 없이 자석처럼 서로 끌어당겼다. 그날 밤은 오늘 지구가 무너져도 좋다는 생각이 들었다. 40일간의 교도소의 굴욕과 무엇을 하고 살아야 할지 모르는 필름이 끊긴 막막한 인생 사이로 스며든 오아시스와도 같았다.

명동에서 하룻밤을 지낸 지승 스님은 곧바로 휴가를 내서 나를 데리고 계룡산 기슭에 있는 작은 암자로 여행을 떠났다. 훤칠한 키와 갸름한 얼굴, 오뚝한 콧날에 깊은 사색을 더 한 냉정한 매력이 그에게 있었다. 그는 사십일 간의 구치소 생활로 한풀 꺾인 나를 사랑하는 어린 애인을 감싸듯이 품어 주었다. 그는 아무리 보아도 스님이 되기엔 아까운 인물이지만, 그는 스님 됨의 긍지를 갖고 있었다.

서로가 같은 목적으로 떠나온 여행이라 두 사람은 설렘으로 가득 찼고, 고속버스 안에서도 허벅지를 가린 법복 아래로 스님의 따뜻한 손이 은밀하게 움직였다. 이처럼 게이들의 정사는 시간과 장소를 가리지 않는다. 두 사람 사이에 아무 말도 없었지만, 욕정의 교감은 말로써 성취되는 게 아니었다.

새벽이면 법당에 앉아 염불을 토하는 낭랑한 스님의 목소리와 뒤태에서 풍기는 고독한 독신자의 매력 같은 것이 나를 사로잡았다. 그는 이미 결혼을 했음에도 말이다.

개울을 타고 올레길을 거닐 때는 산새들마저 우리의 연정을 시샘하는 듯 앞질러 쫓아다녔다. 해 떨어진 산사의 싸늘함이 내리깔리는 시간이 되면 어느새 스님의 넓적한 가슴이 나를 끌어안고 있었다. 말이 없는 시간이 지루하지 않게 흐르고 있었다.

달빛이 늘어진 산사 자락을 타고 깊은 밤을 가르는 두 남자의 연애감정은 신비 그 자체였다. 그 순간은 그냥 이대로 죽어도 좋다는 생각마저 들었다. 어쩌면 내가 승려가 되려고 결심한 것은 불도를 닦기 위함보다는 세상이 채워줄 수 없는 본능을 만족하게 하기 위한 절대 소망이었는지도 모른다.

이 순간 누가 이들의 사랑을 부정하다고 할 것인가? 비록 동성애자들의 연애가 창조의 섭리를 거역한 불륜이지만 그들 사이의 연애감정까지 무시할 필요는 없다. 비록 그들의 연애가 도덕과 윤리에 어긋난 것일지라도 그들에게도 연애감정이 있는 것도 사실이기 때문이다. 그러나 분명한 것은 그들의 애정이 어떻든 간에 그들이 행한 애정행각은 삶에서든 죽음 이후에서든 심판을 받게 될 것이다.


## 어머니의 죽음

산사에서의 며칠 밤은 세상을 내려놓고 승려의 꿈을 꾸기에 충분할 만큼 충만했다. 그만큼 마음에 든 사람과의 성적 유희는 인간의 그 어떤 고통도 잠재울 만큼의 마력을 갖고 있었다. 그러므로 인간 세상에서 정사는 멈추지 않는다. 그것이 부부의 관계든 불륜이든 남녀 간의 정사든 동성 간의 정사이든 그것은 그리 중요하지 않다. 그가 어떤 위치에 있든지 정사의 순간은 도덕적 이성은 마비된다. 헐떡이는 욕정이 요동을 치면 학자나 정치가나 재벌이나 스님이나 목사라도 모두 짐승이 되고 만다. 그것이 인간이다.

단 며칠 만에 승려의 매력에 매혹된 나는 더 이상 망설일 것도 없이 승려가 되기로 작정했다. 앞날에 대한 비전도 설계도 모두 정지된 상태였다. 오직 욕정이 요구하는 사랑의 진액이 혈관으로 가득 차면 그것으로 족하다고 생각되었다.

나는 지승 스님의 도움으로 승려가 되기 위해 안양의 어느 개인 사찰에 입적하기로 약속을 받아놓은 상태였다. 그러나 어머니의 반대가 너무 크셨다. 평소 입버릇처럼 아들이 교수가 되기를 소망했던 어머니이셨기 때문에 설혹 사업에 실패한 아들일지라도 머리를 깎고 절로 들어가겠다는 것을 허락할 부모는 없다.

결국, 나는 어머니에게 왜 승려가 되려 하는지를 설명하는 가운데, 내가 어려서부터 동성애자였음을 고백할 수밖에 없었다. 어머니는 아들이 태어날 때부터 동성애자였다는 고백에 큰 충격을 받았다.

어머니가 그렇게까지 충격을 받을 줄은 생각지도 못했었다. 평소에 불심이 깊으셨고, 재산을 탕진하며 탕자처럼 살던 아들이 승려가 되겠다고 하면 오히려 좋아하실 줄 알았다. 그런데 아들의 고백을 듣는 순간 그 어떤 상황에도 좌절하지 않던 어머니는 마치 혼백을 상실한 것 같았다. 나는 지금도 그때의 어머니의 얼굴을 잊을 수가 없다. 이미 어머니의 얼굴은 생명을 상실하고 있었다.

어머니는 아들이 이렇게 된 것은 아들을 얻기 위해 부처님에게 백일 불공을 드려 현몽을 받아 어렵게 얻은 아들인데, 결국 팔자에 없는 자식을 달라고 한 자신의 업보로 아들이 동성애자로 태어난 것이라고 생각하셨다.

청천벽력 같은 아들의 고백에 몇 날 며칠을 눈물로 지새우던 어머니는 아들에게 내려진 저주의 업보를 끊어 내기 위한 결단으로 사랑하는 두 아들과 딸에게 유서를 남긴 채 아버지가 계신 김포 선산 자락에서 스스로 숨을 거두셨다.


## 영혼의 통곡

"아들아. 어미가 죽는 것을 서러워 말거라. 내가 떠나는 것은 너 때문에 괴로워서가 아니라 너를 살리기 위함이다. 아들아. 미안하다. 아무 죄도 없는 네가 어려서부터 악귀에 시달려왔던 것을 생각하니 어미의 죄가 크다. 그러나 나는 내 아들이 잘될 것을 믿는다. 삼 년이 지나면 너도 서른 살이 되니 모든 것이 잘 풀릴 것이다. 네 저주는 내가 다 지고 가니 너는 인생을 비관하지 말고 열심히 살거라. 어미는 저승에서도 너를 위해 기도할 것이다. 행복하게 살거라……."

아! 이 날의 고통을 나는 무엇으로 말할 수 있으랴. 내 영혼이 통째로 날아가 버린 느낌이다. 삶의 의식조차 상실한 나의 인생, 나의 동공 속에는 죽음의 사자들이 진을 친 지 오래 되었다. 지옥도 용납할 수 없는 내 영혼의 무게를 이고 숨을 가늠하는 것조차 버거운 시간이 쉬지 않고 심장을 압박하고 있었다.

갓 스무 살이 되던 때, 동성애에 빠진 자기 연민을 견디지 못해 수면제 스무 알을 털어 넣고 응급실 문턱을 넘었을 때도 죽음의 그림자가 그토록 무거운 것인 줄을 느끼지 못했었다. 영혼의 문턱을 넘으면 육체가 감당할 수 없는 또 다른 시간이 기다리고 있을 것 같았다. 어쩌면 그 죽음 속에서 나의 비밀스러운 인생을 찾고 싶었는지도 모른다.

이처럼 불타는 사춘기에 이르면 누구나 한번쯤은 죽음이란 것을 생각해 본다. 죽음 저 편에는 육체를 초월한 영들의 세계가 있을 것 같은 망상에 빠지기 때문이다. 미처 영들의 전쟁을 알지 못한 철부지들이 육체 밖의 이데아를 꿈꾸며 어쩌면 데미안의 이상을 실현 시키고자 하는 욕망에 도취되어 있었을지도 모른다.

어머니의 죽음으로 내 인생의 모든 것이 멈추었다. 내 앞의 모든 날들이 정지된 것 같았다. 더 이상 내 인생이 존재할 수 없을 것 같은 죽음의 시간들이었다. 그럼에도 멈추지 않는 숨, 이 반역의 시간 속에서 나의 영혼은 무엇을 생각하고 있는지조차 기억이 없다. 그냥 살아 있는 고깃덩어리가 숨을 쉬고 있었던 것이다.

- 그냥 시간이 멈추어 버리던가
- 땅이 갈라진 사이로 천길만길 곤두박질치던가
- 하늘이 통째로 무너져 내리던가
- 밤도 낮도 시간의 존재도 기억할 수 없는 공간으로 날아가던가

아들들아, 다시는 이런 날이 오지 않기를 기도하자. 차라리 내 영혼이 너를 대신하여 무너지더라도……. 아니다. 설혹 네 어린 영혼이 풀지 못한 비밀한 육체를 평생 걸머지고 살아갈지언정, 부디 그

죽음의 날을 네가 보아서는 안 된다. 그러나 내가 알진대 동성애자를 둔 이 땅의 모든 어머니들은 아들의 저주를 끊어낼 수만 있다면 내 어미보다 더 아픈 고통을 불사할 것이다.

그러나 복음의 비밀을 깨달은 오늘 내가 더 괴로운 것은 동성애는 결코 타고난 업보도 저주도 질병도 아닌 모든 인간들 속에 역사하는 보편적인 죄라는 데 있다. 죄성을 가진 인간이면 누구라도 얽힐 수 있는 죄인 것이다. 그러므로 진리를 깨닫지 못한 영혼처럼 안타까운 인생은 없다.

## 어머니가 없다는 것

세상의 그 어떤 것보다 소중하고 귀히 여기시던 나를 두고 눈을 감으신 어머니…. 그날부터 내 인생에서 어머니는 없었다. 아들이 부르면 그 어디서라도 단걸음으로 달려오던 나의 어머니는 더 이상 없었다.

내 인생에서 어머니가 없을 것이라고는 한 번도 생각해 보지 못했다. 내 인생에서 어머니는 영구한 존재였다. 어머니가 있으므로 숨을 쉴 수 있었고 먹을 것과 마실 것과 입을 것이 존재했다. 어머니는 처음부터 나의 생명이셨다. 그 생명이 멈추어 버린 것이다. 그처럼 위대한 생명의 존재가 한 순간에 어디로 치워진다는 것은 불가능한 일로 여겨왔었다. 그런데 어머니께서 스스로 자신의 존재를 치워버리신 것이다.

어머니의 존재감의 비중이 깨달아 오는 순간, 생전 처음으로 내 존재의 무익함을 알게 되었다. 생명의 존재가 멈추어 버림 가운데 갈수록 내 영혼의 공백이 점점 커지기 시작했다. 그러나 더 고통스러운 것은 어머니 앞에 용서를 빌어야 하는데 용서해줄 존재가 치워졌다는 것이다. 어머니의 혼백이 한 촉각이라도 살아 있었다면…. 어머니의 혼백을 바람결에라도 감지할 수 있다면 죄를 고하는 아들의 눈물을 보시고 떠나셨다면 그 영혼이 위로가 되셨을 것을…. 그러나 어머니는 더 이상 없었다.

  - 어머니 잘못했습니다.
  - 어머니 잘못했습니다.
  - 어머니 잘못했습니다.


## 결혼의 고통

동성애자들에 있어 결혼의 설정은 남자와 남자이다. 그러므로 여자와 결혼한다는 생각은 동화 속의 각본일 수밖에 없다. 물론 부모와 사회적 배경 때문에 어쩔 수 없이 이성과의 결혼을 선택하는 사람도 있지만 그들의 인생은 갈수록 지옥이다. 사랑하지 않는 사람과 살을 맞대고 산다는 것은 감당할 수 없는 고통이기 때문이다. 나 또한 결혼이란 것을 생각해 보지 않았다. 만약 결혼을 한다면 그것은 사랑하는 남자와의 결혼이었다.

그럼에도 지난 시절 나의 과거 속에는 여인들과의 연정이 있었다. 이런 나를 두고 동성애자들은 당신은 뼛속부터 동성애자가 아니라 양성애자였다고 말한다. 그러나 이 세상에는 특히 우리나라의 가족 구조 속에서는 결혼한 동성애자들이 너무 많다. 다만 그들은 아내와 애정 교감을 공유할 수 없는 생물학적 구조 속에서 죽기보다도 싫은 결혼생활을 유지하고 있는 것이다.

과거 의상실을 하던 시절 나는 좋든 싫든 여자들과 비즈니스 차원의 육체관계를 맺어야 했다. 여자들은 내가 남자를 좋아한다는 것을 뻔히 알면서도 은근한 유혹을 던져왔다. 하얀 피부와 동안의 매력도 있었겠지만 어쩌면 그녀들은 남자가 남자를 좋아한다는 동성애적 매력을 알고 싶었는지도 모른다.

설혹 어려서부터 여성편향의 동성애자라도 여성과의 성관계가 안 되는 것은 아니다. 트랜스젠더의 경우도 마찬가지이다. 수년 전 십여 년 간 부부생활 속에서 자녀를 낳고도 이혼하여 성전환 수술을 하여 호적변경을 한 청주의 트랜스젠더의 예가 이를 증명한다. 그러므로 동성애의 근본적인 문제는 육체의 구조에 있는 것이 아니라 동성애 편향의 마음에 있는 것이다.

어머니께서 작고하신 후 고인의 한이라도 풀어 드리기 위해 결혼이란 것을 생각하게 되었다. 마침 그 당시 나를 좋아하던 여인이 있었다. 그 여인도 초혼의 상처가 있었다. 그녀는 내가 남자를 좋아하는 줄 알면서도 나를 사모했었다. 어쩌면 그녀는 자신과 결혼을 하면 나의 성 정체성이 변할 것으로 생각했을지도 모른다.

어머니의 각별한 유언도 있었고 결혼을 하는 것이 연로한 아버지와 형제들과 화해를 하는 길이라 생각했다. 이유야 어쨌든 우리 두 사람은 양가의 축복을 받으며 신라호텔 영빈관에서 결혼식을 올렸다. 그리고 경주로 신혼여행을 떠나 부산 해운대를 돌아왔다. 사랑이 없는 결혼이었기에 신혼여행 역시 슬픈 추억이 되었다. 사랑이 없으니 대화가 없고 여자를 사랑해 본 기억이 없으니 어떻게 대하여야 할지 막막했다. 의무적인 대화 속에서 시간이 되면 밥을 먹고 저녁이 되면 티브이에 코를 박다가 잠자리에 들어갔다.

　사랑 없는 신혼생활의 잠자리는 지옥과 같이 길었다. 신혼 첫날밤부터 내가 이 여인과 평생을 살아야 하는가 하는 생각에 가슴이 답답해 왔다. 그렇다고 섹스가 안 되기 때문은 아니다. 섹스야 마음먹기에 따라 충분히 연출할 수 있다. 그러나 여인과의 정사(情事)가 내게는 얼마나 큰 고통인 것을 짐작이라도 했다면 그녀는 나와 잠자리를 갖지 않았을 것이다. 동성애자에게 있어 부부생활이란 능구렁이를 안고 자는 것과도 같기 때문이다. 결국, 우리의 신혼생활은 일년을 넘지 못하고 끝내고 말았다. 지금도 나는 그녀에게 죄인 된 마음을 갖고 있다.

# 남장여인 열애클럽

## 트랜스젠더바

나는 아들을 위해 목숨을 내려놓으신 어머니의 유언을 따라 승려가 될 생각을 접었지만, 이미 어머니의 재산을 모두 탕진한 터라 세상 살아갈 길이 막막하였다. 그렇다고 살아갈 만한 별다른 기술도 터득한 바 없고, 손에 물 한 방울 만지지 않고 귀공자처럼 자란지라 잠시라도 내 몸을 의탁할 곳조차 없었다.

다행히 내가 한참 잘 나갈 때 함께 어울리던 게이 친구들에게 인심을 쌓아 놓은 터라, 그들이 돈을 모아 이태원 시장 입구 모퉁이 전당포 3층에 15평 남짓한 '젊은 태양'이라는 카페를 열게 됐다. 누님은 시집갈 때의 패물을 팔아 보태 주었다. 이것이 한국 최초의 트랜스젠더 클럽 '열애클럽'의 출발이다. 내가 처음부터 열애클럽을 시작한 것은 아니다. 비록 내가 게이생활을 하고 있었지만, 여자가 된다는 개념을 갖고 있지 않았다. 오히려 거리에서 여장을 하고 거리를 활보하는 몇 몇 트랜스젠더들을 천박하게 생각했었다.

그 당시는 종로3가 파고다극장을 중심으로 동성애자들의 미팅 장소인 작은 규모의 호모 바들이 즐비하게 들어섰고 명보극장을 중심으로 게이 호스트바가 몇 개 있었다. 게이들과의 성관계를 좋아하지 않았던 나는 종로 호모 바는 출입하지 않았다. 간간이 의상실 주인들과 어울려 명보극장 주변의 게이 호스트바를 다녔을 뿐이다. 그곳에는 신문광고를 통해서 게이들에게 술시중과 몸시중을 들 청소년들을 상시 모집하였다.

호스트바 주인들에게 패션계 사람들은 최고의 고객이라 새로운 미소년들이 들어오면 지체 없이 전화를 돌렸다. 그 중에서도 나는 그들에게 베스트 고객이었다. 그 이유는 내가 술을 먹지 못하는 관계로 아이들에게 난잡한 언행을 하지 않았고, 테이블 봉사만으로도 충분한 팁을 주니 호모들의 몸시중을 싫어하는 청소년들에게 나는 봉이었다. 그런데 그들의 고객이었던 내가 이제는 이태원의 첫 번째 호스트바 '젊은 태양'의 주인이 된 것이다.

그러나 게이 호스트바 젊은 태양을 운영하면서도 나는 내가 살아가야 하는 삶의 의식을 찾지 못하였다. 그냥 숨을 쉬는 것으로 살아있다는 생존의식을 가져야 했다. 사는 것이 사는 게 아니란 말이 남의 일이 아니었다. 잠을 이루지 못하는 나날 속에서 맹물과 같은 일상들이 무의미하게 다가왔다가 지나갔다. 내 머릿속에는 삶을 향한 소망도 없었고 무엇을 하고자 하는 의지 또한 없었다. 무의미한 인생 속에서 하루를 산다는 것은 마치 우리 안에 갇혀서 무거운 숨을 내쉬며 살아가는 짐승과 같았다. 그러므로 인생에게 소망은 삶의 절대 이유인 것이다.

## 아! 예수 그 이름

허망한 날들이 흘러가는 가운데 내 운명의 변화의 전초가 될 첫 번째 날이 찾아왔다. 수년 전부터 절친하게 지내던 민속가수 남미랑 누나가 나에게 예수 그리스도의 이름을 전한 것이다. 과거 고스톱을 치며 가깝게 지내던 민속가수 미랑이 누나가 돈을 벌기 위해 일본클럽에 진출해서 3년 동안 연락이 두절됐었는데 어느 날 갑자기 전화가 왔다.

미랑이 누나도 일본생활에서 빛을 보지 못하고 사람을 잘못 만나 이용만 당하고 한국에 돌아올 수 없는 억류 생활 속에서 하나님을 믿게 됐는데, 천신만고 끝에 일본생활을 청산하고 귀국하게 되었다. 그녀는 삼 년 만에 고국으로 돌아오는 비행기 안에서 지나간 날의 허접했던 인생을 회개하며 이제는 오직 하나님의 은혜 가운데서 살겠다는 결심을 하고 하나님께 감사의 기도를 드렸다고 한다.

그때 갑자기 하나님께서 누나에게 뜬금없이 나를 찾아가 자신의 이름 예수를 전하라고 명하셨다고 한다. 그 말씀을 들은 미랑이 누나는 주님께 다른 사람은 다 될지 몰라도 그 동생은 워낙 완악해서 절대로 전도가 되지 않을 거라고 말했으나, 주님은 내가 다 해 놓았으니 너는 그에게 내 이름을 전해 주기만 하면 된다고 말씀하셨다고 하였다.

3년 만에 이태원 해밀턴호텔 커피숍에서 다시 만난 미랑이 누나의 얼굴은 하얀 너울을 쓴 것 같이 평안하였다. 이런 저런 얘기 끝에 미랑이 누나가 정색을 하고 내 얼굴을 보며;

동생! 나는 예수의 심부름을 왔다. 예수께서 네게 이름을 전하라 하시더라.

누나의 말을 알아듣지 못한 나는 '일본 친구 중에 예수라는 친구는 없는데…….'라고 중얼거리다가 갑자기 누나 목에 걸린 십자가 목걸이가 눈에 들어왔다. 그리고 머릿속으로 떠오른 하나님의 아들 예수의 이름;

'아! 그 이름 예수!'

그 순간 커다란 돌이 머리를 내려치는 것 같았다. 내가 미처 알지도 못한 하나님의 아들 예수께서 자기의 이름을 전하라고 하셨다는 말은 큰 충격이 아닐 수 없었다. 그런데 더 흥미로운 것은 그곳에 나올 때까지도 염불을 되뇌며 염주를 손에 들고 있었음에도, 아무런 거리낌 없이 믿음의 고백이 터져 나왔다.

미랑 누나. 나 예수 믿을래요! 예수는 다시 살아났다니 나 예수 믿으랍니다. 우리 엄마가 평생 부처를 믿고 빌고 빌어 나를 낳았는데. 내 인생이 이게 뭡니까. 그런데 예수는 다시 살아났다니 나도 예수 믿을게요!

그 순간부터 내 눈에서는 삼십 년의 고통의 눈물이 주체할 수 없을 정도로 쏟아졌다. 그 무엇으로도 용서받을 수 없는 죄책감이 모두 씻겨 내려가는 듯한 특별한 체험이었다. 그 순간의 회심으로부터 산 소망으로 가득 찬 새로운 인생이 시작된 것이다.

내게 용서라는 말이 필요했던 것 같다. 어머니의 시신 앞에 눈물을 쏟으며 진심으로 용서를 빌었어도 이미 눈을 감으신 어머니는 답이 없었다. 아마 어머니의 숨이 조금이라도 남아 있었다면 그 순간에도 어머니는 불효 아들을 용서하셨을 것이다. 그러나 용서를 빌 상대를 찾지 못한 나의 영혼은 용서를 받지 못한 채 살아갈 소망을 상실하였고, 하루하루 살아 있는 송장처럼 거적때기 인생을 살았다. 생존감을 상실한 채 하루하루를 그냥 산 것이다. 살아도 사는 것이 아니었다. 그런데 단 한마디의 고백으로 내 영혼을 덮고 있던 죽음의 너울이 순식간에 걷힌 것이다.

참으로 신비한 순간이었다. 큰 돌을 맞은 듯, 갑자기 바보가 된 것 같았다. 사람의 눈에서 그렇게 많은 눈물이 쏟아질 수 있다는 것을 처음 알았다. 죄 때문에 어머니의 영정 앞에서도 눈물을 쏟지 못하였는데, 내 죄를 용서받았다는 확신과 함께 쏟아지는 회개의 눈물과 함께 기쁨과 평안이 가슴속으로 밀려들기 시작했다. 이는 마치 썩은 육체 안으로 밀려드는 또 다른 생명과도 같았다.

- 영혼의 자유
- 모태 이전의 평안
- 가슴 깊은 곳에서 솟아오르는 기쁨

예수를 믿겠다고 고백하고 난 후 가슴속에 쌓였던 모든 저주가 한순간에 풀어지는 것 같았다. 어디로부터 왔는지 알 수 없는 기쁨과 평안이 마음으로 가득 차기 시작했다. 그때로부터 남들이 기이하게 생각할 정도로 열광적인 신앙생활이 시작됐다.

그러나 예수를 영접하고 열정적인 믿음 속에서도 동성애 성향은 변하지 않았다. 그 후로 눈물을 흘리며 주를 향한 열정적인 믿음 생활 속에서도 동성을 향한 육체의 욕정은 달라지지 않았다. 어쩌면 내 영혼은 굶주린 이리처럼 육체의 먹이를 찾아 헤매고 있는 것 같았다. 더 괴로운 것은 천신만고 끝에 예수를 만난 나에게 아무도 예수를 가르쳐 주지 않았다. 그냥 내 영혼의 기쁨에 밀려 예수를 믿은 것이다. 내 영혼의 위로는 그것만으로도 충분했다.

그러나 날이 갈수록 내 신앙의 열정은 다른 방향으로 움직이기 시작했다. 드디어 종교 활동이 시작된 것이다. 종교 활동은 그냥 생기지 않는다. 사람의 영혼을 지배할만한 열정적 예배가 그 중심에 서 있어야 한다. 그것은 곧 사람이었다.

그 누구도 내게 육신적 생활에 변화를 가져야 하는 것이 영적 생활이라는 아주 기초적인 복음의 원리도 가르쳐 주지 않았다. 네가 예수를 믿었으니 너는 죄 사함을 받았고, 구원을 받았으니 죽어도 천국에 간다. 그러니 너는 교회에 충성하고 순종하여 축복을 받아야 한다는 메시지만이 쏟아질 뿐이었다. 그 속에서 나는 "아멘! 아멘!" 하며 하늘에서 쏟아지는 축복을 고대하고 있었다. 그러함에도 내 영혼이 주를 기뻐했던 것은 은혜 중의 은혜가 아닌가 싶다.

그렇다고 내가 구원을 받지 않은 것은 아니다. 내가 믿는 순간 하나님의 자녀가 되었고, 내 영혼은 예수 그리스도의 구속의 은혜를 체험하고 있었다. 그 어떤 상황에도 내가 하나님의 자녀가 된 것은 변하지 않는 진리였다. 오! 주님 감사합니다. 주님이 이기셨습니다.

## 예수쟁이 동성애자

내 생애 처음 출석한 교회는 당시 가장 부흥하던 여의도순복음교회다. 그 당시 조용기 목사님과 최자실 목사님은 성령운동과 치유로 세계적인 명성을 날리고 있었다. 기회가 있을 때마다 많은 목사들에게 기도를 받았는데, 그들은 모두 내가 동성애 귀신에 들렸다고 말했다.

기도원에서 만난 어떤 목사는 군대 귀신에 잡혔다고 하며 등을 사정없이 내려치며 귀신을 내쫓는 축사의식을 멈추지 않았다. 그럴 때마다 나는 "아멘! 아멘!" 하며 입에서 거품을 쏟아냈다. 그들의 말처럼 동성애 귀신이 들린 것으로 알고 있었다. 그들이 귀신을 쫓아낼 때마다 귀신이 조금씩 나가는 것으로 믿었다. 하지만 감격의 눈물을 흘리며 외치고 아멘을 외쳤지만, 그 어떤 종교적 의식과 믿음의 고백도 내 안에 도사리고 있는 동성애를 끊어내지는 못했다.

그리고 그 당시 내 믿음 속에는 동성애를 벗고자 하는 의지도, 또한 그 더러운 옷을 벗어야 한다는 절대적 소망도 없었다. 어려서부터 삶이 된 동성애는 이미 나의 인격이 되었고 동성애의 매력은 내 인생을 송두리째 지배하고 있었기 때문에 벗어야 할 필요성을 느끼지도 않았고 또 벗어야 할 죄라고 말해 주는 사람 또한 없었다. 그냥 종교의식에 참여하므로 하나님의 위로를 받고 싶은 것뿐이었다. 이러한 잘못된 종교적 폐습은 오늘날까지도 교회 안에서 악순환이 되고 있다.

## 서원기도

"만약 주께서 살아계시면 저를 5년간만 축복해 주세요. 만약 주께서 저를 축복하셔서 성공한다면 5년 후에는 모든 걸 다 정리하고 오직 당신만을 위해 살겠습니다."

이 말은 내가 교회에 첫발을 내디뎠던 예배 중에 나온 첫 번째 기도다. 흥미롭게도 이 기도는 작심을 하고 한 것이 아니라 예배의식 중에 통성기도 속에 떠밀려 순간적으로 터져 나온 것이다. 그 당시 나는 이 기도가 서원기도라는 것을 알지 못했다.

그 당시 절박한 상황 속의 기도를 하나님께서 들으신 것인지 알 수 없지만, 흥미롭게도 그때부터 한국 최초로 오픈된 여장남자 클럽 게이바 "열애클럽"은 날이 갈수록 번창해 갔고, 나는 열애클럽의 '리애

(李愛)마마'라는 이름으로 게이들의 대모(代母)가 되었다.

사업이 번창하자 이태원에 여성전용 호스트 클럽 '라브라브'와 게이 호스트 바 '젊은태양'을 오픈하고 또 200여 평이나 되는 성인전용 디스코텍 '프랑스마리아'를 오픈하기에 이르렀다. 또한, 종로 3가 요정골목에는 일본식당을 개업하였다.사람들에게 호모라고 멸시 받던 내가 당당히 커밍아웃하여 그 누구에게도 꺼릴 것 없이 유흥사업가로 변신한 것이다. 사업이 날로 번창하여 이촌동 현대 아파트와 이태원의 외국인전용 아파트 청화맨션을 사고 최고급 승용차를 끌며, 이태원의 밤의 황제처럼 활보하기 시작했다.

아파트 열기를 타고 이태원의 밤은 날마다 뜨거워갔다. 술과 밤의 쾌락을 즐기는 사람들은 이태원으로 몰리고 있었다. 20여 개의 성인 디스코텍은 물론 청소년클럽까지 넘쳐나기 시작하였다. 클럽들은 서로 고객을 유치하기 위해 각양각색의 쇼를 도입하기 시작하였다. 그 중에 가장 인기 있는 쇼는 단연 트랜스젠더들의 패키지 쇼였다. 이렇게 되자 서울 각 지역과 부산 대구의 클럽 사장들이 트랜스젠더 쇼 유치작전에 나섰다. 결국, 나는 게이 전문 프로덕션까지 손을 대기 시작하면서 거리를 배회하는 동성애자들을 모집하여 트랜스젠더 패키지 쇼를 일본과 각 지방에 공급하기에 이르렀다.

연휴가 낀 토요일 밤이 되면 클럽 4곳의 매상이 3천만 원에 이르렀다. 사람들은 나를 보고 유흥업의 귀재라고 하였다. 손을 대는 업소마다 성공하였기 때문이다. 그러나 이태원의 밤이 깊어질수록 나의 신앙은 점점 식어갔고 동성애자로 사는 생활은 더욱 화려하게 발전되어 갔다.

어느새 나는 사회적 편견 속에 얼굴을 가리고 살아가는 동성애자가 아닌 유흥업계의 큰손으로 부상하였으며, 그 당시 여장남자라고 칭하는 오늘날 트랜스젠더의 대모의 위상 속에서 그 교만함은 하늘 높은 줄 모르고 치솟고 있었다. 나의 교만은 마치 그날을 위해서 하나님께서 나를 동성애자로 창조하신 것 같은 착각에까지 이르렀다.

화려한 조명 아래 펼쳐지는 트랜스젠더 클럽 열애의 패키지 쇼는 가히 장안의 화제였다. 열애클럽이 한국일보 지면에 대문짝만하게 보도되는 바람에 경찰의 단속으로 한 달간이나 문을 닫은 일도 있었지만, 열애클럽은 유명 연예인을 비롯한 명사들이 출입하는 서울의 명소가 되었다.

사업이 번창하자 수많은 게이들이 취업을 하기 위해 찾아 왔고, 그들에게 춤과 노래를 가르치기 위해 연습실까지 갖추게 되었다. 열애클럽은 일본관광 가이드 북에까지 소개되어 일본인들이 즐겨 찾는 관광명소가 되었다. 이처럼 열애클럽이 장안의 명소로 자리 잡게 되자 나는 본격적인 패키지 쇼를 기획하기 위해 일본과 필리핀을 답사하기에 이르렀고, 무대의상에 필요한 재료를 구하기 위해 홍콩에까지 나갔다.

또한, 게이바의 천국이라 불리는 일본에까지 열애클럽의 소문이 자자하자 동경과 오사카의 술집 사장들이 체인점을 개설하기 위해 나를 찾아 왔고, 나는 동경 신주쿠 가부키초와 오사카 미나미마치에까지 열애클럽 분점을 차리게 되었다. 밤이면 밀려오는 고객들로 인해 열애클럽은 갈수록 화려해졌고, 이태원에 게이바 열풍이 일자 보카치오, 클레오파트라와 같은 군소 게이바가 하나둘씩 생겨났다. 그들은 과거 명동과 충무로에서 의상실을 하던 동료들로서 의상실 문을 닫고 게이바 마마로 전향한 것이다.

어느새 열애클럽은 유명 연예인들과 정치인, 재계 인사들까지 즐겨 찾는 명소가 되었다. 그 상황이 되자 나는 어쩔 수 없이 테이블에 들어가 고객을 맞지 않으면 안 되었다. 그 당시 거리를 배회하던 게이들은 고등학교도 졸업하지 못한 채 동성애 생활에 빠진 아이들이 태반이라 상류층 고객들과 조화를 이루는 대화를 해내지 못하였다. 또 고객들도 나를 테이블로 불러내기 시작했다. 할 수 없이 나는 연극학교 시절 배웠던 솜씨를 발휘하여 게이틱한 분장으로 객석에 나가기 시작했다. 모든 손님을 맞은 건 아니지만, 나의 독특한 분장과 화술은 명사들의 술자리를 더욱 빛내 주었다.

열애클럽 메인 스테이지에는 리애마마의 스페셜 쇼가 펼쳐졌다. 나는 기모노 분장을 하고 일본 최고의 엔카 가수 미소라 히바리(美空ひばり)의 '링고노 하나비라'(りんご追分)를 립싱크로 열창하든가, 인간문화재에게 어깨너머로 사사 받은 살풀이춤으로 무대를 채웠다. 내가 무대에 올라서면 서서히 무대막이 올라가며 회전무대가 돌기 시작했다. 하얀 스모그가 새벽안개처럼 무대 위로 차오르기 시작하면 뱀처럼 차디찬 눈동자 위에 악마의 신비가 진을 치기 시작했다. 이태원의 밤이 깊어질수록 리애마마의 환상은 뜨겁게 불타고 있었다.

사람의 교만이 정상을 향해 오르기 시작하면 그 끝이 이르기까지 결코 멈추지 않는다. 세상은 온통 자기를 위해 만들어진 것 같고 주변의 사람들은 모두 나를 위해 존재하는 것 같아 보인다. 돈은 쓰는 것만큼 가치를 발휘하고 돈의 위상은 결코 그 가치를 배반하지 않는다. 그때가 되면 추락의 손이 나타나기 전까지 그 누구도 그 사슬에서 벗어나지 못한다. 이처럼 날이 갈수록 리애마마의 밤은 점점 깊은 수렁으로 빠져 들어갔고, 밤의 열정 속에서 사단은 리애마마를 여자로 만들어가고 있었다.

개구리 올챙이 적 생각을 못한다고 죽음의 고통 속에서 예수의 이름을 부르며 하나님 앞에 살려 달라고 서원했던 5년이 훨씬 지났지만, 나는 여전히 하나님이 미워하시는 더러운 삶을 정리하기는커녕 오히려 게이들과 관련된 사업 확장에 더 열중하고 있었다. 이렇게 게이바 사업은 부산, 대구, 동경과 오사카에 이르기까지 확장되어 갔다.


## 하나님의 나침반

그럼에도 하나님의 시간은 멈추지 않았다. 만약 누가 그 어떤 상황에서도 하나님의 아들 예수 그리스도의 이름을 상실치 않았다면 그의 주인은 결코 그를 버리지 않는다. 그의 아들의 피가 그를 보증하고 있기 때문이다. 그래서 그리스도의 시간이 이를 때까지 우리는 더 기다려 주어야 한다.

밤의 열기 속에서 하나님 앞에 서원했던 5년의 태엽은 이미 다 풀려버렸다. 더 이상 쓸 시간은 남지 않았다. 하나님이 축복하신 것인지, 아니면 마귀가 축복한 것인지 알 수는 없었지만, 5년 동안 나는 엄청난 돈을 벌었다. 그 당시 나는 '사람이 예수를 믿으면 그가 무엇을 하든 축복을 받는구나.'라고 믿고 있었다. 그래서 나는 내가 운영하는 클럽의 종업원들은 무조건 교회를 나가야 하는 원칙을 세우고 매주 금요일은 목사님을 모시고 구역예배를 드렸다.그러나 이제 내가 더 쓸 시간은 남지 않았다. 이제 나의 남은 모든 시간은 또 다른 천사에게 넘겨져 하나님 앞에 약속을 어긴 내 인생에 진노의 잔이 부어지기 시작했다. 그 시작은 바로 에이즈로 시작되었다.

에이즈가 한국에 등장하면서 게이바는 찬바람이 불기 시작했고, 월셋집에서 거리로 쫓겨난 게이들은 연습실에서 합숙해야 하는 사태에 이르렀다. 라면집에서조차 문전박대를 당하자 아이들은 뿔뿔이 흩어지기 시작했다. 그래서 생각한 것이 성인 디스코텍이다. 더이상 게이바를 운영할 수 없다고 판단했기 때문이다. 마침 180평의 성인 디스코텍이 1억 2천에 매물로 나왔다. 나는 있는 돈을 다 털어 클럽을 인수하고, 아파트를 담보하고 사채를 빌려 인테리어를 하는데 1억 5천만 원을 투자하여 수리하기 시작했다. 참으로 무모한 도전이었다. 그런데 까마귀 날자 배 떨어진다는 말이 있듯, 수리도 끝나기 전에 이태원의 유흥업소 단속이 시작된 것이다.

그때만 해도 시절이 어리숙한 때라서 경찰서를 비롯한 각 기관에 인맥이 있어 위기를 잘 넘겨 왔지만, 상부기관의 지시로 시작한 범죄와의 전쟁의 칼은 피해갈 수 없었다. 1차 단속 대상 명단에 오른 나는 7개 클럽 사장들과 함께 40여 일간 구치소에 수감되어 재판을 받고 벌금형으로 나왔다. 이는 내가 두 번째 겪은 구치소 생활이었다.

흥미롭게도 구치소 안에는 성적 위로를 받고자 하는 많은 사람들이 나를 기다리고 있었다. 이처럼 사람이 사는 곳에는 그 어떤 곳에도 동성연애는 통하였다. 또한 내게는 사람들을 성적으로 유혹하는 마력 같은 것이 있는 듯했다. 좁은 감방 안에서 밤마다 진풍경이 일어났다. 내가 배치된 감방에는 경제사범들이 여섯 명이 들어 있었고, 사기죄로 들어온 미끈하게 잘생긴 전도사가 방장을 맡고 있었다.

그는 아침마다 성경을 펴고 찬송을 부르며 예배를 인도하였다. 그러나 그도 밤이면 욕정에 불타는 거친 남자로 돌아섰다. 그는 나의 보호자처럼 붙어 낮이면 성경을 말하고, 밤이면 성적 욕구를 불태우고 있었다. 그때서야 가인의 족보는 하나님의 뜻에서 스스로 떨어져 나간 사람들의 이야기임을 알게 되었다.

구치소에서 만난 전도사는 내가 믿음의 첫날 순복음교회 출석했을 때 했던 기도는 하나님 앞에서의 서원기도이기 때문에 반드시 지켜야 한다고 하였다. 그렇지 않으면 하나님의 진노로 죽을 수도 있다고 하였다. 그의 말을 듣고 이제 밖에 나가면 모든 사업을 정리하고 신학을 하기로 작정했다. 어쨌든 40일간의 구치소생활은 나의 인생을 변화시키기 위한 두 번째 회심의 기회였는지도 모른다.

구치소에서 출감한 후 방배동에 있는 장로교 총회신학교에 입학하였다. 구치소에서 기도하던 중 하나님 앞에 서원한 것을 갚고자 하는 생각도 있었지만 마음 한편으로는 서원한 대로 신학을 하면 하나님께서 다시 살 길을 풀어주시지 않을까 하는 생각도 있었다. 그러나 생각과는 달리 사업은 갈수록 심각해졌고, 신학교도 중단할 수밖에 없었다. 물론 신학을 배우는 과정에서도 그 육신의 멍에는 벗겨지지 않았다. 그때까지도 나는 동성애는 타고난 것으로 인식하고 있었다.


## 진노의 잔

내가 구치소에 있는 동안 디스코텍의 수리는 중단되었고, 수입원이던 열애클럽을 비롯한 호스트 클럽마저 영업이 마비되면서 사채 이자는 산더미처럼 불어나기 시작했다. 설상가상으로 교도소에서 출소한 이래 우울증에 사로잡혀 잠을 잘 수 없게 되자 도박에까지 손을 대 경제사정은 걷잡을 수 없이 악화되어 갔다.

사채에 쪼들리게 되자 이촌동의 현대 아파트와 이태원 청화맨션도 전세를 놓고 동생 집으로 옮겼다. 그러나 갈수록 세 개의 클럽은 문을 여는 날만큼 적자가 쌓이고 사채는 날마다 늘어갔다. 그렇다고 가게를 팔려고 내놓아도 이미 이태원은 집중단속지역으로 소문이 난지라 거리마저 한산하였다.문을 열 수도 닫을 수도 없고 어디로 도망갈 수도 없는 상황에서 할 수 있는 모든 방법을 동원하여 피할 길을 찾았지만 갈수록 수렁이었다. 더 이상 나아갈 길도 없었고, 그렇다고 상황을 해결해줄 만한 구원투수도 없었다. 내 인생에 지진이 일어난 것이다. 이처럼 지진은 패역한 인생 속에서 끊임없이 일어나고 있다.

때마침 평소에 알던 동경 야쿠자로부터 신주쿠에 게이바를 창업하자는 연락이 왔다. 그의 제안은 울고 싶을 때 뺨을 맞는 것 같았다. 주저할 것 없이 동경으로 달려가 아카사카 프린스 호텔에 머물면서 일본 중견 엔카 가수이자 게이 친구였던 미카와 겐이치(美川憲一)와 만나 도움을 받기로 약속하고, 서울에 돌아가 이태원 사업장을 정리할 계획을 세우고 귀국 준비를 하는데 갑자기 서울에서 전화가 왔다. 내가 운영하던 디스코클럽 지배인으로 있던 건달들이 다른 업소 건달들과 패싸움이 붙어 살인사건이 일어난 것이다.

할 수 없이 귀국을 멈추고 사건이 잠잠해질 때까지 기다리며 일본에서 게이바 클럽을 오픈할 구상을 하였지만, 그 사건을 기점으로 경찰 당국은 범죄와의 전쟁을 선포하고 이태원 거리에서 유흥업소를 퇴출시키기 시작하였다. 들리는 소문으로는 전직 대통령의 아들들이 이태원 출입이 잦았기 때문이라고도 했다. 이로써 운영하던 세 개의 업소는 한 푼도 건지지 못하고 문을 닫게 되었다. 결국, 아파트 2채도 손쓸 틈도 없이 사채업자에게 넘어가고 졸지에 동경의 국제 거지로 전락하고 말았다.

어쩌면 범죄와의 전쟁은 하나님의 계획이었을지도 모른다. 그 당시는 견딜 수 없는 고통이었지만, 오갈 곳 없이 국제미아가 된 내가 다시 하나님을 찾아 교회를 나가게 되었기 때문이다. 잠잘 곳이 없어 교회 의자에서 자기도 하며 어두운 지하 교회식당에 들어가 찬밥 덩이로 끼니를 때울 때도 있었다. 그 당시 인생의 고통을 이길 수 있었던 것은 하나님을 믿고 있었기 때문이다.


## 니느웨, 동경

어느 날 서울의 동생 내외가 아이들을 데리고 동경에 찾아 왔다. 한국에 돌아오지도 못하고 단칸방에 초라하게 사는 나를 보고 동생 내외는 눈물을 흘렸다. 나 또한 천진난만한 조카 놈들을 보자 서러움이 솟아올랐다. 형으로서 큰 아빠로서 아무것도 해주지 못하고 추한 모습을 보이는 것 같아 죽고 싶은 심정이었다. 이태원 시절 넉넉했을 때 동생에게 아무것도 해 주지 못한 것이 참으로 마음 아팠다.

동생은 그 길로 서울로 돌아가 7,000만 원을 보내며 무어라도 해서 재기하라고 하였다. 그러나 내가 할 수 있는 것은 게이바뿐이었다. 마침 동경에 들어온 열애 출신들 열 명을 모아 신주쿠 한복판에 열애클럽을 다시 문을 열었다. 20평도 안 되는 작은 클럽이었지만,

서울 열애를 축소하여 동경에 옮겨 놓은 것 같았다.

그 당시 내가 가장 아끼던 세실리아, 미란이, 아자미를 비롯하여 이태원 시절 열애클럽에서는 쟁쟁한 멤버들이 모두 모였다. 새로운 의상과 노래로 패키지 쇼가 올라가자 서울에서부터 친분을 다져온 술집 마마들의 주선으로 신주쿠 열애클럽의 밤은 흥청거렸다. 그런데 내 인생에 또 다시 제동이 걸렸다. 가게를 마치고 새벽에 들어가 잠을 자려 하면 밤마다 저승사자가 나타났다. 눈만 감으면 누가 와서 목을 조이는 거였다. 집에 들어가는 것조차 두려웠다. 잠을 자지 못하니 사람이 이상하게 바뀌기 시작했다.

그러던 어느 날 서울에서 온 예언을 한다는 권사님에게 기도를 받게 되었는데, 그분은 나의 과거를 모두 알고 있듯이 "너는 어째서 하나님과 약속을 어겼느냐? 하나님이 너를 데려가시겠단다. 하나님 앞에 서원한 것 갚지 않으면 너는 곧 죽는다!"고 악담을 쏟아 내었다. 정말로 기가 막혔다. 클럽을 차린 지 6개월도 안 되었는데 이럴 수도 없고 저럴 수도 없었다. 그래도 가게를 접을 수는 없어 교회를 열심히 다니면 되겠지 하는 마음으로 작정 헌금을 하고 수요예배와 새벽예배까지 나갔지만 죽음의 사자는 내 침상을 떠나지 않았다. 어떤 애들은 굿을 해보라고도 했다.

그러던 어느 날 나고야순복음교회의 김유동 목사님이 동경순복음교회 집회에 오셨다. 김 목사님은 다음 주에 조용기 목사님이 나고야에 와서 일본 목회자 컨퍼런스를 인도하기 위해 오신다고 전해 주셨다. 나는 김유동 목사를 서울서부터 아는 터라 그 당시 상황을 소상히 말씀 드리고 조용기 목사님의 기도를 받게 해달라고 부탁을 하였다. 내가 꼭 신학을 하여야 하는지 정말 내가 하나님께서 부르신 종이 맞는지 조용기 목사님의 말씀을 따르기로 결정했다. 그 당시는 순복음교회 성도들에게 조용기 목사님은 하나님의 대리자처럼 느껴졌던 때였다.

나는 조용기 목사님이 묵고 있는 나고야 힐튼호텔에 묵으며 사흘 동안 세미나에 참석했다. 조 목사님은 세 자녀들과 함께한 아침 식탁에 나를 부르시며 근황을 물으셨다. 평신도로서는 큰 축복이 아닐 수 없었다. 그 동안 있었던 모든 상황을 들으신 조용기 목사님은 한 사람의 운명을 자신이 스스로 결정할 수 없는 것이니 하나님의 뜻이 무엇인지 기도해 보자고 하시며 삼 일간 세미나에 참석하라고 하셨다.

세미나를 마치는 삼 일째 되는 날이었다. 수백 명의 일본 목사님들을 중심으로 열린 목회자 세미나가 끝나는 날이고 조 목사님은 워낙 많은 사람들과 만나는 관계로 따로 만날 틈을 얻지 못하였다. 어떻게라도 접근할 방법을 얻기 위하여 조 목사님의 눈에 띄기 좋은 자리를 찾아 앉아 있었다. 한 시간 남짓 되었을 때 로비 커피숍에서 일본인 목사님들과 말씀을 나누고 나가시던 조 목사님께서 나의 시선을 느끼셨는지 손짓하여 부르셨다.

조용기 목사님은 "내가 며칠 밤을 형제 때문에 잠을 이룰 수 없었습니다. 성령께서 많이 애통하셨습니다. 이제 모든 것을 정리하고 신학을 하십시오. 형제는 주께서 택하시고 부르셨습니다. 이제부터 내가 기도하겠습니다." 하시며 손을 얹어 안수하셨다. 그렇게 되어 나는 동경으로 돌아와 게이바 열애클럽을 정리했다. 그리고 조용기 목사님이 추천하신 아시아교회성장연수원(ACGI)에 입학을 하였다.

## 동경 호라이즌 채플

ACGI신학원에는 40여 명의 일본 형제자매들이 공부하고 있었다. 그 당시 일본에서는 상당히 비중 있는 신학교 중의 하나였다. 조용기 목사님이 일본인 일천만 구령을 위해 세우시고 이사장으로 계셨기 때문이다. 신기하게도 신학교에 입학하면서 거짓말처럼 잠자리가 편했다. 아침이 상쾌하고 하늘이 높아 보였다. 그 후부터 어둠의 세계는 밤거리를 지나치는 것조차도 거절했다. TV도 단절하고 일본어 성경 테이프를 항상 틀어 놓고 성경공부에 열중하였다. 간간이 머리 한편에서 유혹의 그림자가 어른대고 있었지만, 동성애 유혹을 극복하려는 굳은 의지와 연속된 믿음 생활의 스케줄들이 유혹의 틈을 메워 갔다.

ACGI신학원 2학년이 되던 해, 제2의 스승인 히라노 코오이치(平野耕一) 목사를 만났다. 히라노 코오이치 목사는 미국에서의 17년 목회를 마치고 일본에 돌아온 지 2년 되었다. 그는 감리교 출신 목사였으나 미국 코스타메사 갈보리 채플 척 스미스 목사를 만난 후 일본에 돌아와 동경 호라이즌 채플을 개척하였다.

히라노 목사의 강의는 다른 교수들과 달랐다. 목사님은 성령론을 가르치면서 성경 그대로를 강해하였다. 그 당시 나에게는 참으로 신선했다. 성경 강해를 들어본 일이 없었기 때문이다. 말씀에 매력을 느껴 히라노 코오이치 목사님이 시무하시는 동경 호라이즌 채플 예배에 참석해 보았다. 오십여 명이 채 안 되는 작은 개척교회였다. 프레이즈 팀의 찬양과 함께 예배가 시작되었고, 특별한 예배의식도 없이 기도와 설교로 진행되었다. 그 당시 히라노 목사님은 에베소서를 강해하고 있었다.

예배가 끝나자 성도들이 모두 복도로 나와 준비된 차를 마시며 자유로운 교제가 이루어졌다. 한국교회에서는 볼 수 없는 자유함이 느껴졌다. 복도 한쪽에는 설교 테이프 판매대가 비치되어 있었고, 창세기부터 2년 동안 설교한 테이프가 진열되어 있었다. 우선 창세기 강해 테이프를 사서 듣기 시작했다. 매일매일 창세기 강의를 들으면서 심령이 맑아지는 것 같은 느낌이 들었다. 깊은 설교는 아니었지만, 맑고 깨끗한 세미한 음성을 듣는 것 같았다. 설교를 들을수록 마음에 큰 위로가 되었다.

하루하루 히라노 목사님의 신구약 강해 설교 테이프를 듣기 시작하면서 말씀에 심취한 나는 새로운 신앙생활에 돌입하게 되었다. 하나님을 아는 지식이 쌓이며 진리를 터득하는 영적 눈이 떠지기 시작한 것이다. 그때로부터 내 인생에 새 소망이 싹트기 시작한 것이다. 사는 것이 즐거웠고 말씀을 듣는 것이 신비했다. 말씀과의 만남 그 자체였다. "말씀이 육신이 되어 우리 가운데 계시니"라는 성경 구절이 내 혼을 사로잡고 있었다. 그렇게 말씀과의 교제 속에서 2년간의 생활은 하루 같이 빠르게 지나갔고, 날마다 말씀 안에서 새로운 삶이 펼쳐졌다. 누가 보아도 나는 더 이상 동성애자가 아니었다. 머리와 복장이 단정해지고 언행이 달라지기 시작했다. 그렇다고 완전한 변화가 이루어진 게 아니지만, 동성애와 관련된 생활을 더 이상 하지는 않았다. 삶 속에서 예수 그리스도의 빛이 내 영혼을 비추고 있는 것을 느꼈다. 잠을 자면서도 내 영혼이 살아서 움직이는 말씀을 감지하고 있었다. 영적 신비 그 자체였다. 그러나 심령 한 곳에는 여전히 동성애의 기운이 숨을 쉬고 있었다.

# 43살 7월 4일 생

## 무너짐

1991년 7월 4일, 금요일. 며칠 전부터 쏟아지는 빗줄기는 허망함으로 가득 찬 나를 더욱 잔인하게 짓눌렀다. 그렇다고 통곡할 수 있는 상황도 아니다. 하늘이 닫히고 수천 길 지옥 끝으로 떨어진 상황이다. 끝이 보이지 않는 음부로 무너져 내린 느낌이다. 예수를 믿은 후 처음으로 느껴보는 영적 좌절감이었다. 어디서부터 무엇을 어떻게 해야 할지 실마리를 놓친 상태이다. 달콤한 찰나의 기억과 함께 내 영혼은 음부로 내동댕이쳐 있었다. 하나님을 믿는 내 마음으로도 육체의 반역을 멈출 수 없었다는 것이 한없이 슬펐다. 로마서 7장이 머릿속에서 통곡하고 있었다.

이유는 간단했다. 어느 날 갑자기 예고도 없이 서울에서 Y가 찾아왔다. Y는 과거 리애마마 시절의 정인(情人)이었다. 그러나 Y는 동성애자가 아니다. 그 형제는 동성애자가 될 수 없는 성정을 갖고 있다. 나 또한 그 형제를 섹스 파트너로 삼지 않았다. Y의 온순한 성품은 너절하게 상처 난 나의 심령을 위로하기에 충분하였다.

동경에서 옛 정인(情人)과의 5년 만의 재회는 그 동안 절제된 마음을 유혹하기에 충분했다. 그러나 그때까지만 해도 절대로 넘어질 수 없다는 믿음의 의지를 갖고 있었다. 또한, Y 역시 내가 동성애자의 생활을 정리하고 이미 신학을 하는 것을 아는 터라 여행 가방을 맡겨 두고 동경에 기거하고 있는 친구들을 찾아 나갔다.

Y는 귀국일 하루를 남기고 밤늦게 나를 찾아왔다. Y 형제는 이태원 시절 리애마마와 수년을 함께 살아온 정인(情人) 관계였지만 이제 나는 복음을 위해 헌신한 신학생으로 그리스도 안에서 그는 형제일 뿐이었다. 물론 아직은 동성애를 벗어났다는 확신은 없었지만, 내 의식 속에는 더 이상 동성애의 더러움에 얽힐 수 없다는 굳은 의지를 갖고 있었다.

몇 날 며칠을 친구들과 술판 속에서 지낸 Y는 심한 독감으로 고열에 시달리며 편도까지 부어 있었다. 그에게는 따뜻한 온돌이 필요했으나 일본은 온돌이 없기에 히터를 틀어야만 했다. 이불을 두 겹이나 덮었지만, Y는 추위를 견디지 못하고 심하게 떨고 있었다. 그렇다고 2인용 좁은 소파에서 잘 수도 없는 노릇이었다. 또한, 그때까지는 그 어떤 유혹도 느낄 수 없었다. 그러나 그날 밤이 깊어지면서 나의 절제는 더 이상 지탱하지 못하였다. 육체의 시간이 도달하자 수년간 지켜 온 금욕의 빗장은 미끄러지듯이 풀려버렸다. 사단에게는 바늘 틈만큼이라도 빌미를 주어서는 안 된다. 마귀는 나를 넘어뜨릴 기회를 찾고 있었기 때문이다.

다시 넘어지는 순간에는 몇 년을 참았건, 아니 평생을 참아 왔다고 한들 그것은 위로가 되지 못한다. 화살은 이미 머리 위로 떠나 잡을 수 없게 되었다. 화살은 처음부터 음부로 향하고 있었다. 어쩌면 나의 심령 속에는 그 순간을 놓치고 싶지 않은 마음이 도사리고 있었는지도 모른다. 그것이 비록 불륜이라 할지라도 욕정의 순간은 태워도 타지 않는 불꽃이다. 호흡이 멈추기 전까지 불타는 육체는 절대로 만족을 모른다.

그 상황에서는 누구도 어쩔 수 없었을 것이라는 말은 순전히 변명일 뿐이다. 그 상황이 어떠했든 나타난 결과에는 그 어떤 이유도 변명도 용납되지 않는다. 중요한 건 단 한 순간의 유혹 앞에 2년간의 정결의 시간들이 모두 물거품이 되었다는 것이다.

Y가 돌아간 다음, 걷잡을 수 없는 죄책감과 자괴감이 몰려오면서 수치를 감출 곳을 찾으려 하나 어둠마저 피해 가는 것 같았다. 차라리 죽는 것이 낫다는 생각마저 들었다. 내 마음속에 동성애는 그 어떤 것으로도 고칠 수 없는 고질병이며, 배냇병신과 같이 타고난 저주라는 생각마저 들었다. 생각이 여기에 이르자 이제 더 이상 바보 같은 생활을 할 필요가 없다고 생각되었다. 이렇게 된 바에야 차라리 팔자대로 살자 그 누가 뭐라고 해도 내 인생은 결국 내 몫이 아닌가 하는 생각이 들었다.

Y가 떠난 후 2년 동안이나 끊었던 담배를 다시 피우며 비디오를 틀고 밤을 지새웠다. 비디오를 보는 것은 아니지만, 사람 목소리를 듣지 않으면 뼛속까지 엄습하는 죽음의 적막감을 견딜 수 없을 것 같았다. 그 무엇으로도 추락한 영혼을 위로할 길이 없었다. 성경은 이미 보이지 않는 곳으로 던져졌다. 마음은 회개하려는 의지보다는 이제부터라도 사람 냄새 나는 것처럼 살자는 생각으로 가득 찼다. 청소년기의 반항 같았다. 어쩌면 내가 지은 죄를 하나님이 방심한 탓이라고 돌리고 싶었는지도 모른다. 이처럼 인간은 한 순간에 악마가 되어간다.

2년 동안의 정결한 성도의 생활이 무너지는 처참한 시간이었다. "개가 그 토하였던 곳에 돌아가고 돼지가 씻었다가 더러운 구덩이에 도로 누웠다 하는"(벧후 2:22) 것과 같았다. 하나님을 향한 소망들이 한 순간에 무너져 내렸다. 그날은 어머니께서 숨을 거두신 날보다 더 고통스러웠다. 어머니께서 그렇게 떠나지 않으셨다면 아마 나는 그때 자살했을 것이다. 장대 같은 비가 사흘 동안 퍼붓는 동안 내 영혼은 잠을 이루지 못한 채 애통하고 있었다.

## 신비의 체험

43살의 7월 4일 금요일 저녁, 뜬눈으로 밤을 지새운 후 이제 신학교를 정리하고 신주쿠의 열애클럽을 다시 시작해야겠다는 생각으로 옛 동료를 만나러 집을 나섰다. 그런데 흥미롭게도 버스는 가부키 거리 방향이 아닌 신학교를 향하고 있었다. 어느덧 나의 몸이 선한 습관에 젖어 있었던 모양이다. 씁쓸한 미소를 지으며 이왕 내친 김에 히라노 코오이치 목사님께 작별 인사는 해야겠다는 생각으로 신학교로 향하였다.

20여 분 정도 늦게 강의실에 들어선 나는 조용히 뒷좌석에 앉았다. 그때 흑판에 쓴 '악령을 쫓으시는 예수 그리스도' 라는 타이틀이 눈에 들어왔다. 그 제목을 보는 순간 갑자기 마음속에서 '그런데 왜 나는 아직도 이 모양인 건가요?' 하는 울부짖음이 터져 나왔다. 하나님을 향한 죄인의 절규와도 같았다.

그 순간 미처 무엇을 생각할 겨를도 없이 갑자기 강렬한 어떤 힘이 엄습하며, 나의 자아는 이 세상이 아닌 또 다른 공간 속으로 끌려갔다. 몸은 현실 세계 속에 있는 것 같은데, 내 자아는 분명 또 다른 공간을 체험하고 있었다.

그 순간 스스로 통제할 수 없는 눈물과 콧물이 쏟아지며 모든 땀

구멍에서 무엇인가 빠져나가는 듯한 압력이 느껴졌다. 의지가 통제된 채 아무것도 할 수 없이 어떤 힘의 역사가 멈추기를 기다려야 했다. 그런 속에서도 분명한 것은 나의 자아가 살아 있다는 것과 현실이 아닌 다른 세상에 있다는 의식이 있었다. 바울이 말한 바와 같이 내가 몸 밖에 있었는지 몸 안에 있었는지 뚜렷한 구분이 되지 않는 순간이었다.

많은 시간들이 지나는 것 같았다. 어쩌면 내가 살아온 날수를 세는 것과도 같았다. 통제할 수 없는 상태에서 거대한 토네이도에 휩쓸린 것 같은 나사 모양의 검은 구름기둥이 하늘로 치솟아 올라가고 있었다. 그것은 분명 내 몸에서 나가고 있음을 내 영이 인식하였다. 마치 거절할 수 없는 불가항력의 능력에 의해 내 몸을 지배하고 있던 더러운 영들이 앞을 다투며 쫓기듯이 빠져나가고 있었다. 어미의 혼백을 담아 하루하루를 세며 악으로부터 탈출하기 위해 몸부림쳐오던 굴욕의 고통이 한순간에 벗겨져 나가는 신비의 순간이었다.

얼마나 되었을까? 가늠할 수 없는 시간이 흐른 후 순간 "다 되었다!"는 음성이 들려왔다. 그 목소리는 귀로 들려오는 것이 아니라 영으로 전달되는 초자연적 인식이었다. 그 순간 이 세상에서는 한 번도 체험해 보지 못했던 신기한 능력이 영혼 속으로 스며들며 감당할 수 없는 평안과 기쁨이 가득 차 왔다. 새삼 성령 충만의 의미가 깨달아 왔다.

이 순간에 느껴지는 평안과 기쁨을 무엇으로 표현할 수 있을까? 베드로 사도는 "그의 신기한 능력으로 생명과 경건에 속한 모든 것을 우리에게 주셨으니 이는 자기의 영광과 덕으로써 우리를 부르신 자를 앎으로 말미암음이라"(벧후 1:3) 증거하였다. 이 능력이 있음으로 우리가 정욕을 피하여 거룩하신 신의 성품에 참예할 수 있는 것이다.

- 이제 다 되었다!

마음속으로 들리는 하나님의 음성을 듣는 순간 하나님께 의문을 털어놓았다.

- 주님. 이렇게 간단한데. 어찌해서 43년 동안이나 내버려 두신 건가요?

마음속으로 주님의 답변이 들려왔다.

- 내가 이스라엘을 사랑하여 430년 동안 애굽에서 징치하였노라.

흥미롭게도 나의 이성은 그의 말씀을 이해하고 있었다. 멈추어진 찰나의 시간에서 선문답을 주고받는 느낌이었다. 다시 물었다.

- 내가 하나님을 모르던 시절은 그렇다 치고. 예수를 믿은 지가 12년이 되었는데 어찌 그대로 두셨나요?

하나님께서는 동일한 어법으로 말씀하셨다.

- 낮이 12시간. 밤이 12시간이 아니냐? 일 년이 열두 달 아니냐? 내가 이스라엘 12지파를 사랑했노라!

그 말씀을 듣는 순간 감당할 수 없는 은혜가 엄습해왔다.

- 하나님. 도대체 나 같은 것이 무엇이기에 이토록 오랜 세월을 섭리하셨
  습니까?

시간의 멈춤 속에서 내 영혼이 주께 완전히 자복하고 있었다. 호흡
의 순간도 멈춘 것 같은 느낌이었다. 그때 주께서 물으셨다.

- 내게 원하는 것이 있느냐?

그 순간 무엇을 원하는지 생각할 겨를이 없었다. 주님과 대면한 시
간 속에서 할 수 있는 말은 이미 정해져 있는 듯하였다.

- 주님 저는 내가 원치 않는 인생으로 인하여 잃어버린 것이 너무 많습니
  다. 잃어버린 저의 청춘을 회복시켜 주십시오.

나의 말에 주님께서는 빙그레 웃으셨다. 그러나 지금 생각하니 내
인생에 더 귀하고 필요한 것들을 요구해도 좋았을 것 같은 생각이 든
다. 가령, "재주 많고 마음이 곱고 아리따운 여인을 주세요." 했을 수
도 있었으니 말이다. 그래도 후회가 없는 것은 불혹을 훨씬 넘긴 나
이에도 청춘을 누리고 있으니 무엇을 더 바라겠는가?


## 새 피조물

그날은 바로 미국 독립기념일이다. 또한, 이요나의 새로운 인격이
주 앞에서 독립선언을 한 날이기도 했다. 43년의 동성애 죄의 고통
을 끊고 새로운 피조물이 된 것이다. 흥미롭게도 하루가 천 년 같은
시간 속에서 변화의 체험과 하나님과의 대화는 일순간에 이루어졌

다. 그 순간 동시에 히라노 목사님의 기도 소리가 의식 속으로 들려왔다. 이를 통해서 나는 천국은 현재의 시간과 동일한 공간 속에 공존할 수 있음을 깨달았다.

히라노 목사님의 기도 소리를 들으며 황급히 손수건을 꺼내어 눈물을 닦는 순간, 내 얼굴의 살갗이 마치 모태에서 갓 나온 어린아이의 피부처럼 감촉되었다. 또한, 그 순간 이 세상에서 느껴보지 못한 향이 온몸을 뒤덮고 있었고, 배에서는 생수가 넘쳐흐르는 듯하였다. 흡사 거대한 향유를 깨뜨린 욕조에 들어간 느낌이었다. 창밖의 스치는 바람과 나뭇잎들도 나의 변화를 축복하는 것 같았다. 그날 내 생애 처음으로 여자의 아름다움을 느낄 수 있었다.

나는 엘리베이터 문 앞에 선 히라노 코오이치 목사 앞에 무릎을 꿇고 "목사님, 오늘 주께서 나를 온전케 하셨습니다."라고 고백하였다. 히라노 목사는 나를 부둥켜 앉고 손을 얹어 "이제 네 몸은 성령의 전이니 다시는 죄를 짓지 말라."고 기도하셨다. 주께서 그의 입술을 통하여 나에게 하신 말씀이었다.

그날에 나는 43년간의 사슬에 매였던 동성애의 더러운 영에게서 벗어나게 되었고, 내 영혼 속에서 하나님께서 창조하신 거룩한 남자의 위대함을 스스로 체감한 것이다. 참으로 견딜 수 없었던 세월이었다. 누구에게 하소연할 수도 없는 억울한 인생이 아니었던가? 그러나 내 배후에 누가 있었던 간에 내가 살아온 날들이다. 모두가 내가 선택했던 길이다.

사람이 자신의 인생에 스스로 선한 길을 선택을 할 수 있다면 그는 참으로 복된 사람이다. 그러나 인생은 처음부터 자기 인생을 스스로 만들어 갈 수 없는 악한 영적 사슬에 매인 인생들이 아닌가? 그러나 내 혼이 죄를 짓던 때에도 내가 주관할 수 없었던 내 영은 이 사슬에서 놓임을 받기를 얼마나 애통하였던가?

더 원통하고 분한 것은 내 영혼이 구원자 예수의 이름을 알았음에도 나의 영혼을 쥐고 있었던 영매(靈媒)들의 악한 사슬이다. 주님은 그들을 결코 용서하지 않을 것이다. 주의 소자들을 실족케 한 그들의 목에는 연자맷돌이 지워질 것이다. 그러함에도 주께서 나의 길을 아시오니 어제도 이제도 그리고 내일도 나의 영은 주의 인도하심을 받을 것이다. 아멘!

그날부터 나의 이름은 요나로 명명되었다. 히라노 목사님은 나의 인생을 볼 때 요나 선지자와 같은 느낌이 든다고 하셨다. 요나 선지자의 삶이 평탄치 않음을 아는지라 마음에 썩 내키지는 않았지만, 스승이 지어주시는 이름인지라 이름자에 밝을 요(曜), 어찌 나(奈)라는 내 나름대로 해석을 달았다. 그럼에도 아직까지 불만투성이인 요나의 인생을 사는 것 같아 떨떠름하다. 모쪼록 돌이킬 수도 없는 인생이 되었으니 어찌 되었던지 요나의 입술을 통해서 나간 주님의 말씀들은 그대로 성취되었으면 싶다.

## 경건생활의 신비

성령 체험 이후 내 생활에 큰 변화가 일어났다. 우선 마음의 기쁨과 평안이다. 무엇이라고 표현할 수 없는 온전함이 느껴졌다. 성령의 아홉 가지 열매가 삶 속에서 체험되고 있었다. 세상의 모든 것이 나를 위해 지어진 것 같은 느낌이다. 창 밖으로 비치는 햇살들의 무리가 나를 향해 속삭이는 것 같았다. 나뭇잎 사이로 스치는 실바람이 손뼉을 치며 지나가는 것 같았다. 평안의 감동이 심장 한복판에서 틀을 잡고 있었다. 성경은 어찌 그리 달콤하던지, 깨달음을 더할 때마다 솟아나는 기쁨의 샘, 나의 영은 구약에 나타난 하나님의 완벽한 공의에 감복했고 복음서를 통해 하나님의 절묘한 사랑을 만났다. 공의와 사랑이 나의 혼을 이끌고 말씀의 강으로 한걸음씩 깊이를 더해 갔다.

나는 일본어를 정식으로 배운 일이 없다. 일본에 거주하면서 생활에 필요한 말들을 주워들어서 익혔을 뿐이다. 그래서 어려운 말들을 나눌 때는 대충 눈치로 알아 차렸다. 신학교를 다니면서부터 일본어 성경을 읽었지만 눈에 들어오지 않아서 한국어 성경으로 공부를 했었다. 그런데 언제부터인가 일본어 성경이 눈이 들어오기 시작했다.

일본어 성경을 보면 말씀의 깊이들이 더 깊게 깨우쳐 왔다. 성경을 좀 더 이해하기 위해서 일본어 신개역 번역과 공동번역, 킹제임스 번역을 함께 뒤지기 시작했다. 성경을 읽다가 이해가 막히면 답답하고 견딜 수 없어 헌 책방에 나아가 성경주석과 성경역사 관련서적을 구입하여 의문점을 풀어갔다. 일본에서 구할 수 없는 주석들은 서울에서 공수해 왔다. 그 중에서 가장 흥미로웠던 것은 미국 갈보리채플 척 스미스 목사님의 성경 강해였다.

나는 특별히 창세기와 예언서를 즐겨 읽었다. 특히 이사야서와 에스겔서를 읽을 때에 그 말씀 속에서 예수님의 형상을 볼 수 있었고, 다니엘서에서 종말의 날들의 지도를 볼 수 있었다. 그러나 나의 성경생활에서 가장 감명 깊게 읽었던 책은 역시 사복음서이다. 복음서를 읽을 때에는 주님께서 옆에 계신 것 같았다.

말씀 속에서 예수 그리스도의 체온을 느끼며 그분의 사랑의 고뇌와 영적 고통들을 체험하는 시간이었다. 복음서를 읽다가 그 은혜를 감당하지 못하여 혼백이 지쳐 잠이든 때가 한 두 번이 아니었다. 다니엘 선지자가 그리스도의 현신을 보고 몸이 썩은 것처럼 변했다는 증언을 이해할 것 같았다.

세상 사람들을 만나는 것이 무익하고 시간 낭비라고 생각되었다. 앉아서 휴식을 하는 시간에도 마음속에서 말씀들이 살아 움직이는 것 같았다. 잠을 자는 시간에도 내 영혼은 말씀 속으로 여행을 떠나고 있었다. 풀리지 않는 의문을 만나면 며칠을 잠을 설쳤다. 그럼에도 피곤치 않은 육체는 마치 물가에 심긴 나무와 같았다.

구름과 같은 수많은 성경의 증인들이 체험한 경건과 묵상의 신비들이 하늘로부터 쏟아지는 것 같았다. 표현할 수 없는 생명의 빛들 속에서 은혜와 감사가 기름을 내리붓듯이 스며들고 있었다. 그 시간들을 놓치기 싫었다. 예수를 알아가는 기쁨이 나의 심령 속에 한 올 한 올 수 놓아지고 있었다. 영적 변화는 곧 삶의 변화라는 진리를 터득했다.

오늘날 수많은 사람들이 성령 체험을 말한다. 교회마다 기도원마다 그런 간증집회로 가득하다. 그들이 말하는 성령 체험은 실로 놀랍다. 굳이 성령의 은혜가 그들 가운데 나타난 것만은 부인하지 않겠다. 그러나 문제는 그들의 삶의 실제이다. 설혹 그들이 성령체험을 통하여 영적 변화를 받았다 하더라도 그들의 삶이 변하지 않았다면 그 변화는 의미가 없다. 성령의 열매는 그들의 삶 속에서 거룩하고 의로운 삶으로 나타나야 하기 때문이다.

설혹 그들이 술과 담배를 끊었을 지라도 시기와 분노와 악심이 그 대로 남아 있다면 그들의 변화는 온전한 것이 아니다. 변화는 마음에서 이루어져야 하기 때문이다. 또한 그들의 삶이 자기중심적이고 배타적이라면 그들은 그리스도인으로서 온전한 변화를 이루었다고 할 수 없다. 그러므로 성령체험 이후에 반드시 성경의 말씀을 통한 경건생활이 뒤따라야 하는 것이다. 성경 말씀을 통한 자기대면과 성찰로서 성경적 변화를 이루어 가야 하는 것이다.

"그런즉 누구든지 그리스도 안에 있으면 새로운 피조물이라 이전 것은 지나갔으니 보라 새 것이 되었도다"(고후 5:17)

# 제2부

# 동성애, 극복하고 있어요

모든 성경은 하나님의 감동으로 된 것으로 교훈과 책망과 바르게 함과 의로 교육하기에 유익하니 이는 하나님의 사람으로 온전케 하며 모든 선한 일을 행하기에 온전케 하려 함이니라 (디모데후서 3:16,17)

## 탈동성애 증언 (1) 엄마 나를 포기하지 않아서 고마워

"너희가 죄와 싸우되 아직 피 흘리기까지는 대항치 아니하고"(히브리서 12:4)

얼마나 오랜 시간 동안 싸워야 하는 걸까.. 32년 동안 나에게만 초점을 맞춰두고 온 나의 무게가 너무 무거워서 격하게 투정도 부려봤지만 매년 똑같은 히브리서 말씀만 주시는 걸까? 나도 이요나 목사님처럼 아니면 어떠한 형제들처럼 음성이 들리고, 성령이 내 몸을 관통하여 흐르는 은혜를 왜 경험하지 못하는 걸까? 기적이란 게 있으면 나에게 좀 찾아와 줬으면 좋겠는데, 아니면 믿지 않는 아빠에게 역사하여 권위를 세우신다면..

엄마 이 말을 내가 몇 번째 하는지 몰라.. 엄마 앞에서는 다 핑계거리로 들릴 만큼 엄마 미안해... 고마워... 사랑해라는 말들.. 나의 엄마가 되어줘서 고맙다는 말조차도 거짓말처럼 들려버리는 나의 인생을 감당해줘서 고맙다는 말밖에 안 나와.. 처음에 편지를 썼을 땐 스스로가 죄를 고백한다며 썼지만 결국 쓴 뿌리에 걸려 넘어져 버린 것 같더라고, 결국엔 내 죄를 합리화하기 위해 아빠를 방패막이로 쓴 것 밖에 안 되는.. 더 분노하고 더 외면하고...

지난날 동생한테 형은 뭐 하는 사람이냐며 엄마를 왜 지켜주지 못하느냐며 4살이나 어린 동생한테 한심 어린 눈치를 받으며 술집에 앉아있는 것도 너무나 견디기 힘들더라고.. 언제부터라고 말하기엔 너무나도 길어버린 나의 문제들이라서 다시 돌아가기에도 너무나도 먼 거리라서 엄마한테 이제 와서 미안하다는 이야기를 진심으로 하게 돼. 나만큼 엄마 편을 들어준 사람이 없다고 생각했는데 그것이 아니더라고요. 결국엔 엄마 혼자 덩그러니 남아서 얼마나 힘들었을까. 하나님은 왜 도와 주시지 않는 걸까. 왜 도대체 나에겐 남들은 잘 들리는 예언의 말씀은 주시질 않을까?

 다시 갈보리채플로 돌아와 이요나 목사님을 찾아 뵈었을 땐 동성애만 문제였다고 생각했는데, 너무 많은 쓴 뿌리에 주변 사람들이 넘어져 버렸다는 것을 이제야 알게 되었어.. 너무 늦은 걸까? 엄마의 우울한 마음을, 나의 미안하다는 말로 덮어버리기엔 너무 늦어버린 걸까? 어디서부터 실타래를 풀어야 할까. 나름대로 나는 내 인생에서 지독하게 싸워온 것 같은데 결국 제자리인 것 같았어. 동성애를 이겨내려고 하면 게임이 오고 또 하나의 우상이 치워지면 핸드폰이 오고 멸망을 위해 끈질기게 달려가는 나의 모습을 지켜보며 엄마는 무슨 생각을 했을까?

 교회를 6년 동안 다니다 더 이상 안 되겠다 싶어서 1년간 교회를 다니지 않으면서 완악했던 내 마음을 엄마가 어떻게 견뎌 줬을까라는 생각도, 이제 와서 드는 나의 철없는 행동을 용서해요 엄마.. 정말 이상하리만큼 하나님이 신호를 주셔서 내가 이요나 목사님과 갈보리채플로 다시 돌아가게 되면서 조금씩 나의 초점들이 달라지고 있는 것 같아서 너무 기뻐 엄마, 무엇보다 엄마와 이런 편지를 나눌 수 있어서 너무 기뻐. 마치 탕자가 제집에 돌아온 것처럼.. 내가 편지를 쓰면서 소망하는 것은 내가 동성애에서 벗어나겠다고 말하는 것보다 하나님을 제대로 믿겠다고 약속하는 것이 더 쉽다는 생각이 드네..

 엄마! 엄마가 중학교 때부터 나를 위해 내 잠자리에서 울며 기도했던 기도들 중에 정말 한가지 잊혀 지지 않는 것은, "내가 세상 끝날까지 함께 하리라" 하는 말씀이 정말 잊혀지지가 않더라고요. 말씀을 배우다 보니까 그 말씀 앞 문단에 이리 쓰여 있는걸 보았어.

> "내가 너희에게 명령한 모든 것을 가르쳐 지키게 하라. 내가 세상 끝 날까지 너희
> 와 함께 하리라" (마태복음 28:20)

내가 그 동안 내가 원하던 말씀만 찾아 헤매다가 말씀 공부가 그
만큼 중요하다는 것을 새삼 느끼며 나도 변화될 수 있다는 걸 소망
하게 되면서 엄마에게 제발 기도 좀 해달라고 울먹이던 연약한 나를
버리고 내가 엄마를 얼마나 끈질기게 못살게 굴었는지 묵상하게 되
는 오늘의 시간이었어요. 정말 연약한 내가 이제는 엄마가 내가 잠
들 때 이마에 손을 얹고 기도했던 것처럼 나도 이제 엄마를 위해 기
도할게요. 더 이상 울지도 울 시간도 없다는 것을 느끼면서 편지를
마무리할게요.

1년 후에 나는 어떤 모습일까? 더 이상 우리 한 여사님께 자식이
동성애자라는 올무를 채워주는 불효를 범치 않는 성숙한 아들이 되
겠다고 다짐하며 편지를 마무리할게요. 사랑해요. 내가 지독하게 구
는 동안 교회를 떠나지 않고 가족을 지키기 위해서 끝까지 기도해준
엄마에게 너무 고마워요. 엄마 못난 아들을 포기해 주지 않아서 고
마워요. ♡ (지회)

## 탈동성애 증언 (2)  절대로 채울 수 없는 밑 빠진 독

어디서부터 이야기해야 할까, 무엇을 써야 할까, 덕이 될 것이 하나도 없는, 온통 죄로 얼룩진 삶을 밝힌다는 것이 부끄럽습니다. 하지만 이 또한 지울 수 없는 저의 과거이기에, 온전히 감당해야 할 몫이라는 생각이 들었습니다. 부족하지만 이 모든 것이 하나님이 섭리 가운데 있기를 기도하는 마음으로 조심스레 펜을 듭니다.

첫 기억은 초등학교 1학년 무렵으로 거슬러 올라갑니다. 우리 반 반장은 그야말로 엄친아였습니다. 얼굴도 잘생겼고, 공부도 운동도 잘했으며, 친구들과 사교성도 좋았습니다. 반면 하루종일 화장실 한 번 가지 못할 정도로 소심했던 저는 그에게 말 한마디 걸 수 없었습니다. 친해지고 싶었지만 현실은 꿀먹은 벙어리. 그런 제 자신이 너무나 싫었습니다. 또 한편으로는 그가 내 존재만이라도 알아준다면 얼마나 좋을까 간절히 바랐습니다. 밤마다 꿈을 꾸며 원인 모를 괴로움에 끙끙 앓았습니다. 사춘기에 찾아올 법한, 그저 단순한 동경이었을까 하지만 그런 마음으로 치부하기엔 그 열병은 제게 너무나 지독했습니다.

스무 살이 되기 전까지 저는 이 감정이 무엇인지 제대로 알 수 없었습니다. 남중, 남고를 다니며 늘 남자들 사이에서 어울렸던 학창 시절에는 그런 것들이 별로 티가 나질 않았습니다. 그저 '우정이 남다른 아이' 정도로 여겨졌을 뿐입니다. 그러나 제 속은 달랐습니다. 그것은 욕망이었습니다. 악마에 영혼이라도 팔아서 그 사람의 모든 것을 소유하고 싶은, 걷잡을 수 없이 강렬한 욕망. 그런 일들이 반복해서 지나갈 때마다 마음 속에 깊은 생채기가 남는 것 같았습니다. 그 생채기는 작은 구멍을 내었는데 시간이 지날수록 점점 커져갔으며 마침내 블랙홀처럼 걷잡을 수 없이 깊은 수렁을 만들었습니다. 그건 마치 마음 한 구석에, 채워져야 할 때 채워지지 못해 영원히 채울 수 없을 것만 같은 커다랗고 텅 빈 공간처럼 공허함이었습니다. 그 공허함이 문제였습니다.

고향을 떠나 타지에서 일찍 취직을 하게 되었습니다. 그때쯤 제 안을 잠식하던 공허함은 이제 외로움과 뒤섞여 주체할 수 없는 갈증을 자극했습니다. 본격적으로 사람들을 만나기 시작했습니다. 모든 만남은 육체적이었습니다. 가끔은 서로 진지하게 고민을 나누기도 합니다. 오랫동안 옆에 있어주었으면 좋겠다, 이런 감정이 사랑인가 싶을 때도 있었습니다. 하지만 그 끝은 항상 육체적 만족이었습니다. 일단 욕구가 충족되고 목적이 달성된 후에는 완전히 딴 사람처럼 행동합니다. 상대를 마치 일회용품 대하듯, 일반인들은 상상할 수 없을만큼 냉정합니다. 인간의 것이 아닌 듯한 그 무정함을 다시는 경험하고 싶지 않습니다.

동성애도 사랑이라고 말하는 사람들이 있습니다. 동성애를 제대로 알지 못하는 사람들은 그 차이를 존중해야 한다고 합니다. 저는 분명히 알고 있습니다. 그들이 어떠한 정서적 교감을 나누었던 모든 것은 육체를 빼면 빈 껍데기일 뿐인 관계라는 것을. 그건 동성을 향한 견딜 수 없는 집착일 뿐입니다.

동성애란 마치 바닷물을 마시듯 점점 더 심해지는 갈증입니다. 아무리 채워도 절대 채워지지 않는 밑 빠진 독과 같습니다. 그것은 내 이성을 마비시키고 정상적인 생활을 할 수 없을 만큼 모든걸 집어삼킵니다. 내 삶을 완전히 파멸시키고 그 끝을 보기 전까지 절대 멈추지 않습니다.

동성애의 또 한가지 문제는 필연적으로 방탕함을 야기한다는 것입니다. 마치 도미노처럼 한 가지의 죄가 또 하나의 죄를 불러옵니다. 매일 이어지는 폭음, 기침으로 피를 토할 때까지 피우던 담배.. 그 나이에 적지 않은 돈을 벌었지만 쓰는 돈은 더욱 많았고 카드 값을 막기 위해 은행의 대출까지 손을 대었습니다. 체중은 걷잡을 수 없이 불어 갔고 천식 증상이 나타났습니다.

그럼에도 마치 무언가에 홀린 사람처럼 매일 밤 끊임없이 사람들을 찾아 다녔습니다. 때로는 돈을 주어 만남을 이어갔습니다. 견딜 수 없는 허기가 저를 이끌었습니다. 부모님들에게는 믿음직한 아들, 직장에서는 한없이 성실하고 능력 있는 동료였지만 해가 지면 돌변하는 괴물.. 정신을 차릴 수 없을 정도로 술에 취한 밤이면 이중적인 삶 속에서 무척이나 괴로웠습니다. 누구도 나를 이해할 수 없다.. 눈물도 나오지 않는 슬픔, 아니 그건 절망입니다.

그러던 어느 날, 그날도 역시 술에 만취했습니다. 그런데 바닥에 나뒹굴던 카드 값 청구서를 보고 정신이 번쩍 들었습니다. 돌려막기 하던 카드 값이 이제 한계에 다다랐음을 말해주고 있었습니다. 어떻게 처리해야 하나 두려움에 밤새 잠을 잘 수가 없었고, 갑자기 숨이 쉬어지지 않는 공황장애와 같은 증상을 겪기도 했습니다. 이제 그만 죽고 싶다. 다 끝내고 싶다 생각하면서도 한편으론 간절히 바랐습니다.

처음부터 다시 출발하고 싶다. 잘못된 단추를 모두 풀고서라도 다시 처음으로 돌아가고 싶다. 누군가 나를 이 더러운 삶에서 꺼내 주었으면. 너무나 살고 싶다, 누군가 나를 구원해 주었으면. 그러나 탈출구는 보이지 않았습니다. 벼랑 끝의 심정으로 기도했습니다. 제발 나를 옥죄는 이 사슬에서 벗어날 수 있는 길을 보여달라고, 그리고 정말 우연히 유튜브를 검색하다 한 목사님의 영상을 보게 되었습니다. 그 분의 삶은 특별했습니다. 큰 아픔이 있으셨고 동성애의 속박에서 자유함을 얻게 되었습니다. 그 분은 말했습니다.

"동성애가 타고난 줄 알았다. 왜냐하면 동성애는 알 수 없을 때부터 내 혈관의 피처럼 흐르고 있었고. 나라는 사람 그 자체였기 때문이다"

이 분은 정말 이 문제를 아시는 분이구나. 많이도 울었습니다. 그리고 귀한 소망을 가지게 되었습니다.

처음 교회에 갔을 때 그 따뜻함을 기억합니다. 목사님도 형제자매들도 제 과거를 묻지 않았습니다. 어느 교회에서처럼 종이를 들고 예수님에 대해 설명하려 들지도 않았습니다. 그럼에도 나는 이들에게서 예수님을 느꼈습니다. 일면식도 없는 저를 반겨 주었고, 아무도 주목하지 않는 저에게 말을 걸어 주었고, 망가진 저와 같이 커피를 마셔 주었습니다. 이들에게는 아무런 가식도 없었습니다. 그날 짧은 순간 이들과 함께하며 평생 경험하지 못했던 진정한 평안을 얻었습니다.

저는 너무나 기뻐서 출석 첫 날 그들에게 중국요리를 대접했습니다. 식사를 하며 올 3월부터 갈보리채플 바이블칼리지를 개강한다는 이야기를 듣게 되었습니다. 그 과정은 2년 동안 오직 창세기부터 계시록까지 모든 성경만을 가르친다고 하였습니다. 그 말을 들었을 때 이미 마음은 활짝 열려 있었습니다. 망설일 이유가 없었습니다. 더 이상 돌아갈 곳도 없었습니다. 이 모든 것이 하나님의 인도하심이라는 거부할 수 없는 확신이 들었습니다.

첫 강의에서 목사님 말씀하셨습니다. "여러분들은 예수님의 이름을 알고 있습니까?" 모를 리가 없지요. 교회는 제대로 다니지 않았지만 저는 속으로 생각했습니다. 크리스천이 아니더라도 전 세계에 그 이름을 모르는 사람은 흔치 않을 것입니다.

"그러면 여러분들은 제 이름을 알고 있습니까? 알지요. 그럼 이름을 알면 그 사람에 대해 모든 것을 아는 것입니까? 그건 아닙니다. 여러분들은 저에 대해 얼마나 알고 있습니까? 본 지 얼마 안 된 범수 형제는 저에 대해 얼마나 알고 있을까요. 그보다 오래 나와 함께했던 제자들은 범수 형제보다 나를 더 잘 알 것입니다. 그럼 나의 누이와 동생은 또 나를 얼마나 알고 있을까요. 이름을 안다는 것은 바로 그런 의미입니다. 마찬가지로 예수의 이름을 안다는 것은 단순히 예수의 이름만을 아는 것이 아니라 그 분에 대해 아는 것을 말합니다. 그렇다면 예수님을 어떻게 알 수 있을까요? 바로 말씀입니다. 말씀 속에서 예수님을 만날 수 있습니다. 말씀이 곧 예수님이시기 때문입니다."

"불의한 자가 하나님의 나라를 상속받지 못한다는 것을 너희가 알지 못하느냐, 미혹을 받지 말라 음행하는 자들이나 우상 숭배하는 자들이나 간음하는 자들이나 여자처럼 행세하는 자들이나 남자 동성연애자들이나 도둑질하는 자들이나 탐욕을 부리는 자들이나 주정뱅이들이나 욕설하는 자들이나 착취하는 자들은 하나님의 나라를 상속받지 못하리라"(고전 6:9~10)

그러나 성경은 거기서 끝나지 않았습니다.

"너희 가운데도 이런 일을 행하였던 자들이 있더니 주 예수 그리스도의 이름과 우리 하나님의 성령 안에서의 씻음과 거룩함과 의롭다 하심을 받았느니라"(고전 6:11)

아, 이거 해결될 수 있는 것이구나. 저는 터지려는 눈물을 간신히 참아야 했습니다. 그렇게도 익숙했던 이름이 전혀 새로운 의미로 다가왔습니다. '예수(Jesus, 구원자)', '그리스도(Christ, 기름부음 받은 자)' 우리를 구원하시기 위해 하나님께 기름부음 받은 분.

그 후 1년이 지났습니다. 갈보리채플에서 말씀은 그치지 않습니다. 성전 문지방에서 흘러나온 물이 일 천 척, 이 천 척 쌓여 건너지 못할 강이 되었을 때 성령은 저를 도와 제가 갈 수 없는 그 곳으로 이끄실 것입니다.

**"주께서 나의 등불을 켜심이여, 여호와 내 하나님이 내 흑암을 밝히시리이다"**(시편 18:28)

제가 좋아하는 성경 구절입니다. 말씀 속에서 제 어두움은 조금씩 걷히고 차츰 인간 본연의 본성을 회복해 갔습니다. 저는 필연 어둠 속에 있었습니다. 그렇기에 빛의 소중함도 절실히 알고 있습니다. 그리고 그 빛 속에서 제가 그 동안 얼마나 심각한 상태였는지 깨닫게 되었습니다.

과거의 나쁜 습관들은 차츰 정리가 되어가기 시작했습니다. 자연스레 술도 끊고 담배도 끊어졌습니다. 직장생활을 한 이후 처음 통장의 잔고가 채워지는 것도 보게 되었습니다. 괴로움과 두려움 대신 말씀 안에서 평안을 누립니다. 빼앗겼던 삶이 다시 제 궤도를 찾아갑니다.

하지만 잃어버린 시간을 한 순간에 회복하는 것은 쉽지 않습니다. 저와 같은 문제로 힘들어하는 형제자매가 있다면 꼭 드리고 싶은 말씀이 있습니다. 부디 한시라도 빨리, 더 많은 것을 잃기 전에 속히 말씀 앞으로 돌아오십시오.

아직은 참 많이 부족합니다. 그러나 저는 혼자가 아닙니다. 주를 깨끗한 마음으로 부르는 믿음의 형제자매들이 서로를 위해 기도하며 늘 함께합니다. 그러나 언젠가 바울처럼, 예수의 흔적을 지닌 자라고 당당히 선언할 수 있는 소망을 품고 오늘도 달려갑니다. (범수)

## 탈동성애 증언 (3)   그것은 스스로 규정한 모습이었습니다

**"그런즉 누구든지 그리스도안에 있으면 새로운 피조물이라 이전 것은 지나갔으니 보라 새것이 되었도다" (고후 5;17)**

(먼저는 나를 키워주시고, 기다려주시고, 기도해주신 존경하는 부모님께 감사드립니다. 무엇보다도 하나님을 가장 사랑하는 부모님으로 제 곁에 계셔 주셔서 감사합니다.)

제 인생에는 조금 특별한 사연이 있습니다. 저는 어렸을 적부터 여자보다는 남자라는 존재에 대해 애정과 설레임을 느꼈습니다. 호기심이었을 수도 있고, 넘지 말아야 할 선을 넘는, 조금 위험한 모험이라고 생각했었는지도 모르겠습니다.

어린 시절, 저는 그것이 제게 타고난 것이며, 나중에 남들과 다른 멋진 삶을 살 수 있을 거라는 기대감도 가지며 살았습니다. 초등학교 시절부터 교회에 다니던 저는, 육체와 정신이 성장함과 동시에 여러 사람들을 통해 예수님의 참사랑을 알아가게 되었습니다.

그러나, 한편으로는 남몰래 누리는 음행과 쾌락에 눈이 먼 자로 시간을 보냈습니다. 저는 동성애와 욕정이 예수님을 기쁘게 할 수 없는 일이라는 것을 직감적으로 알고는 있었지만, 중독 같이 헤어나오지 못하는 쾌락의 이중생활과 함께 점점 고뇌에 빠져들게 되었습니다.

저는 20대부터 교회에서 청년부 활동을 해왔습니다. 찬양이 좋았고, 목청껏 기도하는 청년부 선배들을 보며, 저도 하나님께 "기도할 수 있게 해달라"는 기도를 드렸습니다. 한 철야 금요예배 때 저는 고요하고 비밀스러운 마음의 음성을 듣게 되었습니다.

그 짧은 찰나에 제가 계속 갈구하던 동성애가 "죄"라는 명확한 깨달음이 있었습니다. 그러나 마가복음 4장의 "씨 뿌리는 비유"의 이야기에 나오는 바 같이 돌밭 같은 제 마음에 말씀과 기도 생활이 뿌리 내리지 못한 채, 저는 이전보다 더 깊이 죄에 빠져들기 시작했습니다.

여전히 찬양의 멜로디에 감동되어 눈물을 흘리고, 간간이 진정으로 예배를 드렸지만 저의 이중생활은 계속 되었습니다. 그리고 불과 수년 전 까지, 저는 크리스천이면서, 직장인이었고, 동성애자였습니다.

누구도 제게 동성애자라는 굴레를 씌운 적이 없고, 수군댄 적도 없지만, 그것은 스스로 규정한 제 모습이었습니다. 업무에서 받는 스트레스나 외로움을 육체의 욕정으로 해소하고, 낯선 만남을 갈구하고, 채워지지 않는 허무한 행위들에 사로잡혀 살던 저는 그 시절의 감정을 뼛속 깊이 기억하고 있습니다. 그것은 경험해보지 않은 사람은 쉽게 이해 할 수 없는 살을 에는 듯한 허망한 고통이었습니다.

저는, 제 결심과는 다르게 이끌리는 육체의 속성에 "차라리 떳떳하게 동성애자로 사는 것이 더 낫지 않을까" 생각하며 매번 혼란을 겪었습니다. 일상생활에서는 아무렇지 않은 듯 지내다가도 밤만 되면 밀려오는 유혹들을 감당하지 못하고 죄 속으로 빠져들던 시간들이었습니다.

죄에 빠지면, 사람은 위축되고 공격성을 가지기 마련입니다. 가장 행복하게 해주고 싶던 가족들을 만나도 불편하고 주눅들고 오히려 그분들께 분노가 표출되는 저를 보며 상반되는 마음과 행동에 무척 괴로웠습니다.

당시에 저는 괴로울 때마다 해외의 동성애 극복 간증을 찾아보며 아주 작은 소망을 가지게 되었습니다. 죄에 빠진 후에도 허탈함을 달래려 "약할 때 강함 되시네"의 작곡자이자 탈동성애자인 데니스 저니건의 간증 등을 보며 어떤 위로를 받으며 잠들곤 했습니다. 그리고 한국에도 그러한 사람이 있다는 것을 알게 되었습니다.

"아니. 한국인이면서. 그리고 목사님이 어떻게 저런 고백을 아무렇지 않게 할 수 있지?"

동성애가 대세로 떠오르는 이 판국에 사실은 좀 부담스러우면서도, 불편한 외침을 하는 사람이 있었습니다. 그러나 정확히 기억하기로는 4년 전 연말, 죄에 허덕이던 저는 이제는 이 분을 한번 만나봐야 할 때라고 직감했습니다. 도저히 괴로움이 가시지 않을 때, 지푸라기 같은 심정으로 전화를 걸었습니다. 생각보다 매우 가까운 곳에 교회가 있었고 그날 저녁, 곧바로 상담을 할 수 있었습니다.

첫 만남은 생각보다 편한 마음이었습니다. 이 분도 나와 같은 아픔을 가졌던 분이라는 것이 큰 위안이었던 거 같습니다. 예전엔 동성애자 세계라는 소수에 발을 들이며 위안을 얻었다면, 이제는 그보다도 더 소수인 탈동성애자라는 그룹을 만난다는 것이 무언가 흥미롭기까지 했습니다.

목사님은 고린도전서 6장 9-11절 말씀을 펼치며, 저의 이 생활이 계속된다면 하나님 나라의 유업을 받지 못할 것이란 것을 명확히 알려주셨습니다. 왜 전 이 말씀을 보지 못했었을까요? 아니 깨닫지 못했었을까요?

제가 스스로의 죄를 은밀하게 꽁꽁 싸매고 있던 것과 말씀을 있는 그대로 받아들이지 못했던 것이 가장 큰 이유였다는 생각이 듭니다. 단 한 구절의 말씀이었지만, 제가 머뭇거리던 부분에 성경이 명확히 어떠한 말을 하고 있는지 가르침을 받았던 그 순간, 동성애 문제로 항상 혼란을 겪던 저의 불안한 자아가 깨침을 얻었던 거 같습니다. 예수님은 제가 어떻게 살아야 할지 이 분을 통해서 말씀으로 저에게 알려주고 계셨습니다.

그 후로 4년 반이라는 세월이 지나 지금의 제가 있습니다. 돌이켜 보면 그 시간 동안, 하나님은 제게 비밀과 같은 모습으로 나타나 주셨고, 수없이 많은 눈물을 흘리게 해주셨습니다. 아주 큰 위기의 순간도 있었고, 정말 많은 실수 속에 깎여져 가며 지금 저는 이 자리에 있습니다.

영상감독인 저는 자연스레, 교회에서 진행하던 동성애 사역과 관련된 영상을 만들게 되었고 이를 위해 많은 행사와 일들에 참여하게 되었습니다. 퀴어축제에 관람자로 참여하던 제가 이제는 그때와는 다른 입장으로 교회의 사역에 참여하게 되며, "반동성애, 극단적 반동성애, 탈동성애, 퀴어 진영"을 넘나들며 촬영을 하기도 하였습니다. 그 당시, 저는 어디에도 속해 있으며 어디에도 속해 있지 않다는 묘한 감정에 휘말렸습니다.

20대 중반 시절의 친구들이 퀴어 페스티벌의 본부 쪽에서 무리를 형성하고 트럭 위에서 여장을 하고 춤을 추는 모습이 제게는 참 아이러니한 상황이라는 생각이 들었습니다.

그런 시간을 겪으면서 "과연 내가 할 수 있는 일이 무엇일까?"라는 생각이 들었습니다. 제가 퀴어 축제에서 가장 불편했던 것은 다름 아닌 기독교 반동성애운동을 펼치며 내건 문구들이었습니다. 죄에서 영혼을 구하려는 그분들의 처절한 절규도 이해가 갔지만, 그것은 누군가의 마음을 움직이기에는 너무도 거칠고 아픈 말들이었습니다.

이러한 생각들을 제 나름의 방식으로 정리해 보았고, 퀴어 축제에 대응하여 우리가 해야 할 고민들에 대해 제가 느낀 것들을 문서와 영상으로 정리해보았고, 목사님은 그것들을 적극 수용해 주셨습니다. (지금 돌이켜보면 당시에는 제 머리에서 나온 생각이란 자만도 있었지만, 목사님과 함께하며 배운 것들을 단순히 저의 기능으로 풀어놓았던 것 같습니다.) 이러한 과정들을 거치며, 약함과 실패가 예수 안에서는 자랑이 될 수 있는 놀라운 신비를 체험한 저는 교회와 목사님을 돕는 일을 멈춰선 안 된다는 생각이 들었습니다.

그것들은 다른 교회에 자랑하거나 보여주려는 메시지도 아니고, 동성애자들을 정죄하기도 위함도 아닙니다. 우리는 "나와 같은 고민을 겪는 한 영혼"을 위해 복음의 메시지를 전하는 행사를 매년, 기획 중에 있습니다.

저는 동성애가 영적인 싸움이라는 것을 확신합니다. 그리고 예수님의 이름으로 밖에는 해결 될 수 없는 여러 종류의 죄들 중 하나일 뿐이라는 것 또한 확신합니다. 무엇이 부끄럽습니까? 수많은 죄 가운데 내 과거가 어찌 되었던 그것으로 예수님을 증거할 수 있는 일

만큼 자랑스러운 일이 또 어디 있겠습니까!

　제게 육체의 가시 같은 이 죄의 문제가 있으므로 저는 하나님의 말씀 없이는, 매일 내 가슴속에서 우러나오는 찬양 없이는 살 수 없는 존재입니다. 그것이 제게 간증이고 감사입니다. 저는 이 비밀스러운 기쁨을 놓치지 않을 것입니다. 그리고 예전에 제가 그랬듯이 제 간증이 누군가에게 소망이 되길 바랍니다. (상우)

## 탈동성애 증언 (4) 남성이란 존재는 두려운 존재였습니다

"사랑하는 자들아 우리가 지금은 하나님의 자녀라 장래에 어떻게 될지는 아직 나타나지 아니하였으나 그가 나타나시면 우리가 그와 같을 줄을 아는 것은 그의 참모습 그대로 볼 것이기 때문이니 주를 향하여 이 소망을 가진 자마다 그의 깨끗하심과 같이 자기를 깨끗하게 하느니라" (요한일서 3:2~3)

어린 시절 제게 남성이란 존재는 왠지 모르게 무섭고 두려운 존재였습니다. 저는 여성이 지닌 특유의 부드러움과 상냥함이 좋았습니다. 하지만 그런 남자에게 사랑을 받고 싶어 하던 어린 시절의 나는 모순덩어리입니다. 중학생 시절 저는 기도했습니다.

"주님. 저는 주님을 사랑해요.
저는 지옥에 가는 것이 너무 두려워요.
저는 절대 동성애자로 살지 않을 거예요."

수없이 기도하고 회개했지만, 무언가에 홀린 것처럼 그것이 더럽다고 느끼면서도 음란물을 끊을 수 없었던 청소년 시절의 나는 거짓말쟁이입니다.

하나님과 부모님 앞에, 그리고 미래의 나의 아내와 아이들에게 절대로 부끄럽지 않은 사람이 되겠다고 다짐하면서도 여전히 마음속으로 남자를 짝사랑하던 20대 초반의 나는 위선자입니다. 아무리 발버둥 쳐도 해결할 수 없어 참 많이 울었고 우울해하며 무기력했습니다. 나에겐 너무 어렵게 느껴지지만, 남들에겐 특별할 것 없는 평범한 일상들이 부러웠습니다. 이 세상에 나만 비정상적인 사람인 것 같아 외롭고 두려웠습니다.

내 인생은 저주받았다고, 수많은 사람 중에 왜 하필이면 내가 이렇게 됐을까 하며 누군가를 탓하기도 했습니다. 애초에 태어나지 않았더라면 좋았을 텐데 하며 먼지처럼 사라지고 싶었습니다. 마음이 무너져 내릴 듯 슬프고 비참할 때 저는 예수님이 십자가에서 당한 고통과 수치를 기억하지 못했습니다.

하지만 이제는 생각합니다. 나의 슬픔과 수치가 어쩌면 기쁨과 소망이 될 수도 있을 것이라고… 저에게 죽도록 뿌리 뽑고 싶은 '동성애'라는 쓴 뿌리가 없었다면 저는 하나님을 믿는다면서도 세상에서의 성공과 즐거움만을 좇으며 살아가고 있을지도 모릅니다. 저는 이 쓴 뿌리 때문에 하나님께 더 가까이 나아가려고 노력하고 있습니다.

하나님의 말씀을 배우고 알아가고 있는 지금 저는 너무 행복하고 감사합니다. 나의 존재는 너무도 연약하고 부족하지만, 주님이 나와 함께 하실 때 분명 승리를 주실 것을 확신합니다. 이 순간 저는 주님 앞에 또 다짐합니다. 어쩌면 세상 끝날까지 이 싸움이 계속된다고 하더라도 저는 끝까지 싸워 이길 것이라고. 이것은 제 힘으로 하는 것이 아닙니다.

제 의지와 뜻이 있을 때 나의 하나님이 기꺼이 도우실 것입니다. 그분께서 반드시 이루실 것입니다. 마침내 우리는 승리할 것입니다. 여기 이곳에 나와 같은 싸움을 하는 많은 청년이 있습니다. 당신도 이 기쁨의 여정, 가장 좋은 길로 함께 걸어가지 않을래요? 나는 이제 어디선가 혼자 힘들어하고 있을 형제들을 도울 수 있는 날을 기대해 봅니다. (명훈)

## 탈동성애 증언 (5)  스스로 만들어낸 거절 속의 비참함

"예수께서 들으시고 그들에게 이르시되 건강한 자에게는 의사가 쓸 데 없고 병든 자에게라야 쓸 데 있느니라 나는 의인을 부르러 온 것이 아니요 죄인을 부르러 왔노라 하시니라" (마가복음 2:17)

어린 시절의 나에게 들려지고 보이는 어른들의 말과 행동들을 온전히 이해할 수 없었고 나를 떠날 수도 있다는 두려움을 주는 부모님의 말과 행동들에 대해 어떤 설명을 요구하거나 합당한 설명을 들을 수도 없었습니다. 항상 내 옆에 계셔주셨던 부모님이시지만 항상 내 곁을 떠나갈까 봐 걱정하며 울어야 했던 나는 깊은 안정감이 없이 그저 너무나 무섭고 불안했습니다.

난 이런 불안함 속에서, 날 버리지 않고 사랑해줄, 날 떠나지 않고 지켜줄 누군가가 필요하다고 느꼈나 봅니다. 나는 약하고 불안한 나를 스스로 지켜낼 자신이 없었습니다. 그런 나에게, 날 지켜주고 사랑해 줄 수 있다고 느껴졌던 그 대상이 바로 동성이었습니다. 적어도 '나'라는 사람에게는 그랬습니다.

동성 친구와의 서툰 육체적 장난으로부터 시작된 동성에 대한 관심은 어느 순간 나의 이상향적인, 강하고 따뜻하고 인간적인 모습의 동성들을 향한 깊은 집착이 되어갔습니다. 난 초, 중, 고, 대학교 학창 시절 내내 끊임없이 짝사랑하는 동성의 대상들이 있었습니다. 그러나 그 당시 내가 생명까지도 줄 수 있는 진정한 사랑이라 생각했던 그 사람들은 나를 동생이나 친구 그 이상으로 봐주지 않았고, 난 그 사람들에 대해 스스로 만들어낸 거절감으로 인해 항상 비참한 마음으로 고통 속에 지냈습니다.

용기 내어 그들에게 내 마음을 전할 만큼 대담하지도 못했던 난, 그 때문에 더 항상 나의 동굴 속에 갇혀서 외로웠습니다. 이루어질 수 없는 비참한 사랑의 주인공이 되어 나의 인생에 대해 저주를 퍼붓고 일반적 상식을 벗어난 역겨운 나의 모습에 괴로워하며 맘속으로 내 스스로를 수도 없이 난도질하며 죽였습니다.

주인공의 사랑이 이루어지지 못하는 비극적 동화들이나 영화, 소설, 노래들을 접할 땐, 그것들은 항상 나의 눈을 적셨습니다. 그리고 나면 나는 또, 자괴감에 죽고 싶었습니다... 사랑을 이룰 수 없다면 난 무엇을 위해 살아야 할까. 그래서 훌륭한 음악가가 되고 싶었고 이루어질 수 없는 사랑의 아픔을 보상해줄 돈이 필요하다고 생각했습니다. 내 꿈을 이루면, 돈이 많으면, 난 행복해질 수 있을 거라고 생각했습니다.

그런데, 난 생각지 못했던 팔의 부상으로 악기를 더 이상 공부할 수 없게 되었고 투자했던 우리 가족들의 돈을 사기 당해 다 잃었습니다. 이 정도까지 오고 나니, 나는 정말 살고 싶지가 않았습니다... 무엇인가에 대한 원망과 증오가 극에 달했습니다. 왜 난 동성애자로 태어난 것인가? 왜 난 남들과 같은 평범한 삶을 살 수가 없는가... 왜 나의 인생은 이리도 고통스러운 일들만 가득한가, 왜 난 사랑받을 수 없는가, 결국 나의 원망은 하나님에게로 향했습니다.

어렸을 때부터 다녔던 교회, 그분은 사랑이시라 들었던 예수님, 그러나 나의 증오심 속에서 바라봐진 예수님은 날 미워하고 저주하고 버리고 조롱하는 그런 존재로 비추어졌고 사람에게도 하나님에게도 버려진 것 같았던 난 그분께 갖은 욕과 조롱을 쏟아 붓고 더욱 깊은 어둠 속으로 숨어버렸습니다.

누군가를 만나 육체의 정욕을 풀 용기도 없었고 세상이 너무도 허무하고 살기 싫었던 난 몇 달 동안 날마다 포르노와 자위로 산송장처럼 소망 없이 지냈습니다. 그냥 그렇게라도 내 안의 고통을 잊고 싶었습니다. 어렸을 때부터 건강이 좋지 않았던 나에게 그 몇 달의 시간은 나의 육체를 완전히 망가뜨리기에 충분했습니다. 그렇게 소진되어 가던 어느 날, 갑자기 내 육체는 최악의 상태에 이르렀고 난 하던 일도, 많은 일상적인 생활들도 불가능하게 되었습니다.

죽음과 이별이 그렇게 무섭고 두려웠던 나, 죽음이, 헤어짐이, 그리도 피하고 싶고 두려웠는데, 막상 내 삶에 죽음이란 것이 실제적으로 엄습해 왔을 때 난 속수무책, 아무것도 할 수가 없었습니다. 어느 누구도 날 도울 수 있는 사람이 없었습니다. 난 살고 싶었습니다. 이대로 죽는다면 난 정말 끝이겠구나. 누군가의 도움이 너무나 절실히 필요했습니다. 그 막다른 골목에서 아이러니하게도 내 머릿속에 생각나는 것은 그리도 증오하고 원망했던 예수님 그분뿐이었습니다.

나는 고통 속에 울며 엎드렸습니다. 살려달라고 도와달라고, 죽음 앞에선 나의 자존심은 필요치 않았습니다. 그렇게 엎드려 부르짖기 시작하면서 예수님께서는 말씀과 기도 가운데서 망가진 내 안의 모습들을 하나하나 보여주시기 시작하셨습니다. 동성애의 문제뿐 아니라 내가 외면하고 보려 하지 않았던 내 안의 추악한 모습들, 괴로워하며 마주한 내 불쌍하고 추악한 모습들을 통해 난 알게 되었습니다... 나의 증오의 대상은 예수님이 아니라 바로 나 자신이었음을...

나를 향한 그 뜨거운 예수님의 사랑이 무엇인지 알지 못했던 나는 나 자신을 소중히 여길 수 없었고 나 자신을 너무나 미워하고 저주했던 것입니다. 그렇게 내 힘으로 괜찮아 보려고 발버둥 치는 것을 포기하고 병든 죄인임을 인정하고 그분 앞에 떨며 엎드리게 되었을 때 그분께서는 나에게 말씀하셨습니다.

나를 사랑하신다고요. 회복시키실 거라고요. 이 세상 모든 사람들이 날 버려도 예수님께서는 영원히 나를 버리지 않고 함께하실 거라고요! 이대로 끝나 버렸다면 다시 되돌릴 수 없었을 나의 인생, 이일 이후로도 오랜 시간이 필요했지만 예수님께서는 천천히 날 회복시키셨고 내 안의 불신과 불안과 공포들을 치유하시며 그 사랑 안에서 내가 얼마나 소중한 존재인지 알아가게 하셨습니다. 그리고 나를 그렇게 불안하게 만드셨던 부모님이 사실은 그분들의 인생의 힘듦 가운데서도 나를 사랑하시고, 나를 지키시기 위해 얼마나 애쓰시고 헌신하셨었는지도, 깨닫고 감사하게 하셨습니다.

나의 예수님 사랑합니다! 나를 낳으시고 길러주신 아버지, 어머니 사랑합니다! 날 위해 기도해 주셨던 모든 분들 사랑합니다! 그분께서는 나와 같은 자도 얼마나 사랑하시는지 지금까지도 나의 삶 가운데서 증거해 주고 계십니다. 난 여전히 많이 부족한 사람이지만, 지금까지의 삶 가운데서 함께해 주시고 지켜주신 예수님의 크신 사랑 때문에 나의 인생의 문제들 가운데 힘들고 위태해 보일 때가 또 있을지라도 여전히 그분께서 날 지키시고 함께 하심을 믿고 있습니다! 그래서 잠시 절망스럽다가도 다시 감사하게 됩니다.

난 팔의 근육도 돈도 잃었지만 지금은 날 누구보다 사랑해주시는 예수님이 계셔서 정말 감사하고 힘이 나고 위로가 됩니다! 마흔 넘어 인생을 살아오다 보니 모든 인생은 각자의 삶에 대한 해답이 필요한 존재라는 것을 알게 되었습니다. 각자 각자의 죄와 절망과 고통의 문제는 모두 다를 수 있으나 공통점 한 가지가 있습니다. 그 가진 모든 문제의 해결방안은 예수님만 갖고 계시다는 것입니다. 지금 이 글을 읽으시는 분께 어떤 어려운 문제가 있더라도, 그것이 동성 애이던, 아니면 다른 어떤 문제이던, 예수님께서는 당신을 사랑하시고 지금도 기다리시고 계심을 잊지 마세요. 예수님께서는 당신을 사랑하십니다. 나와 같은 약하고 쓰러지기 쉬운 자도 만나주시고 회복의 길을 걸을 수 있도록 인도하신 예수님의 그 뜨거운 사랑이 이 글을 읽고 계신 모든 분들께도 함께하시고, 자유케 하시고, 평안케 하시기를 기도합니다. 사랑하고 축복합니다. (봉관)

## 탈동성애 증언 (6)  아무도 늦지는 않았다 새롭게 시작할 수 있다

"그러므로 내가 너희에게 말하기를, 너희가 너희 죄 가운데서 죽으리라 하였노라. 너희가 만일 내가 그인 줄 믿지 아니하면 너희 죄 가운데서 죽으리라" (요한복음 8:24)

지금의 나 자신도 완전히 변화되지는 않았지만 나에게도 큰 변환점이 있었기에 지금 누군가에게도 이 글을 읽는 순간 그 사람에게 변화가 있길 바라는 마음으로 쓰기 시작한다.

나의 동성애 시작은 되돌아보면 10여 년이 지난 중학교 때다. 중학교에서 같은 학교, 같은 반이었던 그 친구를 마음속으로만 좋아하게 되면서 나는 그렇게 시작을 했던 것 같다. 누군가에게 먼저 다가가지도 못하는 소심한 성격에 외적으로도 지금과는 다른 통통했던 모습에 나 자신이 그 친구 앞에서는 더욱더 초라해지게 되었다. 그렇게 마음속으로 좋아하던 그 친구를 중학교 졸업할 때쯤엔, 어디서 용기가 나서였는지, 나도 모르게 그 친구 앞에 서서 고백을 하게 되었지만 결과는 뻔했다.

그렇게 각자 고등학교로 넘어가고 다시 마음을 잡아볼까 했지만 그러기엔 내 의지가 부족했던 모양이었다. 그 전처럼 고백이란 건 없었지만 나 혼자서 좋아하고, 포기하고, 다시 되돌아가는 이 상황 속 악순환은 고등학교 시절 쭉 이어졌다. 그러면서 나의 10대 때 가장 큰 변화는 외적인 모습이었다. 통통했던 놀림 받던 나였지만 키도 커지고 살도 많이 빠지면서 사람들의 이목을 끌기에도 적합했었다. 지금도 길거리를 거닐다가 볼 때면 학창시절 애들을 만나게 되면 나를 전혀 알아보지는 못한다. 나의 그렇게 큰 변화는 나의 허영

심과 자만심을 키워갔고, 이제 누구든지 만날 수 있으리라는 악한 마음만을 품기 시작했다.

이렇게 20대 초반부터는 성인이라는 명목하에 술도 마시게 되고 이쪽 친구들과 만남을 이어가면서 정말 쾌락과 정욕을 탐하기만 하는 타락하는 삶을 살게 되었다. 그러다 또 한 번 만남 속에서 오래가리라 하는 남자를 만났고 사귀게 되면서, 결국 어머니께는 돌이킬 수 없는 죄를 짓게 되어버렸다... 커밍아웃이다.

그 당시 어머니께 말씀을 드리고 애써 담담히 괜찮다고 해주시던 때를 생각해보면 내가 얼마나 이기적이었던가 아버지가 병으로 인해 1년여간의 투병생활을 하시고 돌아가신 후에 몇 해가 지나지 않아 내가 그렇게 뜻밖의 얘기를 함으로써, 그 당시에 어머니는 과연 그 누구에게 의지를 하였을까...? 그렇게 당시를 생각하게 되면 지금도 항상 맘속 응어리가 져버린다.

그렇게 어머니도 교회는 다니고 있었기에 지금의 교회가 아닌 다른 교회를 어머니랑 다니게 되었고, 그 시절 청년부는 너무 와 닿지도 않았기에 대예배만 드리고 집에 오는 그런 교회 생활을 하였다. 그렇지만 별반 다를 게 없는 삶이었다. 더욱이 교회를 끝내고 친구를 만나러 가는 날도 종종 있었다. 교회에 대한 애착도 없었고, 말로만 교회를 다닌다는 그런 청년이었다.

간간이 목사님 설교 말씀 속에서 동성애 관련해서 설교를 하시게 될 때면 나 혼자서 뜨끔해지고 하나님과의 거리도 한 발짝씩 멀어지게 됨을 느끼고 있었다. 그렇게 교회에서의 생활과 일상생활이 극과 극으로 이어질 수가 없는 그런 삶을 살아가고 있을 때였다.

어머니가 교회에서 유치부 사역을 먼저 하시던 때에, 뜻하지 않게 유치부 주일학교 여름성경 캠프에 참여하게 되었고, 그 뒤로 점차 아이들의 얼굴이 계속 떠오르게 되면서 유치부 사역을 같이 하게 되었다. 그렇게 유치부 사역을 한다 하여도 평일 속에서의 일상들은 달라지는 것이 없었다. 그렇게 죄라는 것도 모르고 지냈었고, 어머니께는 진작부터 인정을 해 달라 하였기에, 주일만 잘 지키자는 생각만 했던 것 같다. 그렇게 유치부 사역도 3년 차가 되었을 때, 유치부 전도사님께도 나의 죄를 숨길 수는 없게 되었고, 그렇게 유치부 사역을 내려놓게 되면서 새로운 분을 소개를 받았다.

그렇게 전도사님의 소개로 인해 지금의 교회, 갈보리 채플의 이요나 목사님을 만나게 되었다. 만나는 날까지도, 이동하는 순간까지도, 나는 정확히 누구 신지도 몰랐다. 하지만 그렇게 토요일 오후 목사님과의 한 시간 남짓 상담을 하게 되면서 편하였기에 나에 대한 모든 것들을 말씀드릴 수 있었고, 어쩌면 이 교회에 의지할 수도 있을 거 같다는 생각을 하게 되었고, 주저 없이 이 교회에 다녀야겠다 하는 다짐이 생겼다.

그렇게 지금 나는 교회생활을 하면서 아직은 육 개월 정도의 시간을 가졌지만, 나에게 있어서 가장 큰 변화라 한다면, 내가 십여 년 동안 무지했었고 인정받고 싶어 했던 그 문제가 크나큰 죄라는 걸 인지하게 되었고 변화가 필요하다는 걸 크게 깨달았다. 또한 나 혼자 힘으로 될 수 없다는 것을 알게 되면서 조금씩 하나님 앞에 나의 죄를 고백하면서 회개를 하게 되었고 의지를 하게 되었다.

그러면서 토요일에는 성경공부를 하면서 나에 대한 죄가 얼마나 큰지 알게 되는 시간도 가지고, 주말에는 예배뿐 아니라, 나와 같은 문제로 고통을 받아왔고, 변화가 있는 형제 분들과 서로 대화로 공유하고 그러다 보니, 이 교회에 나도 조금씩 물들어 가고 있었다. 이 교회에서 하나님 앞으로 한 발, 한 발 다시 나아가는 나를 발견하게 되었다.

지금 이 순간에도 죄 속에서 살아가는 사람들은 많지만, 나도 그러했듯이 점차적으로 변화될 수 있을 거라 생각하고 믿고 있다. 나의 이 글을 읽고 조금이라도 마음속에서 변화가 있길 원하거나, 새롭게 삶을 살아가고 싶은 형제가 있다면, 주저하지 말고 하나님 앞으로 나와 내가 그랬던 것처럼 용서를 구하고, 새롭게 시작해 나아갈 수 있을 것이다. 아무도 늦지는 않았다. 정말 죄라는 것은 우리가 그 죄를 죄라고 인지하지 못하고, 같은 죄 속에서 똑같이 살아가는 것이 제일 큰 죄인 것 같다. (성경)

## 탈동성애 증언 (7) 과연 평생을 참고 살 수 있을까?

"이에 예수께서 제자들에게 이르시되 누구든지 나를 따라오려거든 자기를 부인하고 자기 십자가를 지고 나를 따를 것이니라" (마태복음 16:24)

어려서부터 내 의식이 있는 나이부터 남자의 육체를 탐했어요. 내가 동성애자가 아니라고 애써 부인해 봤지만 나는 늘 남자의 육체를 탐했어요. 저는 다섯 살 때 처음으로 교회를 갔어요. 그때 온 가족이 함께 갔는데 이유는 앞으로 잘 살자는 마음으로 갔대요. 근데 그 이후로 저랑 누나만 교회를 다니다가 나중에는 저만 교회를 다녔어요. 저는 그때 성경도 몰랐고 그냥 예수님 믿으면 천국을 간다는 게 너무 행복했어요. 저의 삶이 그렇게 행복하지는 않았거든요. 그런데 그냥 천국이라는 단어를 들으면 너무 행복했어요.

아 예수님 믿으면 천국을 갈 수 있겠구나. 그 소망이 나의 교회에 가는 이유였어요. 그런데 중학교 2학년 때, 제가 많이 힘들었나 봐요. 자살을 시도했어요. 그때 내 생각에 예수님을 믿으면 천국을 간다고 하니까 빨리 죽어서 천국으로 가자는 생각이 들었어요. 그런데 사람이 쉽게 죽지 않아요. 그래서 생각을 바꾸고 그러면 죽여달라고 기도를 하자고 생각을 바꾸고 그때부터 죽여달라는 기도를 시작했어요. 매일 하지는 않았지만 생각이 날 때마다 죽여달라고 기도했어요. 아니면 우리 아빠가 교회를 다니게 해달라고 기도했어요. 그러면 살 수 있을 거 같았거든요. 그런데 6년 정도 기도했는데도 이뤄지지 않았어요. 그래도 그런 이유들이 내가 교회를 포기하는 이유가 될 수는 없었어요. 나는 천국을 가니까요.

20살 어느 날, 교회 수련회를 하는데 그때 처음으로 죄에 대해서 듣게 되었어요. 여러 가지 죄가 있다는 것을 알았고 죄가 어떤 것이 다라는 것을 알게 되었어요. 거짓말도 있었고, 술 취하는 것도 있었고, 자위하는 것도 있었어요. 그런데 너무 우스운 점은 그런 것들은 저는 죄라고 인정하지 않았어요. 그 정도는 사람이 다 하는 건데 말도 안 된다고 여겼어요. 그런데 동성애가 죄라고 나오는 순간, 저는 아무 말도 할 수 없었어요.

'동성애가 왜 죄야?'라는 생각도 들지 않았어요. 그 순간 드는 생각은 "나는 죄인이구나. 그러면 나는 지옥으로 가야 되는구나" 그리고 나는 교회를 떠났어요. 어차피 나는 천국을 못 갈 사람이라는 결론이 난 거예요. 죄인은 천국을 갈 수 없다. 방법이 없어 보였고 6살 때부터 느낀 이 동성애라는 감정을 나는 부인할 수 없었어요. 그게 내 존재였거든요. 누구도 나를 지옥 간다고 정죄하지 않았고, 교회의 그 누구도 내가 동성애자인 것을 몰랐어요. 그런데 그냥 제가 떠났어요. 어차피 천국을 못 간다고 생각이 들었으니까요.

그리고 저는 허랑방탕한 시간을 보냈어요. 교회를 다닐 때는 그래도 죄를 지으면서도 동성애자로 살지 않으려고 애써 노력했어요. 그런데 이제 그때부터는 동성애자도 만나고 그랬어요. 교회를 떠나니 내가 더 이상 그러지 말아야 할 이유가 없었거든요. 술도 진탕 마셔보고, 게이 클럽이라는 곳도 처음으로 가보고, 찜방이라는 곳도 가보고, 군인 휴가 때 게이 친구들이 저 즐겁게 해준다고 클럽도 데려가서 보여주고 찜방도 보여줬어요. 충격적이면서 쾌락적이었어요.

그런데 그 와중에 제 머릿속에 드는 생각은 '이러다가 결국 나는 지옥으로 가는구나' 였어요. 무엇을 해도 완전하게 즐겁지 않았고 무엇을 해도 슬픔이 가득했어요. '나는 지옥을 가기 위해 태어났구나'.

그래서 저의 동성애자 친구들에게, 우리는 너무 친해서 가족처럼 지냈어요. 그래서 제가 항상 '인생 참 허무하다. 우리도 평범한 남자로서 여자를 사랑하고 결혼도 하면 행복하지 않았을까?'라고 신세 한탄을 하면 친구들은 '동성애자로 태어난 걸 어떻게 하나? 그냥 즐겨'라며 저의 투정을 귀찮아했어요. 다들 그 생활을 접고 싶었지만 우리는 원래 그런 존재라고 믿었거든요.

군대를 전역하고 아빠에게 작별을 고하고 서울로 올라왔어요. 일하는 회사가 기독교 회사였어요. 저는 교회를 떠나기는 했지만 교회가 싫지는 않았어요. 내가 천국을 못 갈 뿐이지 교회가 잘못하는 건 없다고 생각이 들었거든요. 그런데 그 회사는 지각을 하거나 결석을 하면 예배를 드리는 게 벌이었어요. 제가 하루는 지각을 해서 예배를 드리게 되었어요. 다른 사람들과 달리 저는 거부감이 없었어요. 목사님의 지루한 설교는 시작되었고 저는 그냥 익숙한 그 이야기들을 듣고 있었어요. 그런데 이야기를 듣는 중에 '그렇게 사랑하신다면서 고아같이 버려두지 않겠다고 하셨으면서 내 인생이 이 모양이에요?'라는 불평이 나왔어요.

내 삶이 하나도 정상적이지 않다는 생각만 들었어요. 그런데 그때 제 마음에 생전 처음 들어보는 소리가 들리는 거 같았어요. "제주도로 와라". 그 소리는 너무 간결하고 단순했어요. 나는 처음에 누가 나한테 잘못 이야기 한 것인가 생각이 들어서 주위를 살폈지만 다들 자고 있었어요. 그리고 그 소리를 무시했어요. 그런데 또 들려왔어요. "제주도로 와라". 목사님이 하신 이야기인가 싶어서 목사님을 쳐다봤지만 목사님은 그냥 설교를 하고 계셨어요. 그래서 이번에도 그냥 무시했어요. 그런데 또 들렸어요. "제주도로 와라." 이번에는 내가 미친 건가? 생각이 들었어요. 왜냐하면 삼촌 중에 정신병이 있는 분이 계셨거든요. 그래서 드디어 내가 미쳤구나 생각이 들었어요. 그리고 그 이상한 경험을 무시하고 열심히 일을 했어요.

그런데 얼마 지나지 않아서 회사에서 이상한 오해와 여러 가지 복합적인 사정으로 제가 그만두게 되었어요. 원하지 않게 오해를 받게 되고 너무 억울해서 더 이상 다니고 싶지 않다는 생각이 들었어요. 그리고 몇 달 전에 들은 제주도라는 소리가 생각이 나서 혹시 제주도로 내려가야 하나 생각이 들었어요. 그런데 서울에 올라가기 전에 아빠에게 앞으로 나는 제주도를 오지 않을 거라고 이야기하고 서울에 올라왔는데, 다시 제주도로 내려간다는 게 너무 싫었어요.

다시 그 힘든 가정에 있을 생각을 하니 너무 끔찍했어요. 그래도 6일 만에 제주도로 내려왔어요. 그래야 될 거 같았거든요. 역시나 변한 건 없었어요. 아빠는 술에 취하면 폭력적으로 변했고, 새엄마는 우울증으로 매일 방에만 있었어요. 나는 여전히 동성애자로 매일 음란한 영상을 보면서 살았고요. 머릿속에는 어차피 지옥 가는 인생이라는 생각이 가득했어요. 소망 없는 삶이었어요.

하루는 너무 지치니까 방에 들어와서 기도를 해야겠다는 마음이 들었어요. 죽여달라고 기도를 가끔 했지만 간절하게 무릎 꿇고 죽여달라고 진심으로 기도해야겠다는 생각이 들었거든요. 그래서 내 방에 들어와서 무릎을 꿇었어요. 기도를 시작하는데, 내 평생에 저는 누구에게 도와달라는 말을 잘 안 해봤어요. 부모님한테도 할 수 없었고 하나님도 나를 도와주실 수 없는 분 같았거든요.

그런데 그날 무슨 정신인지 "하나님 나 좀 도와주세요, 나 좀 살려주세요"라고 내가 기도를 하는 거예요. 내가 원하는 기도는 나를 죽여달라고 하려고 했는데, 그게 내 진심이 아니었나 봐요. 내가 내 기도를 듣는데 "누가 죽고 싶겠어요, 하나님 나 좀 살려주세요"라고 기도를 하고 있는 나를 발견했어요. 그때 처음으로 '아 내가 살고 싶었구나'라는 생각이 들었어요. 그리고 계속 기도를 하는데 내가 죄인인 게 느껴지기 시작했어요. 내가 정말 죄인이구나. 동성애자로써 음란하게 산 것도 죄고, 아빠를 죽이고 싶을 만큼 미워한 것도 죄고, 거짓말, 시기, 너무너무 많은 것들이 다 죄구나... 그런데 그 중에서 가장 크게 죄라고 느껴진 것이 바로 '내 인생의 주인이 나'라고 생각한 것이 죄라는 것이 깨달아졌어요. 내 인생의 주인이 내가 아니구나. 예수님이 내 인생의 주인이구나. 그리고 그렇게 회개라는 것을 하게 되었어요.

그게 회개인 줄도 몰랐어요. 그냥 뭔가 내가 변했다는 생각만 들었어요. 성경을 제대로 읽어본 적이 없었거든요. 그리고 그날 이후로 정말 무언가 변했어요. 너무 기쁘고 누군가 함께하는 느낌이 들었어요. 성경도 읽기 시작했어요. 그런데 성경이 너무 재미있는 거예요. 고등학교 3학년 때, 창세기 1장 1절 '태초에 하나님이 천지를 창조하시니라'를 읽고는 성경을 닫아버렸거든요.

그리고 이야기했던 것이, "하나님, 좀 말이 되게 써 놓으셨어야죠. 내가 원숭이에서 사람이 된 것을 아는데 무슨 창조에요"라고 생각했거든요. 그런데 성경의 말씀이 믿어졌어요. 하나님이 정말 세상을 창조하셨구나, 예수님이 정말 날 위해 죽으셨구나, 예수님이 정말 다시 오실 거구나. 매일 성경을 보고 기도를 했어요.

그리고 다시 교회를 나가게 되었어요. 온 가족이 교회를 나가게 되었어요. 그게 2012년 1월 1일 이에요. 그 주일은 제가 잊을 수가 없어요. 너무 감사해서 어떻게 할 수 없을 만큼... 그리고 그 해부터 너무 많은 기도를 들어주시고 너무 많은 것들을 보여주시고, 너무 많은 말씀들을 깨닫게 해주셨어요. 처음 마태복음을 읽으면서 '어머니의 태로부터 된 고자도 있고 사람이 만든 고자도 있고 천국을 위하여 스스로 된 고자도 있도다 이 말을 받을 만한 자는 받을지어다'라는 구절을 읽고 너무 기뻤어요.

'아! 내가 스스로 고자가 되어버리자! 천국을 갈 수 있다는데, 동성애 버려버리자!' 나는 이게 나의 존재요, 삶이기 때문에 버린다는 생각을 해본 적이 없었어요. 그런데 주님이 버리면 된대요. 그리고 '이에 예수께서 제자들에게 이르시되 누구든지 나를 따라오려거든 자기를 부인하고 자기 십자가를 지고 나를 따를 것이니라'라고 하시는데, '그래, 예수님 따르려면 나를 부인하자!'라는 용기가 생겼어요. 그래서 교회를 다시 나간 거예요.

그래서 지금 나에게 동성애 속성이 없냐고요? 아니요. 있어요. 여전히 그런 마음이 들 때가 있고, 생각이 들 때가 있어요. 그런데 분명히 제가 믿고 확신하는 것은 이것이 점점 나와 상관이 없다는 믿음이 생기고 내가 정말 주님 만날 수 있겠다는 생각이 들어요. 내가 더 말씀을 배우고 더 주님을 알아가면 주님이 더 나에게 그 동성애의 속성을 이길 힘을 주시겠구나. 처음 교회로 돌아왔을 때, 포기하고 싶은 마음이 너무 컸어요.

"과연 내가 평생을 이렇게 참고 살 수 있을까?" "그냥 포기하고 다시 동성애 생활을 할까?" 그런데 그때마다 주님이 위로해주시고 책망해주시고 돌이킬 수 있는 힘을 주셨어요. 넘어질 때마다 너무 속상해요. 죽고 싶기도 하고요. 그런데 주님이 위로해주시는 말씀을 주고 그 힘을 주실 때마다 얼마나 기쁜지 아세요? 그 천국의 기쁨이 얼마나 달콤한 지 나의 그 포기하지 못할 거 같았던 육신의 쾌락을 왜 그렇게 쫓았나 싶을 때가 많아요.

마지막으로 하고 싶은 이야기가 있어요. 우리는 하나님을 오해할 때가 많아요. 하나님이 전지전능하신 분인데, 왜 나에게 이런 일들을 허락하셨나요? 저는 그것을 이해하는 게 제일 힘든 시간들이었어요. 그런데 다 이해가 되지 않아도 그냥 오늘 이 순간 주님이 나를 알고, 내가 주님을 알고, 그분을 찬양하고 말씀을 읽을 수 있고, 세상 모든 사람이 다 나를 미워한다 하더라도 그분이 나를 사랑한다면, 무서울 것이 없고, 슬플 이유가 없어요.

가족 때문에, 친구 때문에, 심지어 교회 사람들 때문에 상처받고 하나님을 떠나 버린 분 계세요? 내가 동성애자라는 거 때문에 하나님을 떠난 분들 계시죠? 우리 주님은 우리를 너무 사랑하세요. 내가 어떤 잘못을 했기 때문에 내가 죄인이 아니에요. 우리는 그냥 존재가 죄인이었어요. 죄인이기 때문에 다양한 모양의 죄를 지은 거예요. 다른 사람, 나의 어떠함이 예수님께 나아가는데 방해가 될 수 없어요. 왜냐하면 그분이 요구하는 것은 딱 하나거든요.

'회개하라, 천국이 가까이 왔느니라.' 이제까지 어떤 잘못을 했건 상관없어요. 그냥 그분을 신뢰하고 주님께 나아오세요. 그분이 싫어하는 거 그냥 버리면 돼요. 왜요? 그분을 사랑하니까요. 내가 사랑하는 분이 그게 싫다면 그걸 그냥 포기하면 돼요. 자꾸 넘어지고 죄 때문에 하나님께 나아가기 두렵고, 그때마다 회개하세요.

다시 이런 죄에 넘어지지 않게 해달라고. 그럼 그분은 이렇게 말씀하실 겁니다. "나의 사랑, 내 어여쁜 자야 일어나서 함께 가자" 우리 주님이 일곱 번에 일흔 번을 용서해주라고 하신 분이에요. 그분은 용서하시기 원하세요. 그분은 오래 참으세요. 영원히 참으시진 않지만 정말 오래 참으세요. 이제 예수님과 함께 살아보실래요? 그러면 새로운 날들이 시작될 거예요. (요셉)

# 탈동성애 증언 (8)  나의 믿음 생활은 헛것이었구나

"너희가 내 말에 거하면 참으로 내 제자가 되고 진리를 알지니 진리가 너희를 자유롭게 하리라" (요8:31, 32)

저는 어렸을 때부터 교회를 다녔지만, 동시에 남자를 좋아하는 동성애자였습니다. 늦둥이로 태어나 나이 차이가 많이 나는 누나들 사이에서 자라나 어려서부터 조숙했던 저는, 10대 초반 잘못된 성 정체성을 스스로 자각 했을 때, 두렵기도 하고 '왜 하필 내가...'라는 생각에 하나님이 원망스럽기도 했습니다. 그런데 그 어린 나이에도 '어차피 바꿀 수 없는 것이니 받아들여야 한다.'고 생각하고 그 시커먼 멍에를 남들이 볼까 두려워 마음 속 깊이 묻어버렸습니다.

그렇게 괴롭고 혼란스러운 10대를 보내면서도 저를 가장 힘들게 했던 것은 내 문제를 어느 누구에게도, 심지어 나와 가장 가까운 부모님과 가족들에게도 말할 수 없다는 것이었습니다. 제가 의지할 수 있는 곳은 오직 교회와 하나님뿐이었고, 하나님께 기도할 때마다 '하나님 저는 태어난 것 자체가 잘못인가요?', '저는 왜 동성애자인가요?' 수도 없이 물어보았지만 아무런 답변을 들을 수 없었습니다.

대학교 1학년, 스무 살이 되어서 처음으로 남자를 만나 죄를 짓게 되었습니다. 교회는 다녔지만, 또 교회에서 '동성애는 죄'라는 말씀을 수도 없이 들었지만 '어차피 남들도 다 사랑하는 사람을 만나서 행복하게 사는데 나라고 다를 것은 없다.'고 생각했습니다. 하지만 남자를 만나고 또 만나도 별로 만족스럽지는 못했습니다. 그들이 원하는 것은 언제나 '섹스'뿐이었습니다. 저는 애타게 사랑에 굶주려 있었습니다. 사랑받고 싶고, 또 사랑하고 싶었습니다. 나라는 존재를 인정해주고 공감해주는 누군가와 깊은 친밀감과 유대감을 느끼고 싶었지만 동성애적 관계에서 '사랑은 곧 섹스' 와 다를 바가 없었습니다.

그럼에도 불구하고 외로움에 지쳐 남자를 찾아 헤매는 삶을 반복했습니다. 내 몸을 허락하고 그 짧은 쾌락 뒤에 찾아오는 짙은 허무함에 '인생은 원래 이런 것이다', '내 운명이니까 어쩔 수 없다.'고 스스로를 위안했습니다. 터덜터덜 집으로 돌아오는 길에 '하나님께서 저를 동성애자로 태어나게 하셨으니까 저를 행복하게 해주세요.'라고 토설하는 기도를 하기도 했습니다.

또 그러면서도 어린 시절부터 다닌 교회를 떠나지는 못했습니다. '나는 동성애자이지만 예수님을 믿었기 때문에 괜찮다.' 라고도 생각했던 것 같습니다. 예배도 드리고 찬양도 했습니다. 때로는 은혜도 받았습니다. 하지만 그러다가도 사무치는 외로움을 느끼면 또다시 누군가를 찾아 몸을 섞는 동성애적 삶도 계속했습니다. 극과 극에 달하는 이중생활이었지만 어느 누구도 나의 이런 모습을 알지 못했기에 바로잡아줄 수 있는 사람도 없었고 결국 점점 더 그러한 삶에 익숙해져 갔습니다.

교회와 세상을 사이에 두고 줄타기 하는듯한 삶은 30대가 되어서도 계속되었습니다. 그런데 달라진 점이 있다면 직장에 다니고 나이가 들면서 점점 주변의 친구들은 자기 짝을 찾아 결혼을 하기 시작했다는 것이었습니다. 부모님과 가족들, 주변 사람들은 점점 '왜 누군가 좋아하는 사람을 찾지 않느냐?', '왜 결혼하지 않느냐?'고 묻기 시작한 것입니다. 어린 시절부터 고민하고 걱정했던 일들이 결국 제 눈앞에 펼쳐진 것입니다.

여전히 남자가 좋았지만 정상적인 삶을 살아가기 위해서라면 어떻게 해서든 이 문제를 해결해야겠다는 생각을 했습니다. 그것이 나이 드신 부모님의 소원이라면 끊임없이 나의 본성을 쳐서라도 해내야겠다는 다짐을 했습니다. 그렇게 소개팅도 받아보고, 길거리를 다닐 때는 젊은 여성들을 의식적으로 바라보기도 했습니다. 심지어 음란한 영상을 보며 스스로 노력하기도 했고, 많은 돈을 주고서 먼 길을 찾아가 최면 치료까지도 받아보았지만 모든 것이 허사였습니다.

그 무렵 절친했던 교회 친구의 결혼 이후 저는 결국 하나님을 등지고 교회를 떠나게 되었습니다. 그리고 '나도 진짜 행복하게 살아봐야겠다.'는 다짐을 하게 되었습니다. 하늘을 쳐다보며 하나님께 따지듯 기도했습니다. '하나님 제가 왜 죄인인가요? 왜 저는 제 맘대로 사랑 한 번 해보지 못하고 죽어야 하나요? 그럴 수 없어요. 이제부터 저는 제 맘대로 살 거에요. 만약에 이렇게 산다고 해서 저를 벌하신다면 저는 영원히 주님을 떠나겠습니다.'

그 동안 말로만 들었던 각종 모임에 열심히 참여했습니다. 주로 동성애자들끼리의 친목 모임이기는 했지만 저는 그 안에서 행복을 찾을 수 있다고 생각했습니다. 그들은 저를 이해해주고 받아주었습니다. 실제로 그 안에서 심심치 않은 위로를 받을 수 있었습니다. 또 그 동안 제가 그토록 찾아 헤매던 남자를 만난 것 같기도 했습니다. 저를 아껴주고 저에게 관심을 보여주는 남자들을 만난 것이었습니다.

그런데 정확히 그 시기에 운명처럼 갈보리채플 서울교회를 소개받는 일이 생겼습니다. 동성애자들이 다니는 교회라는 말에 처음에는 반신반의 했습니다. '그래도 교회는 다녀야 하니까 한 번 나가볼까?'는 가벼운 마음으로 교회 문을 두드렸고, 이요나 목사님의 "동성애는 말씀으로 치유할 수 있는 것"이라는 이야기를 듣게 되었습니다. 그렇게 오랫동안 교회를 다녔어도 목사님의 그 말씀에 혼자 속으로 비웃었던 것 같습니다. '네 이론적으로는 가능하지요. 하지만 누가 변화된 사람이 있습니까?'라고 생각했던 것 같습니다.

하지만 그 교회 안에 청년들의 모습은 실제로 너무나 진지했습니다. 사모하는 마음으로 말씀을 붙들고 하루하루 의의 싸움을 해나가는 그들의 모습이 한 편으로는 '진짜일까?'라는 의심도 들었지만 현재의 나의 모습과 비교했을 때 너무 고귀해 보이기도 했습니다. 하지만 결코 행복해 보이지는 않았습니다. 난 이미 한 때 살아보았던 삶이기에 그것이 얼마나 힘들고 고통스러운 삶인지 알고 있다고 생각했습니다.

토요일은 동성애 모임에, 일요일은 교회에 다니는 이중적인 시간을 보냈지만 조금씩 말씀이 제 안으로 스며드는 것 같았습니다. 그동안 설교를 통해서만 조각 조각 접했던 말씀들을 실제로 배우고 묵상하는 시간을 보내며 '나의 믿음 생활은 헛것이었구나.'를 깨달았습니다. 왜냐하면 나는 예수님을 믿으면서도 동시에 동성애적 삶이, 즉 남자가 제 안에 우상으로 자리 잡고 있었기 때문입니다. 그것을 내려놓지 않은 채 하나님을 원망하며, 변화에 대한 믿음을 스스로 포기한 채 살았던 것입니다.

하나님께서는 극명한 비교를 통해 제가 추구하는 동성애적 삶이 얼마나 덧없고 허무한 것인지를 보여주시는 것 같았습니다. 동성애자 모임에서 그들에게 위로도 받았지만 결국 그들이 추구하는 삶의 마지막은 외롭고 허무한 것이었습니다. 하지만 말씀을 배우면 배울수록 내 안의 생명이 살아나고 진짜 붙들어야 할 것을 붙들고 있다는 생각이 들었습니다. 토요일 나가던 모임은 그렇게 자연스럽게 멀어지게 되었습니다.

그리고 목사님께서 처음 저에게 말씀하신 '말씀으로 온전히 변화된 삶'이 무엇인지 조금씩 깨닫게 되었습니다. 그것은 결코 고통스러운 것도, 불가능한 것도 아니었습니다. 오히려 가장 자연스럽고 가장 행복한 삶이었습니다. 그리고 그러한 삶을 사모하는 사람이라면 누구에게나 언제든지 활짝 열려 있는 삶이었습니다. 물론 쉽지만은 않은 길이지만 그것의 마지막이 영원한 생명이라면 잠깐 잠깐의 어려움은 주님을 바라보며 이겨낼 수 있는 것입니다.

물론 저도 이제 시작입니다. 7살 때부터 35살까지 무려 28년을 넘게 교회를 다녔지만 진짜 시작은 지금부터인 것입니다. 그렇지만 소망이 있습니다. 중간 중간 힘이 들어 실패하고 넘어지더라도 더 이상 헛된 것을 쫓아 사는 삶을 살지 않아도 되기 때문입니다.

이 글을 읽고 있는 여러분, 진심으로 행복하신가요? 행복하다고, 행복해질 수 있다고 스스로를 속이고 있는 것은 아닌가요? 지금 저는 정말 행복하다고 자신 있게 말할 수 있습니다. 하나님만을 믿고 의지하며 영원한 생명으로 나아가는 삶을 살아보고 싶다면 언제든지 길은 열려있습니다.(용준)

# 탈동성애 증언 (9) 동성애자로서 사느니 그냥 죽는 게 낫겠다

"너희 안에서 착한 일을 시작하신 이가 그리스도 예수의 날까지 이루실 줄을 우리는 확신하노라" (빌립보서 1:6)

전 지극히 평범한 가정에서 태어났었고, 자라오는 데까지 어떠한 큰 사건 같은 것도 없었습니다. 하지만, 제 안에 동성을 향한 사랑이 무럭무럭 자라나기 시작했습니다. 이런 마음이 절 점령해버렸었고, 전 속수무책이었습니다. 나름 이성적이고 냉철한 사람이라고 생각했었는데, 이 문제 앞에서는 철저하게 감정적이고 분별없는 행동을 하게 되었습니다. 하지만, 제 마음에 제동을 거는 것이 3가지 있었습니다.

첫째는, 동성애는 하나님의 말씀에 반하는 행동이라는 인식, 둘째는, 우리 가족. 마지막으로는, '내가 그쪽으로 발을 내디디면 돌아오지 못할 것 같다'라는 두려움이었습니다. 그래서 혼자 끙끙대며 바로 코앞의 일만 신경 쓰며 걸어갔었던 것 같습니다. 남들이 보기에는 멀쩡하게 살아있어 보여도, 저는 뜨거운 지옥에 살고 있는 것 같았습니다.

저는 이 문제의 원인을 규명하고 해결방안을 모색하려고 여러 가지를 했었던 것 같습니다. 철학을 공부했었고, 학교 내에서 토론 소모임을 만드는 등 여러 가지 활동을 통해 다양한 주제에 대한 시각을 넓히고 다른 이의 견해를 들어보려고 했었습니다. 하지만, 사람들마다 전제로 하는 것이 다를뿐더러 논리에는 상당한 애매모호함과 여러 오류들이 있어서, 일반화시키기에는 현실과 거리가 있었습니다. 또한 자신의 견해가 절대적 참이 아님에도 불구하고 서슴없이 말하는 것이 이제 불편함으로 다가오게 되었습니다. 점점 저는 철저하게 비판적이고 비관적으로 변하기 시작했습니다.

'난 하나님을 믿는 사람이고, 하나님께서 날 사랑하시는 것도 알겠어. 하지만 왜 내 문제는 안 고쳐주시지? 사랑하신다면서 왜 이렇게 힘들어하는 사람들을 그냥 내버려 두시는 거야?' 이러한 풀지 못할 질문들이 점점 차곡차곡 제 마음속에 쌓여가니, 이젠 믿던 하나님도 증오하게 되더군요. 매번 교회에 가서 매우 화난 얼굴로 서서 있다가 그냥 집으로 돌아오기를 수 차례 반복했습니다. 점차 생각은 절망으로 빠지게 되었고, '동성애자로서 사느니 그냥 죽는 게 낫겠다.'라는 생각을 하게 되었습니다. 하지만, 두려움은 여전히 있었습니다.

모든 것이 끝이라고 생각할 때 즈음 갈보리채플이란 곳을 우연히 알게 되었습니다. '성경적으로 변화할 수 있다'라는 문구는 저의 모든 호기심을 자극했습니다. 반면에, '나도 성경을 아는데 도대체 이걸로 될 수 있을까'라는 의구심도 들었습니다. 하지만, 살아나가기 위해서 무거운 발을 내디뎠습니다. 여기서 가르치는 것은 특별한 것이 아닌 성경 말씀이었습니다.

하지만, 주제 설교 말씀이 아닌 순서대로 구절구절 풀어나가며 설명해주시는 강해 설교 방식이 제가 접근하기에는 너무 좋았습니다. 그럼에도 불구하고 저의 변화의 과정은 굉장히 느리고 더뎠습니다. 성경 말씀이 잘 이해되지 않는 부분이 많이 생겨났고, 이해가 되더라도 그 깊이가 매우 얕았습니다. 그 이유는 성경적 자기대면 과정을 통해 찾았습니다.

갈보리채플에서는 자기대면 과정을 필수적으로 하게 되는데, 이

과정은 성경적 변화를 이루기 위한 성경적 기초와 구체적인 영역에 대한 적용을 하게 됩니다. 하지만, 제게는 성경이 요구하는 변화의 단계들과 실천을 해나가는데 방해하는 견고한 진이 있었습니다. 그 것은 바로 하나님을 아는 것을 대적하여 높아진 저의 세계관이었습니다.

"그러나 본성에 속한 사람은 하나님의 영의 것들을 받아들이지 아니하나니 그것 들이 그에게는 어리석은 것이니라. 또 그가 그것들을 알 수도 없나니 이는 그것들 이 영적으로 분별되기 때문이니라"(고린도전서 2:14)

논리학을 기반으로 하는 학문인 수학을 전공했고, 성경 말씀보다 는 철학과 같은 다른 학문을 더 중시했던 이전의 저의 생활양식은 논 리실증주의적이고 인본주의적인 사고를 하게 만들었습니다. 그렇기 때문에 고린도전서 2장 14절 말씀에서 나온 것처럼 성경 말씀을 이 해할 수도 깨달을 수도 없었던 게 당연할 수밖에 없었던 것 같습니 다. 지금까지 동성애만이 저의 가장 큰 문제점이라고 했었는데, 그 것만큼이나 큰 문제점을 발견한 것입니다. 이 견고한 진을 무너뜨리 지 않고서는 이 여정을 이어나갈 수가 없었습니다.

자기대면 과정을 통해, 제가 가지고 있던 세계관을 성경 말씀과 대 면하며 성경적으로 정립해나가기 시작했습니다. 그렇다 보니, 제가 이전에 명제라고 생각했던 논리들은 하나 둘씩 폐기되거나 다시 재 정의가 되기 시작했습니다. 왜냐하면 논리의 출발점, 즉 전제가 달 라졌기 때문입니다.

"내 생각들은 너희 생각들과 같지 아니하며, 내 길들은 너희 길들과 같지 아니하 니라. 주가 말하노라 하늘들이 땅보다 높음같이 내 길들은 너희 길들보다 높으며

내 생각들은 너희 생각들보다 높으니라" (이사야 55:8~9)

성경적 세계관 안에서는 모든 것이 전지전능하신 창조주 하나님으로부터 출발이 되었고, 저란 사람의 존재는 성경 안에서 가치가 있었습니다. 제가 이전에 가지고 있는 지식들과 관념들을 버리면 버릴수록 더 변화를 향한 발걸음이 가벼워졌습니다. 점차 말씀을 통해 저의 문제를 성경적으로 이해할 수 있게 되었고, 어떠한 상황 속에서도 문제는 해결될 수 있다는 성경적 소망을 가지고 말씀이 요구하는 변화의 단계들을 실천하려고 노력하게 되었습니다.

믿음의 여정을 걷게 된 이상, 사랑하는 부모님과 형제들에게 더 이상 숨길 이유가 없었고, 이젠 숨기고 싶지가 않았습니다. 그럼에도 불구하고, 용기를 내서 말하지 못하는 제 모습이 한심스럽기만 했습니다. 하지만, 서울대 앞에서 인권 조례안 반대 1인 시위하시는 이요나 목사님의 모습을 보며, 이대로 머뭇거릴 시간이 없다는 생각이 들었고, 곧바로 가족에게 털어놨습니다.

어느 누군가 갑자기 동성애적 성향이 있다고 털어놓는다면 당황하듯이, 저희 가족들도 이 문제를 받아들이기에 준비가 되어있지 않았기 때문에, 약 3주 동안 갈등이 빈번히 있었습니다. 하지만, 이러한 갈등으로 인해 서로가 어떻게 해야 하는지 충분히 배울 수 있는 시간이 되었습니다. 서로가 신뢰함으로 말을 아끼게 되었고, 이제는 묵묵히 기도로 응원하는 관계가 되었습니다.

가족과 함께 걷게 되다 보니 '가족의 품이 이렇게 포근한 거였구나,' 그리고 '나보다 더 괴로워하고 아파하면서 기도하는 사람이 어디 있을까?'라는 생각이 들었습니다. 저의 동성애 문제가 저에게, 그리고 우리 가족에게 한때는 큰 슬픔으로 다가왔었지만, 이를 통해 불의한 자로서 지옥 갈 수밖에 없었던 저에게 회심을 할 수 있는 기회가 주어졌고, 이젠 슬픔이 아닌 기쁨으로 가족들과 갈보리채플 성도들과 함께 걸어갈 수 있는 것 같습니다.

마음에 수건이 덮어져 하나님을 향해 분노하고 불신자처럼 하나님의 말씀을 반박했던 그 시절을 떠올려보면, 어떤 것도 저의 절망적인 마음을 통제할 수가 없었습니다. 하지만, 높아진 생각을 뒤로하고 살기 위해 내디딘 발걸음을 통해 오래 참으시고 기다려주셨던 주님을 알게 되었고, 비로소 마음에 덮인 수건이 벗겨지는 경험을 했습니다. 저는 분명히 말씀 드리고 싶습니다. 하나님께서는 당신을 향한 계획 또한 가지고 계시고, 하나님께로 나아오려는 마음과 발걸음을 절대 가볍게 여기시지 않으실 것입니다. (정근)

## 탈동성애 증언 (10) 이제 예전처럼 아파하지 않을 수도 있겠다

여호와가 우리 하나님이신 줄 너희는 알지어다 그는 우리를 지으신 이요 우리는 그의 것이니 그의 백성이요 그의 기르시는 양이로다" (시편100:3)

얼마 전 SNS를 통하여, 결혼한 친구의 단란한 가족사진을 보았다. 천사처럼 예쁜 딸과 참한 아내, 행복해 보이는 친구의 모습을 보며 정말 부러웠다. 그리고 '내가 만약 결혼했더라면 나도 유치원에 다니는 아들이나 딸아이가 있었을까'하는 생각에 가슴 한 편이 먹먹해졌다.

남들처럼 평범하게 사는 것이 내겐 세상에서 가장 힘들고 어려운 일이었다. 또한 남들과 다른 소수로 살아간다는 것은 때론 삶에서 가장 중요하고 행복한 순간들을 어쩔 수 없이 포기해야 함을 뜻한다. 그것은 참 잔인한 일이다. 남자와 여자가 만나서 이루는 단란하고 화목한 가정. 그들의 행복은 결코 내가 가질 수 없는 것이었다. 내가 욕심 내어서는 안 되는 것. 내게 감히 허락되지 않은 것. 아무리 발버둥 치고 손을 뻗어보아도 그 행복은 내가 닿을 수 없는 백만 광년 떨어진 거리에 있었다.

내게도 좋아하는 남자가 있었다. 나는 대학 새내기였고 그는 한 학번 위 선배였다. 이것은 그 동안 누구에게도 쉽사리 꺼내놓지 못했던 나의 꽃다운 시절 이야기다. 누군가 내게 왜 그리 괴로워하는지 물으면 차마 대답할 수가 없었다. 좋아하는 남자가 있노라고 솔직하게 말할 수가 없었다. 나는 그저 저주받은 줄 알았다. 애초부터 스스로를 잘못 만들어진 불량품 같은 존재라고 여겼다. 아, 신도 실수를 하시는구나. 만약에 신이 있다면.

삶은 고달팠다. 외로움은 숙명이었다. 친한 친구에게조차 비밀을
털어놓을 수 없었던 나는 모든 괴로움을 혼자 짊어지기로 했다. 그
러던 어느 날, 그를 좋아하는 마음이 너무 커져서 더 이상 억누를 수
가 없었고, 아무것도 모르는 그를 불러내 당신을 오랜 시간 동안 좋
아해왔노라고 고백을 했다. 그는 여성을 좋아하는 평범한 남성이었
기에 우리가 이루어지지 않을 것을 잘 알고 있었다.

몇 시간을 기다려 마음을 전하고 애써 그를 쳐다보지도 않고 돌아
서는 길에, 하늘에서는 때마침 하얀 눈이 내리고 있었다. 내리는 하
얀 눈을 축복처럼 온몸으로 맞으며 집으로 돌아왔다. 가족들에게 아
무렇지도 않은 척을 하느라 현관문부터 내 방까지 표정을 숨기고 걸
었다. 그리고 방문을 닫는 순간, 끝내 눈물이 흘렀다. 괜한 이야기를
해서 다시는 그를 못 볼 것 같은 두려움과, 이렇게 할 수밖에 없는 바
보 같은 나에 대한 원망이 교차했다. 그리고 태어나서 두 번째로, 어
디론가 이대로 영영 사라져버리고 싶다는 생각을 했다.

세상에서 가장 잔인했던 순간에도 시간은 어김없이 흘러갔고, 나
의 20대는 아픔과 슬픔과 외로움이 뒤범벅되어 늦가을 꽃잎처럼 하
나 둘씩 힘없이 떨어져갔다. 나는 그렇게 시간에 기대어 추억은 추
억대로 가슴에 묻어둔 채 현실에 젖어 드는 법을 배워갔다. 갈대처럼
흩어지던 그때의 나는 이제 가고 없지만, 아픔은 서서히 아련한 기억
으로 승화되어 마음속에 굳은살처럼 자리 잡게 되었다.

그 후로 오랜 시간이 흐르고서야 알았다. 나는 잘못 태어난 존재가
아니라는 것을. 나도 역시 사랑 받을만한 자격이 있는 사람이라는 것
을. 그리움도 미련도 조금씩 희미해져 가던 어느 날, 나는 운명처럼
하나님을 만났다. 그것은 삶의 기적이자 축복이었다.

하나님을 알고 나서, 예전의 어둡고 슬펐던 나로부터 조금씩 변해가고 있다. 매일매일 한 발짝씩 나아가고 있다. 어른이 되어 세상을 알게 되고 세상에는 생각보다 내 마음대로 되지 않는 일이 많다는 것을 깨달은 순간, 나는 어릴 적의 꿈과 용기를 잃어버렸다. 거친 세상과 마주하고 상처 입을수록 나는 점점 내 안의 깊은 곳으로 숨어들어갔다. 하지만 이제 세상의 근심 걱정을 벗어버리고 어린 시절의 밝고 행복했던 원래의 나로 조금씩 돌아가고 있다.

하나님을 알게 되고 사실 세상의 일들은 내게 별로 중요하지 않은 것들이 되어버렸다. 그렇게 주님과 함께하며 찾아 든 변화들이 너무 놀랍고 아름다워서 지금 이 글을 읽고 있는 당신에게 조금이라도 나누어주고 싶다. 그래서 이렇게 편지를 띄운다.

나는 내가 남들처럼 평범하지 않았던 것을 감사하기로 했다. 남들과 똑같았다면 평생 하나님을 모르고 살았을 테지. 그 어떤 간절함도 내겐 없었을 테니까. 그리고 남들처럼 평범하지 않아서 스스로 미워하기만 했던 과거의 나를 진심으로 용서하고, 안아주고 보듬어주기로 했다. 예전의 아팠던 나를 걷어내고, 나 자신이 되기로 했다. 이 모든 것이 하나님을 알고 나서부터 시작되었다.

조금만 더 귀를 기울여보면 세상은 내게 참 많은 이야기들로 제각기 말을 걸고 있었다. 길을 가다 문득 올려다 본 하늘은 그 동안 알던 것보다 훨씬 더 높고 푸르렀고, 늘 나를 스쳐가던 차갑고 시린 바람은 어느 날부터 박하사탕 같은 청량함으로 내게 다녀가기 시작했다. 다니던 길가 화단에 서 있는 한 그루 나무가 참 우아하고 고풍스럽다는 것을 얼마 전에야 알게 되었다. 아름다웠다. 아름다운 나무를 보고 참으로 아름답다고 소리 내어 말했다. 이렇게 아름다운 것이 내 옆에 있었구나. 그랬구나. 그랬었구나. 그리고 이 모든 아름다운 것을 지으신 하나님께 진심으로 감사의 인사를 드렸다.

그 동안 참 많은 길을 돌아왔다. 어쩌면 앞으로 더 많은 험난한 숲에서 길을 잃고 헤매야 할지도 모른다. 하지만 삶은 늘 내가 어느 한 방향으로 나아가기를 소망하고 있었고, 나는 이제야 비로소 그것을 깨달았다. 확실해진 것은, 내 손에 주어진 나침반으로 인해 길을 잃을 것에 대한 두려움이 덜 해졌다는 것. 돌부리에 걸려 넘어져도 먼지 한 번 훌훌 털고 다시 일어날만한 용기가 생겼다는 것. 영영 아물지 않을 것 같던 상처에 아 이제 조금은 괜찮은 것 같다고 담담히 읊조릴 수 있게 된 것. 그리고 외로움이 맹수처럼 나를 덮쳐올 때 언제든 피할 수 있는 든든한 울타리가 생겼다는 것.

나는 어제보다 조금 더 괜찮아졌다. 어쩌면 이제 더 이상 예전처럼 아파하지 않을 수도 있겠다. 겨우내 얼어붙어있던 차가운 눈이 조금씩 녹고 있다. 봄이 저만치 멀리서 내게 성큼성큼 다가오는 것만 같다. (지웅)

# 제3부

# 동성애, 운명인가요?

너희 중에 이와 같은 자들이 있더니 주 예수 그리스도의 이름과 우리 하나님의 성
령 안에서 씻음과 거룩함과 의롭다 하심을 얻었느니라 (고린도전서 6:11)

## 상담사례 (1) 동성애 이반적 변증

저도 한때는 가정에서 유일하게 교회를 다니며 가족의 구원을 위해서 기도했었던 사람이었고 교회 간다고 아버님께서 제게 던지신 재떨이에 맞아 입술이 터져 피흘리며 목사님 댁으로 가서 기도 요청하던 때가 있었습니다. 그리고 캠퍼스 시절엔 저두 서울에서 2-3번째 안에 손꼽히는 교회의 청년회장도 맡았었구요. 성경에 대해서도 남들에게 뒤지지 않을 만큼 공부하고 노력했었습니다. 길을 가다가도 복음성가 가사에 감동되어 눈물 흘리던 때도 있었구요.

전 제가 이반(동성애자)인걸 알았을 때 적지 않은 충격을 받았었습니다. 아니 제가 제 자신을 죽이고 싶도록 미웠구요. 전 무지하게 많은 책들을 읽었습니다. 40일간 금식기도를 하러 기도원엘 가기도 했었구요. 온갖 백과 사전과 책들, 무기명으로 한 상담을 통해서 뭔가의 답을 찾으려 했었습니다만 어디서도 답을 찾지 못했습니다.

하나님이 미웠습니다. 그때부터 전 하나님께 파업을 선포했었죠. 내가 잘못한 게 없는데 왜 내게 이런 일이 생기나, 정말로 하나님을 용서 할 수 없었습니다. 그러나 시간이 지나면 지날수록... 주일을 지키지 않은 시간이 흐르면 흐를수록 내 맘속에 그런 말씀이 들리더군요. "그래도 난 널 사랑한다."

하나님은 항상 내게 어떠한 기대를 하지 않으셨습니다. 항상 있는 그대로의 모습으로 절 사랑하셨죠. 언제나 에덴동산의 아담과 이브처럼.. "내가 널 알고, 내가 널 낳았고, 내가 가진 맘속의 모든 사소한 생각 까지도 내가 다 알고 있는데 뭘 부끄러워하느냐. 왜 날 의지 하지 않고 너 혼자 뭔가를 해결하려 그렇게 끙끙 대고 살아가느냐?"하는 것이었죠.

사람을 죽인자도, 사기와 협박으로 가뜩이나 가진 것 없는 사람을 벼랑 끝으로 몰고 가 죽음에 이르게 하는 자들도... 심지어 돈을 위해, 오직 돈만을 위해 몸을 파는 사람들도 하나님은 다 용서 하시고 그들을 긍휼히 보셨습니다.

그런데 단지 사람이 사람을 사랑하는 것이, 누군가를 내 몸같이 사랑하고 아끼고 위하고 그 사람을 위해 기도하는 것이 단순히 그 대상이 동성이라는 이유 하나만으로 하나님께서 용서는 고사하고 거들떠 보지도 않으실 만큼 큰 죄가 된다고 생각하십니까? 그게 아니라면 기존의 일반인들이 가지고 있는 관념과는 너무나 틀리기 때문에 상식이하의 일이라는 일반인들의 관점에서 이반이 죄고 지옥행이고 악마의 자식들이고 그런 가까이도 할 수 없는 죄인들이라고 생각 하시는 겁니까. 제 생각은 후자가 아닐까요?

동성애는 고쳐 질 수 없습니다. 병이 아니기 때문입니다. 성경에서 동성애가 죄라고 했습니까? 예수님께서 직접 그렇게 말씀하셨습니까? 동성애에 대해 죽음과 지옥을 설교하셨던 목사님은 일반이셨습니까 이반이셨습니까? 일반인이셨다면 그분은 동성애가 뭔지, 님처럼 고민하는 영혼이 얼마나 고통받는지, 아니면 적어도 동성애경험은 있으신지, 항상 열린 맘으로 상대방을 생각하고 최소한의 이해라도 해보고 강대상 앞에 서셨는지... 님은 어떻게 생각하시나요?

님아, 한번만 생각해 보세요. 님이 남자와 여자를 사이에 두고 스스로 선택을 한건가 말입니다. 일반인들이 사춘기가 되면 자연스레 여자에게 호기심이 가듯 우리 스스로도 자연스럽게 나와 같은 성을 가진 사람들에게 사랑을 느끼게 된 것인걸요. 적어도 전 선택의 기회가 없었다고 생각됩니다. 대부분 이반들이 다 그렇구요. 아직도 님이 동성애 자들에 대한 혐오감이나 비약감이 스스로에게 남아 있어 님이 님 자신을 그런 이반들과 같은 부류로 분류 하고 싶어 하시지 않을지도 모릅니다. 그래서 더더욱 인정하기 싫은건지도 모르구요. 그러나 시간이 더 지나고 나면 님도 자연스레 알게 될 것입니다. (중략)

섹스란 것에 집착해 매일 매일 섹스 파트너를 바꾸며 즐기며 사는 자들은 죄가 되겠죠. 고쳐야 되겠죠. 그건 일반이든 이반이든 똑같지 않을까요? 크리스천 중엔 목사님 중엔 그런분 없겠습니까? 그러나 이반도 일반과 똑같습니다. 술먹고 창녀촌가는 널리고 널린 일반들처럼 이반들도 그렇게 잠자리 하고 사는 사람이 있고 한 자매를 만나 자녀를 낳고 가정만 바라보고 사는 일반들처럼 한 남자를 만나 자기 목숨까지 내주며(실제 애인을 구하려다 죽은 이반 얘기가 있습니다.) 사랑하는 지고지순한 이반들도 있습니다.

(잘 생각 해보세요. 군대갈 때 딱지 떼는 일반부터 대학에서 결혼해서 ... 정말로 성적으로 깨끗한 일반은 얼마나 되는 거죠? 겉만 깨끗해서 걸핏하면 성경구절로 돌멩이 던지죠? 목사님 중에 와이프 외에 성관계가 없었던 사람은 몇 퍼센트 일까요? 15% 나 될까요? 그럼 나머지 목사님들은 뭐죠?) 어쨌든 일반으로 살든 이반으로 살든 언제나 님에게 하나님의 축복이 그리고 님 스스로 상처 받지 않고 떳떳하고 행복한 삶을 살길 바랍니다. 다시 한번 주의 사랑으로 사랑합니다.

## 전문가상담/ 성경을 알지 못하여 생긴 오해

우리가 어떤 것을 주장할 때에는 그에 대한 바른 지식에 근거해야 한다고 생각합니다. 나의 생각과 나의 기준이 모두가 온전한 것이 아니기 때문입니다. 우리 크리스천으로서 가장 불경건한 일은 우리가 믿는 하나님에 대한 잘못된 편견을 갖고 그에게 도전하는 것입니다. 최소한도 믿는 사람들은 이러한 태도에 대하여 반성하고 자신을 돌아 보아야 합니다. 그 이유는 그분은 창조자이고 우리는 그의 피조물로서 우리의 지식과 지혜는 우리가 배우고 경험한 범위와 주께서 내게 주신 능력의 범위에 제한되었기 때문입니다.

내가 동성애자라고 해서 구원의 확신이 없는 것이 아닌 것은 구원의 조건은 오직 주 예수 그리스도를 믿음에 있으며 그로 인하여 하나님의 자녀가 되었기 때문입니다. 따라서 하나님의 자녀 된 우리는 거룩한 하나님의 자녀로서 의롭고 정직하고 정결한 그리스도의 삶을 살아야 할 의무가 주어졌습니다. 이 기준이 하나님의 성령의 감동으로 그의 종들을 통하여 쓰신 성경으로 성도에게 언약하신 말씀에 합당한 보응이 약속되었습니다.

먼저 성경은 동성애만을 죄로 정죄한 것이 아니며 아담 이후에 인간들이 범하는 모든 범죄들을 정죄하셨습니다. 그러나 주께서 인간의 죄를 정죄하신 것은 인간으로 죽음에 이르게 한 것이 목적이 아니라 하나님께서 그의 영광을 위해 지으신 사람들로 하여 죄에서 끊어내어 거룩하고 의로운 하나님의 사람으로 복되게 살게 하기 위한 것입니다.

우리가 하나님에 대한 원망이 부질없는 것은 공평하신 하나님께서 인간을 창조하실 때에 그의 형상과 모양대로 남자와 여자로 지으셨음을 분명하게 기록하셨고 또 인간의 아름다운 삶 가운데 하나님의 형상을 가진 사람들을 번성하고 땅에 충만케 하시기 위해 남자와 여자로 영육적인 관계를 통하여 한 몸이 되는 축복을 주셨습니다. 그러니까 창세기 1장 27절에서의 남자와 여자는 남성성과 여성성에 속한 사람의 창조적 속성을 의미합니다. 그러므로 하나님께서 동성애자로 태어나게 하셨다는 것은 아직 우리의 지혜가 온전한 지식에 이르지 못한 발상입니다.

우리가 주의 은혜를 입어 죄인에서 의의 자녀가 되고 하나님의 자녀로 넉넉히 이김을 갖고 살아가도록 하신 것은 참으로 크신 하나님의 은혜입니다. 이것은 현세뿐만 아니라 장차 이 땅에 전개될 천년왕국의 시대와 그 이후에 전개될 하늘나라에 이르기까지 우리의 생명은 단지 내가 주를 믿은 그 사실 하나로 영원한 생명이 되었습니다. 이 부르심에는 남녀, 노소, 국가, 민족 등 지위고하가 없습니다.

만약 어떤 사람이 모태신앙을 갖고 주일학교에서부터 청년에 이르기까지 교회봉사에 앞장서고 소명을 받아 신학을 하고 목사가 되었다 해도 그가 아직 동성애의 올무에서 벗어나지 못하고 또는 간음이나 음행이나 탐욕이나 술취함에서 벗어나지 못하였다면 그는 아직 그리스도를 온전히 알지 못한 자로 하나님의 은혜의 삶에 이르지 못한 사람입니다. 곧 그는 그리스도를 믿으면서도 육적인 사람으로 이런 사람들을 카날 크리스천이라 하며 그를 위하여 바울은 로마서와 고린도서에서 육체의 소욕을 벗어날 것을 권면하고 책망하고 있습니다.

만약 어떤 사람이 자신의 믿음을 절대적으로 알고 있으면서도 자신의 육체의 더러움에서 벗어나지 못하고 그 생활 속에서 살아간다면 그는 주 예수 그리스도의 은혜를 욕되게 하고 또 그의 피로 산 거룩한 성도 된 자신을 욕되게 한 것입니다. 그러므로 바울은 그리스도와 합한 자는 그리스도와 한 영이며 창기와 합한 자는 곧 창기로서 성적인 범죄는 곧 하나님과 자기 몸에 죄를 짓는 것이라 한 것입니다.

동성애는 분명히 말하여 타고난 성이 아닙니다. 누가 자신이 어려서부터 그런 성향을 갖고 있다고 말하여도 동성애가 선천적이라는 증거를 낼 수 없는 것은 인간의 기억은 한계가 있으며 인간이 성적인 느낌을 갖는 것은 유년기가 지나야 하기 때문입니다. 다만 자신도 성적인 지식과 선택적 이성적인 판단 기준이 없을 때에 동성애에 지배당했다는 주장은 설득력이 있습니다. 그 이후는 인간의 죄성인 욕정에 이끌려 이성적 판단을 따르지 못하고 스스로 동성애를 선택한 것입니다. 비록 어린나이라도 말입니다.

만약 하나님께서 동성애를 정죄하고도 동성애자들을 온전케 할 수 없다면 하나님은 불공평하신 분으로서 우리는 더 이상 하나님을 믿을 필요가 없고 또 그의 영광된 약속도 믿을 바 못됩니다. 그러나 그분은 창조자이시며 전지하시고 전능하시며 하늘의 하늘이라도 땅 속 깊은 지옥의 지옥이라도 통찰하시며 인간의 마음을 처음부터 끝까지 헤아리시며 은밀한 것을 심판하십니다. 그러니 우리는 감히 하나님에 대하여 함부로 말하여서는 안 되는 것입니다.

혹시 주변에 동성애자가 아닌 이성애자로서 간음과 음행에 빠진 성 중독자들을 만나 보신 일이 있는지요? 그들은 동성애가 아니어서 고통이 없을까요? 아닙니다. 그들도 정상적인 사람처럼 온전한 생활을 하고 싶은데 그렇게 되지 못하는 것입니다. 이 땅에는 동성애나 성 중독과 같은 관계 중독이나 알코올, 마약과 같은 물리적 중독 그리고 쇼핑, 인터넷, 도박에 중독되어 그 사슬을 끊어내지 못하고 울부짖는 수많은 사람들이 있습니다. 그러나 그들은 자신들을 하나님께서 그렇게 만들었다고 생각하지는 않습니다. 또한 그들도 처음부터 그런 중독에 빠질 것이라 생각도, 예상도 하지 못했던 일입니다.

이와 같이 동성애도 처음부터 동성애의 짙은 속성에 빠진 것이 아니며 동성애적인 성향이 나타날 때에 성적인 바른 지식이나 또는 온전한 상담을 받지 못하여 그 육체의 속성이 이끄는대로 점점 깊어져 결국은 자신도 어쩔 수 없는 동성애 중독이 되어 버린 것입니다.

동성애 극복이 다른 알코올이나 마약처럼 물리적인 격리와 이성적인 의지로 극복하지 못하는 것은 성이 자신의 몸에 속해 있고 마음 또한 자신에 속한 것이어서 극복할 수 없고 절제에 의존하고 있는 것입니다. 그러나 만약 우리 주 예수 그리스도의 능력이 그를 믿는 자들을 이러한 고통에서 끊어내지 못한다면 그리스도는 하나님이 아니시며 우리의 믿음도 헛것일 것입니다.

우리는 처음부터 죄인으로 이 땅의 모든 사람들은 처음부터 죄인된 몸으로 태어날 수 밖에 없는 숙명적 운명을 갖고 태어났으며 인간은 음행과 간음과 우상숭배와 동성애와 같은 죄의 속성을 모두 갖고 태어났습니다.

그러므로 바울은 로마서 7장에서 인간의 죄된 속성의 고통을 말하여 '내가 행하는 것을 내가 알지 못하노니 곧 원하는 이것은 행하지 아니하고 도리어 미워하는 그것을 행함이라 하였으며 다시 내 속

내 육신에 선한 것이 거하지 아니하는 줄을 아노니 원함은 내게 있
으나 선을 행하는 것은 없노라 내가 원하는 바 선은 하지 아니하고
도리어 원치 아니하는 바 악은 행하는도다 만일 내가 원치 아니하는
그것을 하면 이를 행하는 자는 내가 아니요 내 속에 거하는 죄니라'(
롬7:17-20) 하였습니다. 그러므로 주 예수를 믿어 하나님의 자녀
된 자들이 육신의 속성에 이끌리는 것은 우리의 의지가 아니라 죄의
의지라는 것입니다.

그러므로 바울은 다시 '내 지체 속에서 한 다른 법이 있어 내 마음
의 법과 싸워 내 지체 속에 있는 죄의 법 아래로 나를 사로잡아 오는
것을 보는도다 오호라 나는 곤고한 사람이로다 이 사망의 몸에서 누
가 나를 건져내랴'(롬7:23-24) 하고 탄식하였습니다. 마치 동성애
자들의 탄식과 같지 않습니까?

그러나 바울은 오히려 주께 감사하여 "우리 주 예수 그리스도로
말미암아 하나님께 감사하리로다 그런즉 내 자신이 마음으로는 하
나님의 법을 육신으로는 죄의 법을 섬기노라"(롬7:25) 하였습니다.
그러면 우리가 어쩔 수 없는 육신의 속성에 굴복하여 그대로 살면
될까요? 이것이 바로 육과 영의 영적전쟁인 것입니다. 이 땅의 모
든 그리스도인들의 전쟁은 바로 자신의 육체와 싸우는 것입니다. 그
를 위해 주께서 율법으로 모든 죄를 정죄하여 죄로 죄되게 하여 역
사하지 못하게 하시고 우리를 그리스도의 생명의 법으로 다시 살게
하신 것입니다.

그러므로 바울은 로마서 8장 4절에서 "육신을 좇지 않고 그 영을
좇아 행하는 우리에게 율법의 요구를 이루어지게 하려 하심이라" 하
였고 다시 "육신을 좇는 자는 육신의 일을 영을 좇아 행하는 자는 영

의 일을 생각하나니 육신의 생각은 사망이요 영의 생각은 생명과 평안이니라" 하였습니다.

계속하여 바울은 "육신의 생각은 하나님과 원수가 되나니 이는 하나님의 법에 굴복치 아니할 뿐 아니라 할 수도 없음이라" 하였고 "육신에 있는 자는 하나님을 기쁘게 하실 수 없느니라" 하였으며 또한 "그는 만일 너희 속에 하나님의 영이 거하시면 너희가 육신에 있지 아니하고 영에 있나니 누구든지 그리스도의 영이 없으면 그리스도의 사람이 아니니라" 증거하였습니다. 이처럼 그리스도인은 그리스도의 영으로 살아가야 하며 그를 위하여 우리는 성령으로 쓰신 하나님의 말씀에 귀를 기울여야 합니다. 능력의 말씀에 힘을 얻기 위해서입니다.

성경은 "너희가 모두 그리스도의 빚진 자로되 육신에 져서 육신대로 살 것이 아니라 하였고 너희가 육신대로 살면 반드시 죽을 것이로되 영으로써 몸의 행실을 죽이면 살리니 무릇 하나님의 영으로 인도함을 받는 그들은 곧 하나님의 아들이라"(롬8:6-14) 하였습니다. 그러니 그리스도의 죽으심으로 우리의 육신의 죄를 끊어내신 주께서 우리의 온전한 삶을 위해 그의 영을 주셨고 우리가 하나님의 양자가 되어 주를 아바 아버지라 부르는 것입니다.

만약 그리스도의 영으로 살고자 하는 이 땅의 그 어떤 사람이 자신의 육신의 속성을 끊어내지 못하여 죄 중에서 살고 있다면 그것이 하나님의 잘못이겠습니까? 하나님의 능력이 없는 것입니까? 아닙니다. 하나님은 그 아들 예수 그리스도의 은혜로 구원받은 우리를 더 이상 육신의 이끌림에 복종하지 않고 성령의 인도함을 따라 가도록 우리에게 맡기신 것입니다.

이 글을 쓰는 나도 형제와 같이 동일한 목소리로 하나님께 항변하며 나를 변론 하였습니다. 그러나 내가 스스로 죄인 됨을 알고 나의 죄를 고백하기 시작했을 때 긍휼하신 하나님께서 그의 영으로 나를 주장하시고 내 인생의 경륜 속에서 고통 받는 나의 의지와 믿음이 나를 일깨워 내 육신을 십자가에 못박아 오직 영으로 살게 하셨습니다. 만약 주께서 동성애를 정죄하지 않으셨다면 나는 아직 동성애의 고통에서 주를 원망하며 죽음의 통곡을 하고 있었을 것입니다. 주께서 동성애를 위한 모든 죄 된 것을 정죄한 것은 창조하신 사람을 주의 형상으로 회복하시기 위한 은혜입니다.

만약 주를 믿었음에도 그 죄의 사슬에서 자신을 지킬 수 없다면 이 땅의 모든 그리스도인의 믿음의 투쟁이 무익할 것이며 믿음의 결국은 영혼의 구원이라 하신 하나님 말씀도 거짓이 될 것이며, 나와 또 나와 함께 동성애에서 의의 몸으로 거듭난 수많은 증인들도 모두 거짓말쟁이가 될 것입니다. 그러므로 누가 믿음의 투쟁을 하면서도 동성애에서 벗어나지 못하였다면 아직 그의 믿음은 주의 말씀에 온전히 순종하지 못하고 그의 마음이 육신의 소욕을 허락한 것으로 아직 진리의 자유함을 얻지 못한 것입니다.

지체 장애자나 정신이 혼미한 정신 장애자라도 그를 부르신 주 하나님을 욕되게 하지는 않으며 오히려 자신을 부르신 주 하나님을 감사하고 찬송합니다. 그러나 만약 누가 주 예수를 믿은 후에도 자신의 믿음의 결단과 의지로 자신의 죄를 이기지 못하고 오히려 영광의 나라를 보상하실 은혜로 부르신 주 하나님을 욕되게 하고 스스로 지나쳐 동성애를 하나님이 허락하신 천형이라 말하며 주를 욕되게 한다면 그는 마땅히 주께서 끊으실 것입니다. 성경이 주의 몸된 성전을 더럽히면 하나님이 그를 멸하실 것이라 기록했기 때문입니다.

그러니 형제여, 이제 주 예수를 믿어 거룩하신 하나님의 자녀 된 우리는 더 이상 무지한 말로 주의 성령을 괴롭게 하지 말고 성경에 기록된 말씀을 아는 지혜로 나아가 우리를 부르신 구원자의 이름과 거룩한 하나님의 능력의 말씀에 힘 입어 그리스도의 온전한 사람이 됩시다. 누가 믿음이 있어 열성을 갖고도 육신을 따른다면 그 믿음은 지식을 바탕으로 한 것이 아니라 자신의 의를 바탕으로 한 것(롬 10:2,3)으로 그는 아직 육에 속한 사람입니다. 그가 비록 유명한 목사라 할지라도 그는 아직 범죄자일 뿐입니다.

형제가 동성애를 벗지 못하는 것은 연약한 믿음이 죄의 힘에 눌려 죄의 속성과 유혹을 물리치지 못하는 것입니다. 중독이란 어떤 물질이나, 생각이나, 이론이나, 성적인 유혹이 갖고 있는 지식이 그 사람의 영과 마음과 육체를 지배하고 있는 것입니다. 그러므로 담배를 피우던 사람이 예수를 믿어도 그 중독이 없어지는 것이 아니라 그는 그 중독성의 죄됨을 알고 자신을 죄에서 구원하여 하나님의 거룩한 자녀로 삼아 주신 주의 은혜에 감사하며 스스로 그 죄에서 돌이켜 생활에서 하나님의 자녀의 신분을 회복해야 하는 것입니다.

그러면 왜 우리가 주 예수를 믿어 그 영혼이 구원을 받았는데도 이러한 죄의 성질에서 빠져 나올 수 없는 것일까요? 그것은 죄가 우리 영과 마음을 사로잡아 왕 노릇하기 때문에 자신의 의지로 물리칠 수 없는 상태에 이른 것입니다. 이에 바울은 우리가 마음으로는 주를 섬기고 몸으로는 죄를 섬긴다 하였습니다.

그러므로 이 죄의 몸에서 의의 몸으로 나아가는 길은 오직 한길입니다. 주 예수 이름에 의지하여 자신이 죄인 됨을 인정하고 온전한 회개를 이루어 주의 은혜의 말씀의 능력과 그 말씀 가운데 역사하는 성령의 치유하심과 성결케 하시는 은혜로 나아가는 것입니다. 이것은 교회에서의 종교활동과 다른 것으로 이제 은혜로 부르신 주 하나님과 그의 아들을 아는 것에 장성한 분량에 이르기를 힘써야 할 것입니다.

이를 위하여 주님은 승천하시면서 그의 종들에게 성령을 부어 주어 사도와 예언자와 전도자와 목사와 교사를 세우셨는데 이것은 오직 주의 미리 아심과 택하심 가운데 하나님께 속한 천국의 비밀로서 주님은 이들을 통하여 회개의 복음을 전파하게 하시고 주의 성도들에게 성경 말씀을 온전히 가르쳐 사람들을 온전케 하기 위한 것입니다. 그러나 성경은 이미 교회 안에 적그리스도가 역사하여 거짓교사와 예언자들이 있다 하였습니다. 여기서 적그리스도란 가짜 기름부음을 의미합니다.

성경의 말씀은 성령의 감동으로 된 것으로 교훈과 책망과 바르게 함과 의로 교육하기에 유익하니 이는 하나님의 사람으로 온전케 하며 모든 선한 일을 행하기에 온전케 하려 함이라(딤후3:16,17) 하였고 다시 하나님의 말씀은 살아있고 운동력이 있어 좌우에 날선 어떤 검보다 예리하여 혼과 영과 및 관절과 골수를 찔러 쪼개기까지 하며 또 마음의 생각과 뜻을 감찰하여 그 지으신 만물이 그 앞에 모두 벌거벗은 것처럼 드러난다(히4:12,13) 하셨습니다.

나는 감히 형제에게 권합니다. 이제 주의 날이 매우 가까웠습니다. 우리는 모두 예수의 피의 공로로 그리스도의 나라에 참여한 거룩한 백성입니다. 지금 우리는 오직 의와 절제를 온전히 이루어 장차 올 심판에 대비하고 의의 상급을 향해 인내로서 우리의 원수된 육신과 싸워 그리스도의 승리를 만천하에 전하여야 할 것입니다. 이것은 우리와 같은 죄인을 부르신 하나님의 뜻입니다. 그러므로 지금이라도 만약 형제가 육신의 허물을 벗기 위하여 주의 말씀에 힘을 입어 의로운 상속자로 살기를 소망하여 성경의 말씀에 힘입어 영을 좇아 살기를 택하였다면 주님은 투쟁하는 형제를 도와 거룩한 하늘의 자녀가 되게 하실 것입니다.

미국 갈보리채플 교회는 1960년대 미국의 정치적 혼란기에 술, 마약, 동성애 등 사단문화권에 빠진 젊은이들에게 회개의 복음을 전파하고 주를 믿은 형제들에게 오직 성경 전체를 절절이 풀어 가르쳐 그들의 영과 혼과 육을 온전케 하여 주의 기름부음을 받은 그들이 주 앞에 헌신하여 오늘날 미국 최대교회 25개중 12개를 석권하고, 3천여 명의 복음 사역자들이 전세계에 나가 복음을 전하고 있습니다. 이와 같은 부르심은 주를 사모하는 모든 사람들에게 주신 하나님의 은혜로서 만약 형제가 이 은혜에 동참하실 수 있다면 영혼에 복이 임할 것입니다. (이요나)


## 상담사례 (2) 동성애는 저주의 결과인가요?

이요나 목사님! 상담실 카페 게시판에 올라온 목사님의 글들을 읽어 보았습니다. 공감이 가는 내용도 있고 또 내 믿음과 상식으로는 도저히 받아 들일 수 없는 글들이 있기에 무례를 무릅쓰고 문의를 드릴까 합니다. 너그러운 마음으로 읽어 주시고 답하여 주시면 저의 믿음 생활에 도움이 되겠습니다.

먼저 저를 소개 드리자면 주님께서 주신 성화에 대한 과제를 풀고자 몸부림치는 한 명의 신자요, 신학을 공부한 사람입니다. 동성애 원인과 관련하여 제 신학적 근거와 신앙적 체험 속에서 정리된 생각을 피력해 보고자 합니다. 차후 더 선명한 진리가 주어진다면 정리된 바를 수정할 용이가 있습니다.

먼저 결론적인 저의 견해를 말씀 드리면 동성애는 죄로 인한 저주의 결과로 주어진 하나의 질병이라고 생각합니다. 복음서에 등장하는 날 때부터 소경 된 자의 이야기를 생각해 볼 때 하나님께서 원래 인간을 창조하실 때는 모든 인류가 밝은 빛을 보는 눈을 소유하도록 만들었습니다. 그런데 아담의 범죄 이후로 모든 인류는 저주 아래 놓이게 되었고 그 결과 어떤 이는 소경이라는 질병의 '악(=나쁜 것)'을 안고 태어나는 경우가 발생하게 되었다는 것이지요.

그렇다면 소경 된 자가 비소경인 자보다 더 죄와 저주가 무겁단 말입니까? 그렇지는 않습니다. 하나님의 입장에서는 소경이나 빛을 보는 자나 똑같습니다. 이것처럼 동성애 문제도 원래는 하나님께서 모든 남자와 여자를 이성애자로 창조하셨는데 아담의 범죄 이후 저주의 결과로 어떤 이는 동성애적 기질이라는 질병의 악(=나쁜 것)을 안고 태어나게 되었다는 것입니다. 그 결과 동성애적 음욕과 행위라는 죄를 자행하게 된다는 것이지요

우리가 하나님의 일반적 은총으로 주신 의학이 소경의 눈을 고칠 수 있다면 당연히 의술로써 치유해야 마땅할 것입니다. 그것처럼 동성애 기질이라는 질병을 안고 태어난 사람도 의학이 손댈 수만 있다면 고쳐주는 것이 당연할 것입니다. 하지만 현 단계에서 의학의 힘이 거기까지는 미치지 못한다는 사실이지요.

그리고 여기서 분명히 짚고 넘어가야 할 문제는 동성애 기질이라

는 질병을 가진 것과 동성애적 음욕과 행위를 자행하는 것과는 차원을 달리해서 보아야 합니다. 인류에 저주의 결과로 태어나는 소경된 자(그 외 불구자들)를 예수 그리스도께서 용납했듯이 예수님은 동성애적 기질을 가진 자도 동일하게 용납하신다는 것입니다. 그 증거는 동성애 기질이라는 질병을 가진 사람도 거듭나고 성령을 받고 있다는 것입니다. (하지만 동성애 음욕과 행위까지 용납한 것은 아니라고 생각합니다.)

(구약성경을 볼 때, 예수님이 오시기 전 구약시대에는 동성애 기질을 가진 자들을 용납하지 않았습니다. 그래서 이스라엘 경내에서 내쫓았습니다. 마치 불구자들이 이스라엘 성회에 참여할 수 없었던 것처럼 말입니다. 그러나 은혜의 해, 구원의 날이 도래한 이 세대에서는 동성애 기질이라는 질병을 가진 자와 장애인까지도 용납하게 된 것이죠. 물론 동성애 음욕과 행위는 은혜의 해, 구원의 날에도 그 자체는 죄입니다.)

그러면 해결방법은 무엇입니까? 바로 사람이 할 수 없는 것을 하나님은 하실 수 있다고 하셨으니 먼저 죄인임을 인정하고 동성애적 음욕과 행위를 회개해야 합니다. 그리고 말씀과 기도로 성령을 의지해야 한다는 것입니다.

개인적 체험이지만 저도 그리스도를 믿고 나서 경건하게 산다고 했지만 여러 번 넘어질 때가 많았고 어떨 때는 완전 타락의 늪에서 허우적거릴 때도 있었습니다. 짝사랑으로 몸살을 앓을 때도 두 세번 정도 있었습니다.

동성애적 기질이라는 질병이 온전히 치유되어 이성애 성향으로 고쳐지는 단계는 주님의 초월적인 완전한 개입으로만이 가능하리라 봅니다. 어떤 분 중에는 초월적인 신비한 경험으로 탈바꿈 되었다고 하는 분들도 있더군요. 온전히 고쳐질 수 있다는 가능성을 열어놓고 신앙생활 한다면 언젠가는 가능하리라 봅니다. 그 시점이 제 평생에 어느 순간에 이루어질지 아니면 부활의 순간에 이루어질지는 하나님만 아실 것이지만요.

결혼문제에 있어서는 동성애 성향이라는 질병을 가진 자는 독신주의를 선택해야 한다고 봅니다. 주님께서 스스로 된 고자도 있고 하늘이 낸 고자도 있다고 하셨으니 어쩌면 동성애 성향이라는 질병을 가진 사람에게는 두 가지 다 해당되는 면이 있네요. 독신을 선택했으므로 스스로 된 것이오. 심적으로는 이성에 대한 감응의 결핍임으로 하늘이 내었다고도 볼 수 있으니 말입니다. 주께서 (아무든지 나를 따라오려거든 자기를 부인하고 제 십자가를 지고 나를 쫓을찌니라.) 하셨으므로 동성애 기질을 주신 십자가를 지고 주를 따르는 것은 당연한 순리이겠지요. 부족한 사람이 쓴 긴 글을 읽어 주셔서 감사합니다. 이요나 목사님의 고견을 듣고 싶습니다.

## 전문가상담/ 동성애는 죄일 뿐입니다

형제님의 동성애에 대한 절제의 노력과 투쟁에 박수를 보냅니다. 형제의 글을 읽으며 바울이 말한 바 우리가 온전한 것을 알지 못하였을 때는 마치 그림자를 보는 것 같다는 말씀을 생각하였습니다. 그러나 성경의 요구는 우리가 다 그리스도의 진리의 빛 가운데서 하나님의 뜻을 발견하게 되면 모든 것이 선명하여 마치 거울로 얼굴을 보는 듯 할 것이라고 증거합니다.

그러므로 베드로 사도는 '그 중에 알기 어려운 것이 더러 있으니 무식한 자들과 굳세지 못한 자들이 다른 성경과 같이 그것도 억지로 풀다가 스스로 멸망에 이르느니라'하였고 다시 '날이 새어 너희 마음에 떠오르기까지 너희가 이것을 주의하는 것이 가하니라' 경고 하였습니다. 그러므로 우리가 성경을 편론할 때 그 주장하는 바가 자기의 생각이 아닌 오직 성경에 기록된 말씀에 입각하여 성령의 지혜로 조명을 받아야 할 것입니다. 사실 형제가 언급한 논리들은 이미 교회 안에서 동성애를 주장하는 많은 사람들에 의하여 주장되어 왔던 비성경적인 낭설들입니다. 이러한 논증을 누가 하였던지 간에 그는 성경을 알지 못하는 자요 진리의 이단자입니다.

그 이유로서 먼저 동성애가 죄로 인한 저주의 결과라고 보는 견해부터가 잘못된 출발입니다. 인간의 모든 죄는 아담의 불순종으로부터 기인된 것으로 죄의 저주는 아담 이후의 모든 인간에게 이른 것이지 동성애만이 저주받은 죄는 아니기 때문입니다. 또한 동성애를 질병으로 보는 것은 매우 잘못된 생각입니다. 질병이란 살아있는 육체에 발생된 물리적 장애로서 그 원인은 매우 다양합니다. 물론 질병은 근본적으로 세상에 죄가 들어 오면서 기인된 것이지만 그렇다고 모든 질병을 죄의 원인이라고 단정할 수는 없습니다. (물론 요한복음 5장에서 예수께서 38년 된 병자에게 더 심한 것이 생기지 않도록 죄를 짓지 말라 하신 것은 그 사람의 병이 죄로 기인한 것을 말씀하신 것이며 죄로 인하여 병이 생길 수 있음을 언급하신 것입니다.)

또한 물질기관의 병이 아닌 비물질 기관, 곧 각 사람의 '혼'(이성과 감성을 주관하는 비물질 기관)에 발생한 정신적인 장애는 좀더 깊은 사고가 필요합니다. 이성 곧 정신은 마음에 속한 것으로 각 사람이 생각의 사고와 감정의 상태가 그 한계를 초월하였을 때 발생될 수 있는 정신적 장애로서, 뇌의 손상이 아닌 경우 약물치료나 심리 상담 같은 것으로 해결될 수 없습니다.

이 경우는 먼저 그 사람의 생활습관과 사람과 삶에 대응하는 자신에 이성과 감성을 살펴 근본적인 죄성을 다스리는데 그 초점을 두어야 할 것입니다. 그러므로 우리가 어떤 정신적인 문제로 심정장애가 발생하였을 때에는 그 문제만을 놓고 대응할 것이 아니라 그 사람의 삶 전체를 놓고 합리적인 생활과 사고적인 균형을 갖게 하여야 할 것입니다.

또한 형제께서 '소경된 자(다른 불구자)'를 죄의 저주로 보는 것도 잘못입니다. 이에 대하여는 주께서도 그의 제자들에게 말씀하신 것으로서 태어날 때부터 소경된 자는 부모나 그의 죄가 아니라 이는 그에게서 하나님의 하시는 일을 나타내고자 하심이라 말씀하셨습니다. 제자들이 이렇게 물었던 것은 그 당시 유대인들은 소경으로 태어난 사람들은 죄의 저주로 태어난 것이라 생각했었기 때문입니다. 이와 관련하여 형제님은 동성애도 소경과 같이 저주의 결과로서 동성애적 기질의 악한 질병을 안고 태어났다고 생각하고 계신듯한데 그렇지 않습니다. 동성애는 기질도 아니고 질병도 아니기 때문입니다. 하나님의 형상과 모양대로 지음을 받은 사람으로서 행하지 말아야 할 악한 죄일 뿐입니다.

고린도전서 6장에는 음란, 우상숭배, 간음, 탐색, 남색, 도적, 탐람, 술취함, 후욕, 토색 들과 같은 죄 속에 동성애가 포함되어 있습니다. 그러므로 만약 누가 동성애를 질병으로 본다면 위에 언급된 모든 것도 저주의 기질로 기인된 질병으로 보아야 할 것입니다.

물론 위에 것들은 아담의 죄 이후에 사람들 속에 들어 온 죄의 속성으로 죄성을 가진 인간이 스스로 극복하기 쉽지 않은 죄성들입니다. 그러나 모든 사람들이 이 모든 죄들을 범하는 것이 아닙니다. 또한 기질을 논하건데 기질이란 각 사람의 혈연적 유전이나 그 사람의 성격적 품성에 의한 것으로 각 사람의 기호에 의해 발달된 성격적 습관입니다. 생각하기에 따라서는 동성애를 기질로 볼 수 있겠지만 동성애가 기질화 된 것은 그 스스로 선택된 습관적 행위로 기인된 것일 뿐입니다.

또한 형제는 '우리가 하나님의 일반적 은총으로 주신 의학이 소경의 눈을 고칠 수 있다면 당연히 의술로써 치유해야 마땅할 것입니다. 그것처럼 동성애 기질이라는 질병을 안고 태어난 사람도 의학이 손댈 수만 있다면 고쳐주는 것이 당연할 것입니다. 하지만 현 단계에서 의학의 힘이 거기까지는 미치지 못한다는 사실이지요.'라고 하셨는데요. 동성애를 소경과 같은 질병으로 타고난 것같이 비약하는 것 자체가 모순입니다.

사람이 소경으로 태어난 원인은 여러 가지가 있을 수 있겠지만 원인도 모르게 태어남으로부터 소경 된 자에 대하여 예수님은 이는 그 부모의 죄도, 또 그 사람의 죄도 아니라 하나님의 영광을 나타내기 위함이라 말씀 하셨습니다. 그러나 동성애는 타고난 것도, 유전도, 질병도 아닌 죄일 뿐입니다.

또 형제는 동성애 기질이라는 질병을 가진 것과 동성애적 음욕과 행위를 자행하는 것과는 차원을 달리해서 보아야 한다고 주장했습니다. 이 또한 동성애자들의 상투적인 변론입니다. 그들이 동성애를 타고난 기질이나 질병으로 분류하려는 원인이 자기들은 어쩔 수 없이 동성애 행위를 하는 것이라고 변명하려는 것입니다.

이 세상에 어느 누가 스스로 동성애자가 되려 하겠습니까? 동성애 행위는 자기 스스로의 욕정을 따라 행하는 것이지 누가 시켜서 하는 것도 아니고 질병에 의한 행위도 아닙니다. 동성애적 마음의 성향과 육체적 욕정의 습관을 따라 행하는 죄악일 뿐입니다.

또한 형제는 인류에 저주의 결과로 태어나는 소경된 자(그 외 불구자들)를 그리스도께서 용납했듯이 동성애적 기질을 가진 자도 동일하게 용납하신다고 주장하셨는데 물론 예수님은 이 땅의 모든 사람들을 구원의 대상으로 삼으셨고 구원의 문으로 초청하셨습니다. 따라서 누구든지 자신이 죄인된 인간임을 고백하고 주 예수 그리스도의 이름을 믿어 회개에 이르면 그는 죄사함을 얻고 하나님의 자녀가 되는 권세를 얻습니다.

이것은 변하지 않는 진리입니다. 그러므로 형제가 말한 것처럼 '동성애 기질이라는 질병을 가진 사람도 거듭나고 성령을 받고 있다'는 말도 성립될 수 있습니다. 다만 동성애를 기질이나 질병으로 생각하는 사고 방식은 버려야 할 것입니다. 이것이 주께서 원하시는 바로서 우리 모두는 진리의 성령으로 거듭나 죄에서 승리한 의인으로 살아야만 합니다. 그러므로 주를 믿는 자는 동성애뿐만이 아니라 모든 죄에서 벗어나 중생에 이르러야 합니다. 그것만이 오직 천국으로 들어 갈 수 있는 유일한 조건입니다.

동성애자들이 주장하는 것 중에 하나는 자신은 동성애 죄성은 갖고 있지만 동성애적 행위를 하지 않고 있는 것처럼 말하는 것입니다. 그러나 이는 마음에 동성애의 성향은 품고 있어도 행위로 나타나지 않았다는 말로 포장하는 것입니다. 성경은 여인을 보고 음욕을 품는 자마다 간음을 하는 것이라 하셨습니다. 따라서 동성애 성향을 가진 사람이 아직 동성애적 행위를 하지 않았다 해도 그는 이미 그 마음 속에 동성애 음욕을 품고 있음으로 그는 동성애자인 것입니다. 그는 혼자서 동성애를 즐기고 있을 뿐입니다. 따라서 이런 주장은 동성애를 비호하며 미화하려는 사람들의 변명일 뿐입니다. 분명한 것은 죄는 마음에서 나오는 것이며 행위는 그 결과일 뿐입니다.

또한 형제께서 성령을 논하고자 하건데 이는 부디 삼가하시기 바랍니다. 주님은 나와 내 말을 훼방하면 사함을 받아도 성령을 훼방하는 자는 이 세상뿐 아니라 오는 세상에서도 사함을 받을 수 없다 하셨기 때문입니다. 물론 동성애자도 예수를 영접하면 성령이 함께 할 수 있습니다. 이는 믿는 자에게 주시는 공평한 은혜로서 죄에 대하여 의에 대하여 심판에 대하여 세상을 책망하기 위함입니다(요16:8).

바울은 고린도교회 성도들에게 "너희 중에도 이와 같은 자들이 있더니 주 예수 그리스도의 이름과 우리 하나님의 성령 안에서 씻음과 거룩함과 의롭다 하심을 얻었느니라"(고전6:11) 증거하였습니다. 여기서 "성령 안에서 씻음과 거룩함과 의롭다 하심을 얻었다" 하신 말씀을 기억하시기 바랍니다. 형제의 주장처럼 동성애가 소경과 같이 태어난 것이라 고칠 수 없는 것이라면 이 말씀 또한 납득할 수 없는 것이 아닐까 싶습니다.

또한 형제는 동성애를 구약에서는 용납하지 않고 그리스도의 시대에는 용납하였다니 이는 성경을 크게 곡해 하셨습니다. 누가 이러한 논리를 편다면 그는 성경을 알지 못하는 사람입니다. 신구약 어디에서도 성경은 동성애를 허락한 일이 없습니다. 지금도 스스로 주의 형제라고 말하는 사람이 동성애의 범죄를 짓는다면 교회는 그를 당연히 그리스도의 지체 가운데서 출교 시켜야 합니다. 그 이유는 작은 누룩이 온덩어리를 부풀게 하기 때문입니다. 이와 같은 내용은 고린도전서 5장에 리얼하게 기록되어 있습니다.

흥미롭게도 바울은 후계자 젊은 목사 디모데에게 '법은 오직 불법한 자와 복종치 아니하는 자며 경건치 아니한 자와 죄인이며 거룩하지 아니한 자와 망령된 자며 아비를 치는 자며 어미를 치는 자며 살인하는 자며 남색하는 자며 사람을 탈취하는 자며 거짓말하는 자며 거짓맹세를 하는 자와 기타 바른 교훈을 거스리는 자를 위함이라'(딤전1:9-10) 가르쳤습니다. 그러므로 아직도 이 말씀은 우리 가운데서 그대로 역사하고 있습니다.

또 우리가 알아야 할 것은 성경은 그 어느 시대에도 소경과 같은 장애인을 죄인으로 보지 않았으며 또 어느 시대든 동성애를 비롯한 범죄들은 모두 정죄하였습니다. 다만 율법의 시대와 복음의 시대가 죄의 문제를 다루는 방법이 다를 뿐입니다. 그러나 만약 어느 누가 주를 믿어 의인의 자리에 있어 스스로 하나님의 자녀라고 말하며 동성애를 즐기던가 악한 행위자들을 비호하던가 한다면 하나님께서는 그에게 그 말에 대한 책임을 물어 성경에 기록된 말씀을 따라 심판하실 것입니다.

우리가 주 예수 그리스도를 믿어 죄없다 하심을 얻었으면 그로부터 진리의 말씀과 성령의 능력을 힘입어 죄의 속성인 동성애를 극복하고 끊어내어 성결한 몸으로 주를 섬기는 자들 중에서 하나님께 영광을 돌려야 할 것입니다. 그렇지 않으면 그는 오히려 믿지 않는 자들 보다 더 악심을 품은 자가 되어 그 행위의 열매를 먹게 될 것이며 그 영혼이 고난을 받을 것입니다.

그러면 해결방법은 무엇입니까? 성경은 사람이 할 수 없는 것을 하나님은 하실 수 있다고 기록되었으니 먼저 죄인됨을 인정하고 동성애적 음욕과 행위를 회개해야 합니다. 그리고 말씀과 기도로 성령을 의지해야 합니다. 여기서 회개란 하나님께 돌아간다는 뜻입니다. 따라서 하나님께 돌아간 자는 하나님의 뜻대로 살아야 하는 것이며 하나님의 뜻은 성령의 인도함을 받아 거룩한 성도로 의롭게 사는 것입니다. 믿는 사람이 죄를 짊어지고 어떻게 의롭게 살 수 있습니까? 그러므로 중생의 씻음은 오직 주의 말씀과 성령의 능력과 우리의 기도로 이루어지는 것입니다.

형제는 신학을 하였다고 하였습니다. 그러면서도 동성애 극복을 하지 못하고 때때로 넘어지며 허우적대고 있다고 하였습니다. 그러면서도 형제는 교회에서 봉사를 할 것입니다. 그렇다면 형제는 더욱 더 하나님께 죄를 범하고 있는 것입니다. 죄인 된 자가 하나님께 나아갈 수 없기 때문입니다. 형제는 속히 죄에서 떠나 그리스도의 온전함에 이르러야 할 것입니다.

형제는 성령의 신비한 경험을 통하여 동성애적 기질을 벗을 것이라고 생각하는데 사실 주 예수를 믿는 자들은 신비의 성령을 체험한 사람들입니다. 그렇지 않고서야 어찌 보지도 못한 분을 하나님의 아들이라 믿으며 자신의 주인으로 섬기겠습니까?

하나님은 죄인 된 우리가 예수를 믿을 때 우리가 죄로부터 분리될 모든 자원을 주셨습니다. 그것이 먼저 죄없다 하신 칭의이며 조금도 부족함이 없는 진리의 말씀인 성경을 주셨으며, 그 진리 가운데서 역사하시는 성령의 권능을 주시고 또 우리에게 기도할 수 있는 권세를 주어 주의 뜻하신 바를 성취하게 하신 것입니다. 이처럼 우리는 모든 자원을 받은 사람들입니다.

형제는 결혼문제에 있어서는 "동성애 성향이라는 질병을 가진 자는 독신주의를 선택해야 한다고 주장하며 주께서 말씀하신 바 '스스로 된 고자도 있고 하늘이 낸 고자도 있다' 하였고, 계속하여 '동성애 성향이라는 질병을 가진 사람에게는 두 가지 다 해당되는 면이 있네요. 독신을 선택했으므로 스스로 된 것이요. 심적으로는 이성에 대한 감응의 결핍임으로 하늘이 내었다고도 볼 수 있으니 말입니다." 라고 하셨는데요, 형제의 생각이 여기에 이르렀다면 더 이상 형제와 무슨 말을 할 수 있습니까? 또한 신학을 하셨다는 분이 이런 말을 할 수 있다면 그 신학교의 무지함은 말해서 무엇하겠습니까? 참으로 통탄할 일입니다.

그러나 결혼은 인간에게 주신 하나님의 축복이며 명령입니다. 또한 바울이 말한 바 독신의 은사는 복음을 위하여 스스로 그 길을 택한 자에게 주시는 하나님의 은혜입니다. 다시 말하지만 동성애자가 혼자 산다는 것은 자기의 육체의 만족을 행하기 위해서이지 복음을 위한 것이 아닙니다. 더구나 복음사역은 거룩한 성령의 나타나심인데 동성애자에게 어떻게 성령이 역사한다는 것입니까? 스스로 성령을 받았다고 주장하고 싶은 것일 뿐입니다. 그러나 그가 모든 죄에서 떠나 의와 진리 가운데 거룩함을 얻기까지 그는 결코 성령의 역사하심에 참여할 수 없습니다.

또한 형제께서 '스스로 고자 된 자도 있고 하늘이 낸 고자도 있다' 하였는데 이 말씀은 주께서 친히 "어미의 태로부터 된 고자도 있고 사람이 만든 고자도 있고 천국을 위하여 스스로 된 고자도 있도다 이 말을 받을만한 자는 받을지어다" (마19:12)하신 말씀이지요. 이 말씀은 예수를 믿는다고 말하는 트랜스젠더들이 잘 사용합니다마는 그런데 이 말씀이 동성애와 무슨 관계가 있습니까? 설혹 그들이 스스로 성 전환하여 고자가 되었다 해도 그들은 동성애자로서 하나님의 창조하심을 거부하고 스스로 성기를 절단하여 여성(또는 남성)이 되고자 창조하심에 대해 역행한 것입니다.

주께서 이 말씀을 하신 동기는 성적 불구자가 된 자들은 그 원인이 어떤 경우이든지 간에 결혼을 하지 않아도 된다고 말씀하신 것입니다. 그들은 생물학적으로 이미 결혼할 수 없는 사람들이 되었기 때문입니다. 또한 여기서 언급된 스스로 고자 된 자들은 동성애 성향을 갖고 있는 자들을 말한 것만은 아닙니다. 과거에는 스스로 왕의 내시가 되고자 제거를 한 사람들도 있었습니다. 그러나 중요한 것은 여기서 예수님은 결혼과의 문제를 언급한 것이지 동성애와 같은 죄의 문제를 다룬 것이 아닙니다. 거듭거듭 말하지만 동성애는 죄일 뿐입니다.

그러므로 우리가 성경을 읽을 때 그 문맥을 따라 그 말씀을 하신 과정과 배경을 살펴야 하며 오직 성경 전체를 통하여 온전한 뜻을 찾아내야 합니다. 자신의 생각과 또 잘못된 가르침을 따라 망령되이 자기 생각대로 말하는 것은 하나님의 말씀인 성경에 도전하는 것으로 용서받지 못할 행위입니다. 오늘 내가 이처럼 형제의 의견들에 조목조목 답변을 한 것은 형제의 무지를 책망하기 위함이 아니요 도리어 형제를 주 앞에서 온전케 하여 주의 영광된 사람이 되게 함이며, 또 이 글을 읽는 모든 사람들도 자신을 돌아 보아 스스로 죄를 씻고 정결케 하여 거룩한 성도로 함께 주를 찬양케 하기 위함입니다.

동성애로 고통받는 사람들은 먼저 자신이 동성애 성향에 사로잡힌 죄인인 것을 스스로 인정하고 주께서 나를 회개의 길로 인도하신 것을 감사하며 성령의 인도하심을 따라 성경의 가르침을 따르는 경건의 생활 속에서 예수 그리스도의 형상을 회복하여야 할 것입니다. 그에게는 주의 기쁨이 가득하게 될 것이며 주께서 그의 믿음의 투쟁에 대한 확실한 보응을 하여 주실 것입니다. 부디 형제에게 주의 온전하심과 그 기쁨으로 하나님을 유쾌하게 하는 날이 임하시기를 기도하겠습니다.(이요나)

## 상담사례 (3)  제가 동성애 귀신들린 건가요?

저번에 제 주위 어떤 분이 동성애는 귀신 들린 거라고 하시는 걸 듣게 되었는데, 정말 그런 건가요? 그래서 무당들 중에 동성애자가 많다고 하시더라구요. 솔직히 충격이었습니다.

### 전문가상담/  동성애는 죄일 뿐입니다

재미있는 질문을 하셨군요. 현대에서 귀신이란 개념은 옛날보다 폭이 넓어졌습니다. 도박, 알코올, 게임, 성중독 심지어는 스포츠 중독에 이르기까지 이 부분에 빠진 사람들은 어떤 면에서 볼 때 그것을 주관하는 어떤 세력에게 빠져 있다고 보겠습니다. 통계적으로 박수무당들에게 동성애자가 많은 것은 사실입니다. 미국 어느 신부의 집계에 의하면 가톨릭 신학생 중 동성애자가 50%, 신부 중에는 40%라는 보고가 있습니다.

또한 동성애는 창세기 19장에서 처음 언급되고 있는데, 흥미롭게도 천사와 아브라함의 조카 롯과 동성애자들이 등장합니다. 복음서에서 롯은 의인으로 칭하고 있으므로 소돔성 사역자로 볼 수도 있습니다. 결국 롯은 소돔성에서 의인 10명을 얻지 못하여 멸망을 당하고 마는데 사실 롯은 하나님의 뜻을 따라 그곳에 간 것이 아니라 물질의 풍요로움을 따라 들어 갔습니다. 그러므로 창세기 19장은 종말론적인 메시지를 내포하고 있다고 보아야 합니다. 지금도 이미 교회가 물질주의에 빠져 있습니다. 그러므로 교회 안에서 동성애 현안은 영적 이슈로 접근할 수도 있습니다.

물론 귀신에 대한 성경적 정의는 하나님을 대적하는 악한 영들로서 사람의 영혼을 지배한 것입니다. 물론 모든 죄들은 사단의 지배 가운데 있는 것은 사실입니다만 모든 사람들이 귀신들린 것은 아닙니다. 그러나 죄에 대한 그리스도의 교회 곧 복음적 접근은 총체적으로 죄들이 영들의 역사라 할지라도 복음은 죄인을 구원하기 위한 하나님의 선물이므로 동성애를 죄의 문제로 접근하는 것이 옳다고 생각합니다. 그러므로 바울은 로마서 1장에서 죄의 문제를 교회 측면에서 리얼하게 접근하였습니다. 분명한 것은 동성애에 대한 성경적 정의는 죄입니다.

나의 경험상 말할 수 있는 것은 내 영과 육체가 동성애에 심취되어 있을 때 그 언행들을 볼 때 악한 영들에게 사로잡힌 것이라고 느껴집니다. 그러나 동성애자는 동성애 귀신에 들린 것이라고 판단하기에는 여러 가지로 어려운 부분이 있습니다. 하나님과 본인의 영만이 알 수 있다고 생각합니다. 그러나 나의 경우는 악한 영들에게 사로잡혀 있었던 것은 분명합니다. 성경은 "죄를 짓는 자는 마귀에게 속하나니 마귀는 처음부터 범죄함이니라 하나님의 아들이 나타나신 것은 마귀의 일을 멸하려 하심이니라"(요일3:8) 기록하였습니다.

그러므로 형제가 진정으로 하나님의 아들 예수 그리스도를 영접하였다면 하나님의 아들이요 성령이 내주하시는 하나님의 성도입니다. 그러므로 형제가 믿을 때 동성애의 죄도 해결 된 것입니다. 다만 형제의 마음 속에 남아 있는 더러운 생각들과 동성애 죄의 습관들이 형제를 죄 가운데로 이끌어가고 있는 것입니다. 진리의 말씀, 말씀의 검, 성령의 검에 의지하여 그리스도의 의인됨을 스스로 지키십시오. 예수 그리스도 이름으로 기도합니다. (이요나)

## 상담사례 (4)  이젠 죽고 싶습니다

안녕하세요 목사님, 저는 인천에 살고 있는 21세의 남자입니다. 비록 천주교 신자이지만 목사님께서 과거 동성애를 경험하셨었고, 현재는 많은 동성애자들을 구제하시려고 애쓰시고 계시다는 것을 알고 이렇게 감히 메일을 보내봅니다. 비록 종교가 서로 다르기는 하지만 너그럽게 부탁 드립니다. 저는 초등학교 3학년 때 친구에 의해 동성애를 알게 되어 지금까지 11년을 동성애에 빠져 살아 온 죄인입니다. 한번 밖에 없는 인생 이렇게 허비하고 싶지 않은데.. 오직 하느님께서 주신 소중한 인생과 젊음과 만나게 하신 많은 사람들과의 온전한 교제를 통하여 영생의 소망을 누리고 싶은데 어떻게 해야 벗어날 수 있을까요?

11년 동안 너무나 많은 사람들을 동성애에 끌어들였고, 다른 사람들이 잘 때 몰래 그 사람들의 성기까지 더듬었습니다. 지금 생각해보면 정말 너무 수치스럽고 창피하고 지금 이 글을 쓰면서도 하느님의 진노가 임할까 두렵습니다. 목사님께서도 동성애를 경험하셨기에 동성애가 어떤 것이고 동성애에 빠진 사람은 금수와 다를 바

없으며 보통사람들처럼 마음과 사랑과 형제애를 찾는 게 아니라 오직 육체를 탐하고 얼굴만 찾는 괴물이라는 것을 잘 아실 겁니다. 마음 같아서는 이렇게 사느니 죽어 버리고 싶습니다. 목사님 제가 탈출할 수 있을까요?

## 전문가상담/ 죽을 결심으로 탈출해야 합니다

형제의 글을 읽으며 "여호와께서 그 높은 성소에서 하감하시며 하늘에서 땅을 감찰하셨으니 이는 갇힌 자의 탄식을 들으시며 죽이기로 정한 자를 해방하사.." (시102:19,20) 라는 시편을 떠올리게 됩니다. 이 성경말씀은 제가 일본에서 성령체험을 통해 변화 받고 한국으로 돌아오는 비행기 안에서 기도 중에 주신 말씀입니다. 우리는 모두 죽이기로 작정된 죄인입니다. 그럼에도 주께서 우리에게 예수 그리스도를 믿게 하셔서 죄 사함을 받고 그를 믿는 믿음으로 탄식하게 하시는 하나님 그것이 하나님의 은혜요 사랑입니다.

바울은 죄가 많은 곳에 은혜가 많다고 했습니다. 어떤 사람들은 죄를 지으면서도 거리낌 없이 죄를 즐기며 살아가는데 우리는 죄 속에서 살면서도 죄의 사슬을 벗고자 오직 하나님의 구원을 소망하며 애통하고 있으니 그런 애통의 마음을 주신 하나님께서 큰 은혜를 베풀어 주시지 않을까 싶습니다. 끝까지 소망을 놓지 말고 그리스도 안에서 선한 일을 찾으며 복종과 절제로서 자신의 육체를 채찍질하고 더러움에서 벗어날 성경적 훈련을 찾아야 할 것입니다. 예수 그리스도의 진리만이 우리를 죄의 사슬에서 자유케 하실 수 있습니다. 그러기 위해서는 내 영혼을 인도할 스승을 찾으십시오. 바울은 "가르침을 받는 자는 말씀을 가르치는 자와 모든 좋은 것을 함께 하라" (갈 6:6) 하였습니다. 선한 길로 인도하심을 받게 되기를 기도합니

다. (이요나)


## 상담사례 (5) 결혼, 직장생활에도 실패했습니다

저는 어릴 적부터 여자같이 생겼다면서 동네 형들이 스킨십을 많이 했습니다. 중고등학교 때에도 친구들의 스킨십이 이어졌지만 웬일인지 나쁘게 느껴지지 않았습니다. 그때부터 동성애에 대한 유혹들이 싫지 않았고, 결국 빠지게 되었습니다.

어려서 그렇겠지 생각했지만 성인이 되어서도 동성애에 대한 집착은 끊이지 않았고, 군장교로 임관하여 결혼하면 괜찮겠지 했다가 부부관계가 안되어 이혼하게 되었습니다. 결국 얼마 전 실패한 결혼생활로 인해 전역까지 하게 되었습니다. 목사님은 TV에서 인터뷰하신 것을 우연히 보고 알게 되었습니다. 동성애가 치유되어 목사가 되셨다니.. 정말 부럽고.. 저도 치유 받고 싶습니다. 말씀하신 내용 중에 '자기대면'이란 것이 있었는데 그건 어떤 프로그램인지 알고 싶습니다. 목사님께서 쓰신 '동성애 사랑인가?' 라는 책을 보고는 연신 '맞다, 맞아' 하면서 읽었습니다.

현재 성경공부를 하고 있는데.. 머리 속에서 계속 떠오르는 동성애에 대한 생각으로 집중하기가 곤란 합니다. 기도도 해보고 말씀묵상도 열심히 해보지만 제 힘으로는 역부족인 것 같습니다. 담임 목사님께 말씀 드려볼까 생각도 해보았지만 받으실 충격과 저에 대한 생각이 어떨지 두렵습니다. 어떻게 해야 좋을지.. 저도 치유 받고 정상인으로 살고 싶습니다. 동성애로 인해 제 인생이 너무나도 많이 꼬였습니다. 살려주세요 목사님.. 얼마 전까지 잠잠했던 동성애에 대한 욕구가 넘치고 있습니다...

## 전문가상담/ 주의 날이 가까웠습니다

동성애자에게 군대생활은 참으로 견디기 힘든 감옥과도 같습니다. 외로움, 육체적 정신적 스트레스, 그리고 시도 때도 없이 솟아오르는 욕정과 육체들의 유혹.. 그래서 어떤 동성애자들은 군대를 좋아하고 장기생활을 신청도 합니다. 또 군대에서 동성애들의 유혹을 받았던 일반 형제들이 제대 후에도 트라우마에 시달리고 동성애에 빠지는 경우를 많이 보았습니다.

또한 동성애자에게 결혼이란 참으로 견디기 힘든 지옥과도 같습니다. 나 역시 6개월 결혼생활을 청산할 수 밖에 없었습니다. 마음으로 다가갈 수 없는 여인과 육체관계를 가져야 하는 고통은 일반인으로서는 생각할 수도 없는 일입니다. 마음은 아내를 사랑하고 싶은데, 아이까지 낳은 후에도 다가가지 못하는 남자의 굴욕은 산지옥입니다. 그래서 무조건 탈동성애를 해야 하는 것입니다. 그 어떤 어려움을 겪든지 간에 육체를 쳐서 복종시키고 하나님을 향해 높아진 것들을 다 파하고 오직 그리스도의 거룩함 속으로 달려 가야 합니다.

성경적 상담 자기대면 훈련과정은 자기를 다루고 감정을 다루고 악습관을 벗고 의로운 생활을 입는 과정의 훈련입니다. 먼저는 성경적 진리의 이론을 깨우쳐 마음을 다스리고 삶의 습관들을 하나씩 벗고 경건생활 훈련을 하는 과정입니다. 마음에 하나님을 향한 열정이 있고 의인의 꿈이 있다면 죄를 벗고 경건한 성도의 삶을 시작하십시오. 주의 날이 가까웠습니다. (이요나)

## 상담사례 (6)  지워지지 않는 죄의 흔적

일단 저는 게이입니다. 그런데 제 입으로는 누구에게도 게이라고 말하지 않았습니다. 어려서부터 감춰왔던 남자를 좋아하는 맘, 늘 혼자 삭혔습니다. 외로움에 참 고통스러웠습니다. 주위 몇 사람은 알고 있었지만 지금은 그 문제에서 해결됐다고 알고 있습니다. 전 스물다섯 남자이고 누구보다 예수님을 사랑하고 있다 믿고, 사랑합니다.

그런데 예수님 안에서 이미 해결된 죄악의 흔적이 저를 괴롭힙니다. 성령과 마귀의 음성이 함께 들립니다. 물론 저는 예수님 안에서 이기리라 믿습니다. 그러나 그런 믿음의 확신이 나타나지 않습니다. 말씀과 성령으로 이기신 목사님의 가르침을 통해 동성애를 완전히 뿌리 뽑고 주님이 창조하신 남자로 다시 태어나길 원합니다. 도와 주세요.

## 전문가상담/  형제의 마음이 마귀와 함께 하는 것입니다

예수를 믿는 사람들 속에는 성령이 내주해서 우리 안에 마귀가 함께 하지는 못합니다. 그러나 형제의 마음 속에서 마귀의 흔적들을 그리워하고 육체를 탐하면 성령은 역사하지 않습니다. 성령은 마귀의 일을 하지 못하게 하고 마귀는 성령의 일을 하지 못하게 하는 속성이 있어 그 중간에 형제가 온전한 진리 안에서 터득한 굳건한 믿음으로 성령을 따라 일하고 있느냐에 달려 있습니다. 그러나 오랫동안 자위, 포르노, SNS를 통해서 동성애 생활을 해 왔기 때문에 온통 동성애 영들이 형제를 사로잡고 있는 것입니다. 그것을 끊어버리고 경건생활 패턴으로 돌아가지 않으면 형제는 지옥을 방황하게 될 것입니다. 속히 회개하고 진리의 성령의 인도함을 받는 성령 충만함을 얻으십

시오. 그것은 오직 진리의 말씀을 들음에서만 가능합니다. (이요나)


## 상담사례 (7)  지옥에 가고 싶지 않아요

저는 예수님을 믿고 있는 25살 청년입니다. 또 '동성애'라는 죄에 빠진 사람입니다. 저는 본질적으로 동성애자가 아니라는 생각을 가지고 있는데 동성애 가운데 자유롭지는 못합니다. 좋아하는 자매도 있는데 저의 이러한 모습 때문에 짝사랑만 3년 가까이 하고 고백을 못했습니다. 사실 신상을 밝히는 것이 유쾌하지는 않습니다. 하지만 너무 간절하고 죄에서부터 자유롭고 싶은 소망이 있기 때문에 답변 주시면 정말 감사하겠습니다.

저는 늦둥이로 태어나 부모님께서는 저를 애지중지 하셨습니다. 하지만 부모님이 일을 하셔야 하기 때문에 저를 돌보지 못하고 5살 때까지는 할머니 손에 컸습니다. 어렸을 적부터 동네에 여자아이들 밖에 없어서 동네에서 놀 수 있었던 건 인형놀이나 소꿉장난 같은 것이었습니다. 물론 어린이 집은 다녔지만 왜소한 체구 때문에 남자친구들과 어울려 놀지 못했던 것 같습니다. 그러다 보니 여성적인 성향이 되어버린 것은 아닌가 싶기도 하구요. 저는 늘 사랑을 갈구했습니다. 어린이 집에서도 '뽀뽀귀신'이라는 별명이 붙여질 만큼 누군가에게 사랑 받는 것을 좋아했습니다.

그러던 7살 어느 날, 친척 형 집에 놀러 갔다가 평소와 같이 제가 좋아하는 뽀뽀귀신 놀이를 하게 되었습니다. 이 놀이는 뽀뽀공격이라는 명목으로 갑자기 이불 안으로 들어와보라고 하더니 제 입에 키스를 했습니다. 그때는 기분이 좋지 않았지만, 중학교 때 조별과제를 위해 한 친구의 집에 모였는데 갑자기 한 친구가 문을 걸어 잠그고 자신의 성기를 만지게 하고 또 다른 친구는 자신의 성난 성기를 꺼내어 보여주었습니다. 그런데 처음에는 불쾌했지만 기분이 묘해져 어느새 나도 모르게 즐기고 있었습니다. 이후에 수련회나 수학 여행 때에도 친구들과 부적절한 관계를 갖게 되었습니다.

나의 여성적인 면모를 바꾸고자 아버지는 태권도를 배우게 하셨습니다. 저는 태권도장에서 활발해졌고 생각보다 운동도 꽤 좋아하게 되었는데 어느 날 사범님은 나의 볼을 비비며 제 성기를 만졌습니다. 당황하여 도망치듯 태권도장을 그만두었고 그 후부터 제 심신은 너무나 피폐해졌습니다. 저는 5살 때부터 부모를 따라 교회를 다녔고, 대학교에 들어와 기독교 동아리에 들어가고, 여러 차례 선교도 다녀오고, 성경말씀 모임도 하고, 리더의 역할을 맡게 되면서 영적으로 많은 성장을 했던 것 같습니다. 그럼에도 저는 동성애에서 자유로워질 수 없었습니다. 간증을 할 때도 거짓말로 했습니다. 하나님께서 모두 치유해 주셨다고. 모두 용서했다고... 그러나 나의 내면은 썩었고, 하나님께 죄에 대해 고백하고 극심한 죄책감에 시달리면서도 죄는 계속 저질렀습니다.

집에 오면 컴퓨터를 켜고 온라인 상에서 또 여자인 척을 하고, 다른 남자를 만나 문란한 행위를 하고, 또 회개하고.. 그런 삶이 반복되었습니다. 저는 구원해달라고 기도하면서도 그 행동들을 계속 하였습니다. 어제 저녁에도 한 남자를 만났는데 관계를 맺고 나서 그는 갑자기 저에게 신앙이 있냐고 물었습니다. 저는 마음이 너무 아팠습니다. 그 사람도 신앙이 있는 청년이기 때문입니다. 이제는 저도 하나님께 모든 것을 맡기고 싶습니다. 죄의 문제에서 떠나 진정한 하나님의 자녀가 되고 싶습니다. 저는 지옥에 가는 것은 원치 않습니다. 목사님 어떻게 해야 할 지 제발 도와 주세요.

## 전문가상담/ 온전한 성경공부를 시작하세요

어려서의 경험은 인생 전체에 미치는 영향이 매우 큽니다. 우리 말에도 세 살 버릇이 여든 살까지 간다는 말이 있지요. 사람은 나무 같아서 좋은 물가에 심기어야 하며 또 사람은 밝은 빛 가운데 있어야 합니다. 형제는 예수 그리스도를 영접하고 하나님의 자녀가 되었습니다. 그러므로 반드시 좋은 목자를 만나서 푸른 초장으로 인도함을 받아야 합니다.하나님의 자녀이기 때문에 장차 그리스도 앞에 서야 합니다.

그런데 불행하게도 불의한 자들 곧 음행, 간음, 동성애자, 술을 즐기는 자들, 도적들은 그의 나라에 들어 갈 수 없습니다. 이것이 예수 그리스도의 교회에서 참 목자를 만나 성경전체를 바로 배워 진리의 말씀 안에 역사하는 성령의 능력으로 변화를 받아야 하는 것입니다. 그러므로 예수님은 믿는 유대인들에게 "그러므로 너희가 내 말에 거하면 참 내 제자가 되고 진리를 알게 되리니 진리가 너희를 자유케 하리라" (요 8:31,32) 말씀하셨습니다.

형제가 예수를 믿은지 오래되었음에도 동성애 문제를 극복하지 못하였다는 것은 성경에 대하여 가르침을 받지 못하였다는 증거입니다. 동성애에 대한 정의와 해결책은 오로지 성경에만 기록되어 있습니다. 성경적 상담 자기대면 과정을 권하고 싶습니다. 연중무휴로 진행하는 곳은 서울 갈보리채플 밖에는 없습니다만 온라인 과정으로 가능합니다. 예수를 사랑하는 마음과 성령의 책망과 권고가 있을 때 속히 동성애에서 벗어나기를 기도합니다. 때가 악해지고 있고 그의

날이 점점 가까워지고 있습니다. (이요나)


## 상담사례 (8) 점점 옭아매는 사슬처럼

저는 전라도 어느 시골에서 태어나서 자란 29살의 동성애자 청년입니다. 얼마 전 최양락씨가 진행하는 프로그램에 목사님이 나오시는걸 보았습니다. 목사님의 충격적인 고백에 대해서 우선 대단한 용기와 박수를 보냅니다. 저는 항상 제 자신을 숨기며, 평범한 사람처럼 위장하며 살아가고 있습니다. 저도 모르게 형성되어버린 동성에게만 느끼는 호감, 육체적 사랑의 감정, 이것 때문에 참 많이 고민했습니다.

학창시절 UBF(University Bible Fellowship)에서 활동을 하였습니다. 고등학교 시절에 총무, 부회장, 회장 등 리더를 했었지만, 그 긴 시간 동안에도 저는 진정으로 예수님을 영접하지 못했습니다. 모든 사람들이 진심으로 회개를 할 때 거짓 회개만 하였습니다. 캠퍼스에서 전도도 해보고 모든 프로그램을 참석했지만 저 자신은 항상 가식이었습니다. 동성애의 삶이 너무 좋아서 회개하고, 동성애를 갈구하고.. 계속 반복하는 제 자신이 싫었습니다만, 이제는 알코올 중독에까지 빠졌습니다.

저는 같은 동성이라도 장년이나 노년의 어르신에게만 호감을 가지는 사람입니다. 만약 제 자신을 컨트롤 할 수 있는 방법이 있다면 진심으로 예수님을 영접하며 살고 싶습니다. 대학 초에는 기도만하면 바라는 대로 모든 것이 이루어진다는 말씀만 믿고 키가 크게 해달라고도 해봤고 이성애자가 되도록 도와달라고도 기도해봤습니다. 그러나 하나도 이루어지지 않았습니다. 하지만 동성애에 대해 새로운 해결책이 있다면, 무엇이든지 해보고 싶습니다. 도와 주세요.

## 전문가상담/ 뼈에 사무치는 죄의 고통을 아신다면

형제의 글을 보면서 과거 나의 모습을 보는 것 같아 마음이 아픕니다. 더욱이 예수를 믿으면서도 동성애를 탐하고 육체적 쾌락에 빠져 허우적대야 하는 더러운 생활... 차라리 죽는 것이 낫겠다고 자살을 시도해 보지만 그 순간에도 끊어내지 못하는 남자를 향한 욕정... 브레이크 끊어져 멈출 수 없는 전동차 같은 구렁이의 삶. 저주 받은 인생이라 생각하면서도 또한 구원자 예수를 버릴 수 없는 아이러니한 얄팍한 믿음.

그래도 나는 지금 형제에게 죽지 말고 살라고 하고 싶습니다. '자살'이라는 글자를 반대로 돌려대면 '살자'가 되듯이 육을 탐하는 당신의 더러운 마음 속에 그리스도를 향한 애끓는 믿음의 마음이 있으니 그 안에 역사하는 성령의 위로를 기다려 보시기 바랍니다. 그러기 위해서는 부족한 믿음의 마음을 모아 예배로 달려 가고 성경의 책망을 은혜로 삼아 보시기 바랍니다. 주께서 형제를 버리지 않으시기를 기도합니다. 온전한 구원에 이르시기를 기도합니다. (이요나)

# 제4부

# 우리 아들, 딸 어떡해요

또 아비들아 너희 자녀를 노엽게 하지 말고 오직 주의 교양과 훈계로 양육하라
(에베소서 6:4)

## 상담사례 (9)  어머니의 눈물

어느 날 아침 사무실을 막 열려고 했을 때 전화 벨이 요란스럽게 울렸다. 상담전화 벨 소리였다. 급한 마음에 서둘러 전화기 앞으로 뛰어가서 전화를 받았다. 한 중년 여인의 전화였다.

- 안녕하십니까? 이요나 목사입니다.
- 저는 김순자 집사라고 합니다..
- 집사님! 안녕하세요. 전화 주셔서 감사합니다..
- 목사님... 사실은 상담할 일이 있어서...
- 그러시군요. 말씀하시죠. 어떤 문제인가요?
- 아들놈 때문에... 사실은 지금 미국에 있습니다.
- 그러시군요.. 미국에 있군요. 그럼 유학생인가요?
- 아니에요. 대학교를 마치고 미국 들어가서 아주 거기서 자리를 잡았어요.
- 그렇군요. 그럼 그곳에서 직장을 다니겠군요.
- 지금은 조그만 벤처를 운영하고 있어요. 센프란시스코에서요.
- 아 센프란시스코에 있군요. 그럼 한국에는 자주 오시나요?
- 아니에요. 10년 동안 한번도 못나왔어요. 제가 들어가 보지요. 아버지가 워낙 엄해서...
- 아~ 그렇군요. 아들이 많이 보고 싶으시겠어요.
- 아들 하나 뿐인데... 속상해 죽겠어요.. 딸이 하나 있지만 시집갔구요.
- 상심이 크시겠어요. 아들이 자기의 고민을 말씀하시던가요?
- 최근에 전화로... 아버지께서 결혼문제를 자꾸 거론하시니까... 제 누나에게 자기는 여자를 사랑할 수 없다고... 동성애자라고 하더군요. 이게 무슨 청천벽력인지...
- 많이 놀라셨겠습니다. 충격이 크셨지요?
- 심장이 멎는 줄 알았습니다. 숨도 쉴 수 없고 잠도 잘 수 없습니다. 목사님!

- 어머니의 심정 충분히 이해합니다. 그 고통을 무엇으로 말할 수 있겠습니까?

- 사실은 몇 일 전 미장원에 갔다가 여성잡지에 실린 목사님 간증 읽었어요. 목사님의 글을 보고 얼마나 용기가 생겼는지 이렇게 전화를 하게 되었습니다. 목사님은 얼마나 힘드셨어요. 어머니까지 돌아가시고... 그래도 이제는 이처럼 복음사역자가 되셨으니 정말 감사해요. 목사님 이야기 보고 저도 희망을 갖게 되었어요.. 목사님 우리 아들도 그렇게 될 수 있나요?

- 그럼요. 집사님. 하나님을 믿는 사람은 걱정하지 않으셔도 되요. 참 아드님도 예수님 믿으시죠?

- 모태 신앙이에요. 그런데 왜 우리 아이에게 그런 몹쓸 병이 생겼는지 모르겠어요.

- 집사님 그래서 더 속이 상하시겠어요. 그러나 집사님 아드님은 병이 아니예요. 동성애는 잘못된 애정행위일 뿐이예요. 일종에 습관성 중독과 같은... 아드님은 동성애 사랑의 죄에 빠진 것 뿐이예요. 일반인들도 음란에 빠지잖아요? 다만 아드님은 그 대상이 잘못된 것이예요.

- 목사님 아니 그게 왜 잘못될 수 있단 말입니까? 도대체 우리 집안에 무슨 죄가 많아서 내 아들이 그렇게 됐나요? 혹시 조상의 문제인가요? 어떤 목사님은 그렇게 말하기도 해서요.

- 집사님! 그런 말들은 모두 잘못된 가르침이예요.. 성경은 절대로 그렇게 기록되어 있지 않아요. 사람은 죽으면 천당엘 들어 가든지 아니면 지옥에 들어가서 예수님의 심판을 받을 때까지 그곳에서 기다려야 해요. 절대로 죽은 영혼이 돌아 다닐 수 있는 것이 아니예요.

- 목사님! 그런데 우리 딸이 다니는 교회 목사님은 그렇게 가르치거든요. 성락교회 목사인데요.

- 아~ 그 교회군요. 그분은 잘못된 귀신관을 갖고 있어요. 그러나 분명한 것은 사람은 귀신이 될 수 없어요. 사람의 영과 귀신의 영은 전혀 달라요. 또한 죽은 조상은 죽은 자일 뿐이예요. 하나님은 산 자의 하나님이

라 말씀하셨어요.

- 목사님! 그러면 우리 아들이 동성애자가 된 원인이 무엇일까요? 병도 아니라면...?
- 네 그것은 인간의 죄성의 문제예요. 물론 인간을 타락시키고자 하는 악한 영들의 역사이지만요. 세상에는 악한 영들이 여러 경로를 통해서 역사하고 있습니다. 사람들은 그것을 알지 못하고 살아가지만 죄에 빠진 사람들은 모두 악한 영들의 유혹에 빠져 있다고 보아야 합니다.
- 그렇군요. 목사님~ 그렇지만 예수님을 믿으면 귀신이 들어 올 수 없지 않나요?
- 네 맞습니다. 우리가 예수를 믿으면 구원받은 하나님의 자녀가 되어 그의 보내신 성령이 우리 안에 계십니다. 악한 영들이 더 이상 우리를 어쩌지 못합니다.
- 그렇다면 목사님! 제 아들은 모태 신앙이예요. 어려서부터 얼마나 열심히 예수를 잘 믿었는데요. 고등학교도 미션스쿨을 다녔구요! 그런데 아들 말로는 중학교 1학년 무렵부터 그런 증상이 있었대요.
- 그것이 참으로 이해할 수 없는 일 중의 하나입니다. 그러나 이 세상에는 우리가 이해할 수 없는 일들이 너무 많습니다. 더구나 하늘에 속한 영적인 일들은 말할 것도 없구요. 분명한 것은 아드님은 예수님을 믿었고 또 하나님의 자녀가 틀림없어요. 그러나 문제는 하나님의 자녀도 사단의 유혹을 받을 수 있고... 또 죄에 빠질 수 있습니다. 이것이 죄와 육신의 속성에 속한 것입니다. 그러므로 믿는 우리에게 믿음의 갈등과 영적 전쟁이 있는 것입니다. 그러나 그 무엇도 예수 그리스도의 사랑에서 끊어낼 수 없어요. 십자가의 공로는 아무도 돌이킬 수 없으니까요!
- 아들 말로는 어려서부터 그런 성향이 있었다는데... 사실 그때야 성경적 지식이 그렇게 많지는 않지요. 그냥 부모를 따라 교회 가서 찬송 부르고 예배를 드릴 뿐이지요.
- 네. 대부분의 사람들이 다 그렇지요.. 어려서는 악의 유혹을 구별할 능력

이 없는 것은 사실이예요. 그래서 부모들이 늘 기도와 말씀과 찬송으로 함께 하며 자녀들에게 악한 영들이 역사하지 못하도록 모든 면에서 관심을 가져 주어야 합니다. 그런데 사실 대부분의 믿음의 가정들이 형식적인 믿음생활에 젖어 있지요. 그냥 주일날 교회 가서 예배 드리는 것으로 만족을 하지요. 그러나 중요한 것은 삶 가운데서의 온전한 믿음생활입니다.

- 네 이런 일이 일어날 줄 알았다면야... 어려서부터 잘했어야 할 텐데...

- 사단은 항상 믿는 자들을 참소하고 넘어뜨리려 합니다. 주님도 시험을 받으셨구요. 그러기 위해서는 성령의 능력 가운데 보호를 받아야 합니다만... 인간의 삶이 악한 영들의 유혹에 노출되어 있다면 온전한 믿음에 서지 못한 자녀들은 하와와 같이 유혹을 이겨내지 못할 수 있지요.

- 그러니까 목사님의 말씀은 우리 아들이 악한 영들의 역사에 넘어졌다는 것이군요?

- 네 궁극적으로는요. 믿지 않는 사람들은 이런 말을 예수쟁이들의 터무니없는 말들이라 하겠지마는요. 그러나 하나님의 아들 예수를 믿는다는 것은 하나님과 영적인 관계를 갖고 있다는 것입니다. 이것은 우리의 영혼을 지키는 구원의 능력이거든요.

- 그렇지만 목사님! 우리 가정에는 동성애자도 없었고 아들의 주변에도 그런 애들은 없었던 것 같은데 어떻게 어려서부터 그런 더러운 역사가 침입할 수 있나요?

- 네 동성애의 성향은 동성애자와의 체험으로부터만 오는 것은 아닙니다. 사람은 어려서부터 여러 가지 경로로 성적으로 노출되어 있을 수 있고 각자가 받아들이는 성향과 태도에 따라서 성적지향이 자기도 모르는 사이 결정될 수 있습니다. 아무도 성적성향에 대해 가르쳐 주지도 않고 어려서는 온전한 판단능력이 없음으로 육체의 충동에 이끌리게 되고 결국은 생각과 행위가 습관에 빠지고 맙니다. 그렇다고 어려서 동성애 성향과 경험이 있다고 해서 모두 동성애자가 되는 것은 아닙니다. 아이러니 하지만 아드님은 성적 자각능력이 없는 상황에서 습관적 행위를 따라 동성

을 사모하게 된 것입니다.

- 아니 어려서는 그렇다 해도 철이 들면 알 터인데 지금이라도 이성을 좋아하면 되는데 왜 하필이면 동성애에 빠졌는지... 목사님! 이건 분명 저주예요!

- 네 집사님의 마음은 이해 됩니다만. 진정하세요. 우리의 소망과 현실은 다를 수 있습니다. 또한 하나님의 생각은 더욱 다르구요. 이사야 선지자도 하나님의 생각은 사람과 다르다고 하셨고, 또 예레미야는 너희를 향한 나의 생각은 재앙이 아니라 소망을 주려는 것이라 하였습니다. 그러니 이제는 좀더 냉철한 이성으로 현실을 바라보고 대처해 나가야 합니다. 이제라도 늦지 않았고 주님은 우리의 구원자이십니다. 그러니 이제 가족과 함께 주께 기도해야 합니다.

- 어떤 사람은 동성애는 타고나는 것이기 때문에 절대로 고쳐지는 것이 아니라 합니다. 그래서 팔자대로 살아야 하니 너무 걱정하지 말라고 말합니다.

- 팔자는 무슨 팔자요? 예수 믿는 사람에게 팔자가 있다면 예수 믿는 팔자겠지요. 예수님의 나라에는 동성애와 같은 것은 없습니다. 그래서 성경은 동성애를 정죄하여 사망에 이르게 하고 다시 하나님의 구원의 능력으로 다시 살리는 것입니다.

- 그럼 어떻게 해야 동성애에서 벗어날 수 있을까요? 목사님! 제발 도와주세요.

- 이 문제는 우선 아드님과 직접 상담을 하여야겠지만. 미국에도 동성애를 상담하는 성경적 상담자들이 있고 동성애로부터 회복되어 이 사역을 하는 사람들이 많이 있습니다. 혹시 찾기 어려우면 주변의 갈보리채플 목사들을 찾아가 상담을 받았으면 합니다. 그러나 가장 중요한 것은 자신이 알고 있는 동성애에 대한 잘못된 정보와 지식들에 대한 올바른 성경적 이해를 가질 필요가 있습니다. 그리고 오직 예수 그리스도의 믿음 안에서 동성애로부터 벗어나야겠다는 굳은 믿음의 의지와 성경적 변화를

위한 성경적 실천이 필요합니다.

- 그럼 얼마나 걸릴까요? 목사님!

- 그건 뭐라고 단정할 수 없습니다. 다만 먼저 자신이 동성애는 죄라는 의식과 이제부터 나는 더 이상 동성애자가 될 수 없다는 굳은 의지 속에서 성경적 변화를 위한 믿음의 실천이 필요합니다. 사람을 변화시키는 성경적 상담 프로그램 중에 자기대면(Self-Confrontation)이라는 과정이 있습니다. 지금까지 나와 있는 성경적 상담 프로그램 중에서 사람을 변화시키기에 가장 좋은 성경적 훈련으로 평가 받고 있습니다. 그러나 무엇보다도 중요한 것은 본인이 성경적 변화를 통한 회복을 하겠다는 의지를 가지고 함께 문제를 해결하기 위해 이끌어 줄 성경적 사역자의 도움을 받기를 권합니다. 사람에 따라 다르겠지만 본인의 믿음의 의지와 성경적 실천만이 그를 온전한 하나님의 사람으로 인도할 것입니다.

- 그렇게만 하면 우리 아들도 바르게 될 수 있을까요? 목사님!

- 그럼요. 물론 상당한 기간이 필요할 수도 있습니다. 우리가 담배 중독에서 벗어나는데도 상당한 투쟁과 노력이 필요하듯이 하물며 우리 몸 안에 역사하는 성적 문제를 극복하는 것은 더 큰 전쟁이 될 것입니다. 그러나 완전한 승리가 아니면 결국 적은 누룩에게 다시 정복당하고 맙니다. 그러니 오직 믿음으로 무장된 복음 사역자의 인도를 받으실 필요가 있습니다.

- 네 잘 알겠습니다. 아들에게 목사님의 말씀을 전하겠습니다. 목사님 말씀을 들으니 이제 좀 안정이 됩니다. 믿음의 확신을 갖고 소망을 갖겠습니다. 저의 믿음을 위해 필요한 것이 있다면 조언해 주십시오.

- 네 집사님. 우선 하나님의 말씀 곧 성경전체를 바르게 공부하실 필요가 있습니다. 물론 교회에서 설교를 들으시겠지만 성경은 하나님 앞에 부름 받은 사람들의 믿음의 승리와 실패의 역사를 기록한 것입니다. 또한 성경은 어떤 주제를 중심으로 기록된 것이 아니라 창세기부터 계시록까지 하나님의 예정을 따라 순서대로 기록되어 있습니다. 그리고 하나님은 성경을 그의 백성들에게 가르치기 위해 성령세례를 통하여 그의 택하신 종들

에게 성령의 기름을 부으셨습니다. 따라서 성경 전체를 바르게 가르치는 복음 사역자를 통해서 성경을 공부할 필요가 있습니다. 바울 사도는 성경은 하나님의 감동으로 된 것으로 교훈과 책망과 바르게 함과 의로 교육하기에 유익하니 이는 하나님의 사람으로 온전케 하며 모든 선한 일을 행하기에 온전케 하려 함이니라 하였습니다. 우리가 성경의 말씀을 따라 실행하면 주 앞에 유쾌하고 기쁜 날이 이를 것입니다.

- 목사님 감사합니다. 이제 힘이 생겼습니다. 한번 찾아 뵙겠습니다. 그렇지 않아도 목사님 홈페이지를 통해서 많은 말씀들을 읽고 감명을 받았습니다. 저도 목사님을 위해 기도하겠습니다. 건강하십시오.

- 집사님 평안 하십시오. 저도 아드님을 위해 기도하겠습니다. 주 앞에 좋은 날이 있을 것입니다

며칠 후 집사님은 따님과 함께 방문하였다. 그리고 미국에 사는 아들에게서도 전화가 왔다. 내가 할 수 있는 것은 그가 다시 돌아가야만 하며 또 돌아갈 수 있다는 증거뿐이었다. 그러나 이것은 그 스스로 하지 않는다면 예수님도 애끓는 그의 어머니도 아무도 할 수 없다. 이제 공은 그에게 넘어간 것이다.

나는 이 믿음의 투쟁에서 그가 승리할 수 있도록 주께서 중보해 주시기를 간절히 기도하였다. 주께서 그를 불쌍히 여겨 그에게 회개의 기회를 달라고 말이다. 문제는 항상 본인에게 있다는 것.. 믿는 자들도 마찬가지라는 것.. 극복하지 못하는 것은 본인의 의지가 나약한 것일 뿐 그 누구도 우리를 구원하신 예수 그리스도의 사랑에서 끊어낼 수 없다는 사실을 모두에게 말하고 싶을 뿐이다. 주여 부디 도와 주소서. (이요나)

## 상담사례 (10)  뉴욕에 사는 사모입니다

저는 뉴저지 한인교회 목사 사모입니다. 지난번에 이요나 목사님의 뉴저지 세미나에 참석하려 했습니다만 혹시 남편의 목회에 누를 끼칠까 하여 망설이다가 결국은 참석을 못하고 이렇게 이멜로 상담을 합니다. 저희는 3대째 기독교 목회자 가정으로 미국에서 태어난 2세입니다. 뿌리깊은 믿음의 가정이라는 의식 속에서 하고 싶은 것 모두 포기 하고 엄격한 가문의 규율을 따라 살아 왔습니다. 우리 남편은 순종적이고 저도 엄격한 장로의 딸로 자란 터라 저희까지는 부모님들의 소망을 따라 근엄한 기독교인의 생활을 하였습니다.

그런데 우리 자녀들에게서 문제가 생겼습니다. 공부 잘하던 아들이 대학에 들어가면서 마약에 손을 대기 시작했고 어려서부터 사내티를 내던 딸이 레즈비언이라고 커밍아웃했습니다. 남편은 부모님들이 알까 두려워 아이들이 집에 내려오지도 못하게 하고 제가 간간히 가서 아이들을 돌아보고 있습니다만 목회자가 되겠다던 아들은 음악을 한다고 하며 마치 거리의 아이들처럼 행색을 하고 술과 마약과 여자에 빠져 있습니다.

술과 약에 취하여 울며 자기 인생이 왜 이렇게 되었는지 억울하다고 울부짖는 아들을 볼 때마다 가슴이 무너집니다. 정신과 치료도 몇 번 받았고 사설 시설에도 보냈었지만 나아지지 않습니다. 딸아이는 대학을 졸업하고 로펌에 다니며 자기 앞가림을 잘 하고 있는데 결국은 여대학생과 동거를 하고 있습니다. 딸아이는 자신은 아무 문제 없이 잘 살고 있으니 걱정 말고 동생이나 잘 추수리라고 말하는데 그 모습을 볼 때마다 억장이 무너집니다. 3대째 믿음을 지켜 오던 기독교 가정이 이렇게 망할 수도 있구나 하는 생각에 잠을 이루지 못합니다. 목사님 정말 하나님이 계신 건가요? 어떻게 우리 가정이 이렇게 망가질 수가 있나요? 이민생활에 어려운 사람들을 돌보며 해외선교에 앞장서서 복음을 전하며 밤낮을 기도와 말씀으로 살아 왔는데 이게 무슨 날벼락인지요?

아이들은 자신들의 어린 시절이 부모들에 의해 희생당했다며 그래서 이제는 자기들의 뜻대로 살겠다고 하며 교회에서도 멀어져 갔습니다. 어디 보이지 않는 곳에 가서 자살이라도 하고 싶은 심정입니다. 남편은 이제 술이 없으면 잠을 못 이루는 상황이 되고 말았습니다. 제발 살려 주세요 하나님.. 목사님 우리 부부가 무엇을 어떻게 해야 할까요? 방법을 알려 주세요.

## 전문가상담/ 무너진 관계를 회복하십시오

사모님... 제가 무슨 말로 사모님을 위로 할 수 있을까요? 이메일을 읽고 마음이 허망해져 저 역시 잠을 이루지 못했습니다. 죄인 된 모든 인간이 겪어야 하는 형벌 같은 고통이 가슴으로 저며 듭니다. 우리는 하나님 안에서 최선을 다한다고 생각했는데, 자녀들이 생수의 강 옆에 심은 나무인줄로만 알았는데, 아마 사단이 사모님의 경건한 믿음을 탐한 것이 아닌가 생각이 듭니다.

그러나 이런 일들은 이미 성경에 기록되었습니다. 하나님이 인정할 정도로 의로운 욥의 가정이 사단의 훼방을 받아 가정이 무너지고 자녀들이 죽고 아내가 떠나고 온몸에 악창까지 들어 친구들의 조롱을 받아야 하는 욥의 이야기는 죄인된 인간이 겪어야 할 인생입니다. 욥은 고통 중에서 "인생은 고난을 위하여 났나니 불티가 위로 날음 같으니라"고백하였습니다. 그러나 우리가 아는 것은 우리의 경건에 대한 하나님의 보상입니다. 욥 뿐이 아니라 성경에 고통을 받은 모든 의인들이 하늘의 보상을 받았습니다. 그것은 오늘도 동일한 하나님의 은혜입니다.

경륜이 부족한 종이 감히 조언하건대 소망과 용기를 잃지 말고 더욱 경건함으로 정진하십시오. 두 자녀들을 위해서라도 길 잃은 양들을 찾아 상처를 싸매주고 먹을 것을 주고 입을 것을 입혀 주십시오. 그리하면 내가 할 수 없는 일들을 하나님의 천사의 손길이 자녀들의 영혼을 맡아 줄 것입니다. 또한 어떤 상황에서도 자녀들과 타협을 하지 마십시오. 사단은 사모님의 믿음을 무너뜨리기 위해 타협을 하고자 할 것입니다.

나의 자녀라고 그냥 길 잃은 양들이라 생각하고 먹이고 입히고 재워 악이 떠나기까지 사랑을 베푸십시오. 미국에도 탈동성애자들이 많이 있습니다. 사모님의 기도를 들으신 주께서 아들의 영혼을 그들에게 인도하여 주시기를 기도합니다. 지금은 사모님과 목사님이 위로를 받아야 할 때입니다. 제가 뉴욕에 들어가는 기회가 있으면 함께 저녁 식탁을 갖고 싶습니다. 사모님의 가정을 위해 기도하겠습니다. (이요나)

## 상담사례 (11)  성 전환 수술하려는 아들 어떻게 하나요?

목사님 저는 미국 샌프란시스코에 살고 있는 한국인 교포이며 집사 부부입니다. 남편을 따라 미국에서 생활한지 25년 되었고 두 남매의 어머니입니다. 큰 딸은 미국인과 결혼하여 잘 살고 있습니다. 그런데 고등학교 때까지는 믿음 생활 잘하던 20살 난 아들이 전문

우리 아들. 딸 어떡해요  171

학교 졸업 후 갑자기 자기는 트랜스젠더로 태어났다고 성전환 수술을 받겠다고 합니다.

남편이 때려도 보고 달래도 보고 울며 사정을 해 보았지만 마이동풍입니다. 설득할 길이 없고 이제는 집에서 화장을 하고 여자 옷을 입고 삽니다. 얼굴 생김새와 키와 목소리도 남자가 분명한데 자신은 남자의 몸으로 잘못 태어난 여자라서 수술을 받아야 한다고 합니다. 그런데 문제는 미국은 동성애가 합법화 된 후에 오바마 케어가 시행되어 성전환 수술을 무료로 할 수 있습니다. 하나밖에 없는 아들이고 한국에 노 부모님이 살아 계신데 이 노릇을 어떻게 해야 할지 죽고만 싶습니다.

교회 목사님이나 또 그 누구에게도 말할 수 없고, 미국에는 이 문제를 명쾌히 답변해 줄 상담사도 찾을 수 없습니다. 인터넷을 뒤지다가 이요나 목사님의 간증을 보고 부끄러움을 무릅쓰고 상담을 요청합니다. 미국에 오실 일이 있으면 우리 아들을 꼭 만나 주시고 우리 아들도 목사님처럼 탈동성애 할 수 있도록 길을 열어 주세요. 답변 기다립니다.

### 전문가상담/ 무너진 관계를 회복하십시오

어머니의 이메일을 받고 돌아가신 어머니 생각이 나서 한참을 울었습니다. 어머니들의 상담을 받을 때마다 가슴이 무너집니다. 그 당시 저의 어머니는 어떠했을까요. 오죽했으면 자신의 죽음으로 아들의 영혼을 살려야겠다는 결심을 하셨을까요? 그러나 집사님은 저희 어머니와 같은 길을 선택하시면 안됩니다. 집사님은 하나님을 믿고 있고, 하나님은 무엇이든지 하실 수 있으니까요.

바울이 "주 예수를 믿으라 그리하면 너와 너희 가족이 구원을 얻으리라" 하였습니다. 설혹 지금은 마음이 지옥같고 그 어떤 길도 열리지 않는 것 같아도 하나님은 믿는 자들의 기도를 들으시며 가장 선한 길로 응답을 해 주십니다. 그러므로 지금은 모든 실망되고 부정적인 생각들을 접고 집사님 부부가 오직 하나님 앞에 자복하고 성령님의 인도하심을 받아야 할 때입니다. 그러나 아들과의 소통도 중요합니다. 무조건 수술은 안 된다고 윽박지르지 말고 아들과 부모의 대화를 회복해야 합니다.

설혹 아들이 집을 나가 성전환수술을 하고 돌아 왔다고 해도 부모와 자식의 관계는 끊어지는 것이 아닙니다. 어떤 상황에서도 혈육은 하나님께서 주신 선물이기 때문입니다. 그러므로 하나님께 기도하여 끊어지고 적대시 되어버린 아들 부모의 관계를 회복하고 아들이 상실했던 부모의 사랑을 다시 느끼게 해야 합니다. 아들에게 부모에게 생각할 시간을 달라고 이야기하는 것도 방법입니다. 아들은 결사적으로 급하게 결정해 달라고 다그치겠지만 함께 교회를 나가서 기도하고 결정할 시간을 달라고 아들을 설득하십시오. 그리고 부모의 결정이 있기 전까지는 절대로 여장을 하지 않도록 선의의 약속을 할 필요도 있습니다. 주께서 인도하시면 제가 미국을 방문할 때 아들을 만날 수 있게 되기를 기도합니다. (이요나)

## 상담사례 (12) 저희 딸 살려 주세요

저는 동성애를 앓고 있는 21세 딸아이의 엄마입니다. 며칠 전 딸아이에게 동성애자라는 말을 듣고 충격으로 이틀간 물 한 모금 넘기지 못하고 누워 있었습니다. 이대로 죽어버리자는 심정이었습니다.

딸아이를 달래도 보고, 울어도 보고 화도 내보고 했지만, 아이는 자신을 이해해 주지 못한다고 원망에 서려서 학교 기숙사로 떠났습니다. 아무것도 할 수 없고, 어떻게 해야 되는지도 모르겠고, 너무 괴로워서 베란다에서 뛰어내릴까 몇 번을 왔다 갔다 했습니다. 그러다 동성애 관련해서 찾아보다가 탈동성애에 대한 목사님의 영상을 보고 한 줄기의 희망을 갖게 되었습니다. 어머니께서 유서를 남기고 떠나셨다는 말이 지금의 제 마음 같아서 많이 울었습니다.

우선 저의 가족이야기를 하겠습니다. 저는 이혼한지 12년 되었고, 딸아이와 단 둘이 살고 있습니다. 이혼은 했지만 제가 직장에 다니는 지라 경제적으로 큰 어려움 없이 지냈고, 딸을 온 정성을 다해서 금지옥엽으로 키웠습니다. 평소 딸아이 하고는 무척 사이가 좋았습니다. 이틀 전까지는...

전 남편은 술, 여자, 폭력으로 딸아이가 9살 때 이혼을 했습니다. 남편은 술을 마시고 집안 살림을 부수고, 제게 발길질을 하고, 식칼을 휘두르는 등 가정폭력이 심했습니다. 남편이 술을 마시는 날이면 남편이 밤에 귀가하기 전에 딸아이와 짐을 싸서 도망 나오기도 했습니다. 제가 토요일에 출근을 하면 남편은 커튼을 걷지 않은 캄캄한 집안에서 술 냄새를 풍기고 잠을 잤고, 딸아이는 그게 싫어서 토요일 아침 일찍부터 친구 집에 가곤 했습니다. 남편은 딸아이에게 욕설을 하고, 학교에 못 가게 방에 가둬 두기도 했습니다. 이런 남편과 이혼한 후에 딸아이와 저 모두 남편에 대한 깊은 혐오감을 가지고 있었습니다.

이혼 후 저는 직장에 다니면서 딸아이에게 강압적으로 공부를 시키며 엄하게 키웠습니다. 아빠 없이 자란 아이니까 남들보다 더 강하고 엄하게 키우려고 했던 제 자신을 지금은 너무도 후회합니다. 딸아이가 성장하는 중에 저는 남자들에 대한 부정적인 면을 많이 이야기 했고, 남자 친구 등도 사귀지 못하게 했습니다. 그렇게 아이가 성장하면서 점점 남자에 대한 반감과 부정적인 생각이 커지는 것 같아서 조금씩 걱정되기 시작했습니다. 그러던 중에 동성애 문제가 불거지게 되었습니다.

지금 딸에게는 여자친구가 있고 5~6개월 되었다고 합니다. 단발머리였던 머리를 짧게 자르고 남자아이처럼 하고 왔습니다. 처음 동성애 애기를 들었을 때 저는 무너져 내리고 어떻게 설득을 해야 할지 방법을 찾을 수 없었습니다. 다만, 딸의 유년시절의 남자에 대한 기억과 제가 심어준 부정적인 남성관이 아이를 동성애로 몰아넣은 것 같았습니다. 그래서 딸에게 너는 동성애가 아니고 네가 가지고 있는 부정적인 남성관 때문이라고 설명했지만 들으려고 하지 않고 제게 적대적으로 울부짖는데... 저는 죽고만 싶었습니다.

목사님, 우리 딸 어떻게 해야 할까요. 자기 말로는 모텔에도 갔다고 하는데.... 저는 이 말을 듣고 진짜 죽어야지 싶었습니다. 하지만, 저는 엄마니까요.. 내 딸을 구해줘야 하잖아요. 엄마가 포기하면 누가 제 딸을 지켜 줄까요. 동성애 치유라는 키워드를 보고 희망을 찾아서 목사님께 왔습니다.

목사님, 제발 도와주세요. 이제 21살이고 대학1년생입니다. 저는 전북이고, 딸아이는 전남에 있지만, 목사님께서 주말 상담만 해주신다면 어떻게든 데리고 가겠습니다. 그저 지푸라기 잡는 심정으로 글을 남깁니다. 또한 저는 무교입니다. 우리애가 동성애에서 나올 수만 있다면 저는 무조건 예수님을 믿겠습니다. 도와주세요.

## 전문가상담/ 먼저 어머니가 예수님을 믿어 주세요

제가 동성애자 퀴어축제 문제로 여러 가지 바빠서 내용을 이제야 읽을 수 있습니다. 동성애로 인해 어머니를 돌아가시게 한 저는 어머니들의 마음을 충분히 이해합니다. 그것은 하나님을 믿는 것과 관계없이 자녀에 대한 어머니의 사랑일 것입니다. 그러나 하나님은 어머니가 딸을 사랑하는 것보다 그 아이를 더 사랑하십니다. 딸은 어머니에게 잠시 맡겼을 뿐입니다. 그러므로 지금 이 시점에서 딸의 문제를 해결하기 위해서 무엇이든지 하겠다는 어머님의 결심은 매우 중요합니다.

아이는 나무와 같아서 좋은 환경과 동산지기의 인내와 사랑의 보살핌이 필요합니다. 아직 완전한 인격을 갖추지 못한 아이가 아빠와 엄마의 문제를 실제로 겪어야 했고, 결국 부모의 이혼을 체험해야 하는 아이의 마음은 어떠했을까요? 엄마도 싫고 아빠도 싫었을 것입니다.

사람은 태생적으로부터 영적인 부분이 있어서 선한 환경 속에서 선한 영이 역사하고 악한 환경 속에서 악한 영들이 역사합니다. 원래 선과 악은 인간의 조상 아담이 범죄하여 아담동산에서 쫓겨 날 때에 태생적인 죄성 속에 선한 마음과 악한 마음을 갖고 있었습니다. 다시 말해서 선과 악의 갈등이 본성적으로 있게 되었는데 본성적으로 죄성을 가진 인간은 마음의 선한 마음이 죄의 마음을 이기지 못하게 되어 항상 죄를 지을 수 밖에 없습니다.

다만 그것을 해결할 수 있는 것이 하나님의 아들 예수 그리스도를 믿음으로 죄인의 영적인 상태에서 의인의 상태로 전이되어 믿는 사람에게 하나님의 영 성령이 임하여 죄와 싸울 수 있는 능력을 갖추게 됩니다. 이것이 성경 로마서 7장과 8장에 기록되어 있습니다.

그러므로 어머니가 지금 제일 먼저 선택할 것은 자신의 죄를 회개하고 하나님의 아들 예수 그리스도를 영접하는 것입니다. 그 믿음의 고백으로 하나님의 자녀가 되며 성령의 인도하심을 받게 됩니다. 성경은 "주 예수를 믿으라 그리하면 너와 너희 가족이 구원을 얻으리라" 기록하였습니다. 또한 성경에는 자녀의 영적인 문제를 어머니의 믿음으로 해결한 내용들이 기록되어 있습니다. 그러므로 지금 어머니께서 하셔야 할 일은 자신이 죄인 됨을 고백하고 하나님의 아들 예수 그리스도를 영접할 수 있는 믿음을 달라고 기도하는 것입니다. 그리하면 자비하신 하나님께서 길을 열어 주실 것입니다. 하나님의 은혜 가운데 위로가 어머니의 마음 가운데 함께 하시기를 기도합니다.(이요나)

## 상담사례 (13) 고등학교 딸이 레즈비언이래요

사랑하는 딸이 자기는 범성애자 라고 통보 해 왔습니다. 얼마 전부터 같은 학교 여자 친구를 계속 집에 데리고 와서 자더라구요. 느낌이 별로 좋진 않았지만 딸아이 친구가 집에 가고 싶지 않다고 해서 허락을 해주었는데 오고 가며 같이 자는 빈도가 너무 많아져 혼냈더니 사랑한다고 말을 하더라구요. 그 동안 정체성 문제로 힘들었을 딸을 생각하니 뭐라고 심하게 말도 못하고 정말 미칠 지경입니다. 내가 먼저 하나님 앞에 바로 서야지 하면서 기도하고 다짐하지만 여전히 원망이 먼저 앞서네요. 눈물이 마를 날이 없는 엄마에 비해 아이는 아주 당당하게 행동하고 웃고 먹고 제 마음대로 지냅니다. 어떻게 해야 하나요? 목사님 도와주세요.

## 전문가상담/ 아직은 감정덩어리라서 당근과 채찍으로

참으로 힘든 세상입니다. 예수를 믿으면서도 인생의 문제는 더욱 깊어집니다. 그러나 인간 중에는 범성애자는 없습니다. 하나님은 남자와 여자를 창조하셨기 때문입니다. 그러므로 인생의 모든 문제는 성경에서 정의를 내리고 성경에서 해답을 찾아야 합니다.

누가 뭐라고 말하더라고 동성애는 죄입니다. 그리고 중요한 것은 동성애를 해결하고자 하는 의지가 있다면 오직 예수 그리스도 안에서 해결할 수 있습니다. 하나님의 아들 예수께서는 죄의 문제를 해결하기 위해서 오셨고 완전히 해결하셨기 때문입니다. 그래서 이 시점에서 중요한 것은 먼저 하나님의 아들 예수 그리스도를 나의 구세주로 영접하는 일입니다. 그러므로 지금은 어머니의 믿음의 인내와 소망과 사랑이 가장 필요합니다.

감정을 추스르고 딸과 합리적은 대화를 이어가야 하는데 딸의 친구와 함께 잠자리를 갖게 하는 것은 안됩니다. 그러므로 무엇이든지 딸이 원하는 대로 들어 주는 것은 옳지 않습니다. 아직은 아이를 책망할 수 있는 대상은 부모 밖에 없기 때문입니다.

상대 아이에게도 어머니의 뜻을 전하고, 부모에게 말하고 조치를 취하십시오. 합리적인 당근과 채찍으로 엄하게 다루시기 바라고 가능하면 교회생활로 이끌어 가셔야 합니다. 그러나 과격한 다툼이나 비인격적인 언행은 삼가셔야 합니다. 아직은 사춘기 시절이라 감정을 자제하지 못할 때입니다. 기도하겠습니다. (이요나)

## 상담사례 (14) 동성애에 빠진 남동생, 어떻게 설득할까요?

안녕하세요. 어둡고 슬픈 제 마음을 어떻게 해야 할지 답답한 마음에 글을 올립니다. 저희 가족의 문제인데요. 부모님들의 무관심 속에 자라온 우리 가족은 구성원들끼리 서로 교류가 없습니다. 그런데 최근 저는 동생의 문제 때문에 두려워 아무것도 할 수 없고 잠을잘 수도 없습니다.

남동생이 동성애에 중독되어 있는 거 같아서요. 우연히 동생의 노트북에서 동성애 영상을 보게 되었는데 어찌나 무섭던지 마음이 무너져 내렸습니다. 부모님께 말하는 것도 무섭고, 사람들에게 노출된다는 두려움 때문에 누구에게도 말하지 못하고 있습니다. 그러다 보니 저의 신앙마저 무너져 내립니다. 동생의 문제가 너무너무 안타깝고 불쌍해서 제 자신을 자책하게 됩니다. 목사님 동생을 어떻게 설득해야 할까요?

### 전문가상담/ 예수를 만나게 하세요

과거 나의 모습을 보고 애통하던 제 누님을 보는 것 같아 마음이 아픕니다. 가족의 고통은 내 살을 에는 아픔이지요. 더구나 동성애는 누구에게도 드러내놓고 의논할 수도 없어 참으로 억장이 무너지는 일입니다. 그러나 나를 돌아 보건대 소망은 하늘에 있습니다. 오직 구원의 길은 주께 있으니 담대한 마음으로 동생과 가족에서 그리스도의 복음을 전하고 믿음 안에서 변화의 소망을 기도하시는 것이 가장 빠른 길입니다. 성경이 동성애를 정죄한 것은 구원의 방법이 있기 때문이지요.

그러므로 지금은 동생에게 예수의 이름을 알게 하는 것입니다. 오직 누나의 애정으로 상처받은 마음을 위로하고 함께 그 문제를 극복하기 위한 믿음의 경주를 하는 길만이 소망이 될 것입니다. 그러기 위해서는 부모님들께도 말씀 드리고 이 기회를 통해서 가족이 하나님 앞에 나아갈 수 있는 발판을 만드는 것도 자매님에게 주신 은혜일 수 있습니다. 잘 되어지기를 기도하겠습니다. (이요나)

## 상담사례 (15) 변비로 괄약근이 파괴가 되나요?

교회에서 고등부를 맡고 있습니다. 친하게 지내며 상담 및 도움을 주고 있는 한 남학생이 오늘 갑자기 괄약근 파열로 인해 변이 새서 병원에 가서 연고와 케겔 운동과 성인용 기저귀를 처방 받았다고 하더라구요.

본인의 말로는 처음에는 고 1때부터 속이 안 좋았다가 이번 겨울부터 어느 날 갑자기 비뇨기쪽도 안 좋아지고 변이 새게 되었다길래 그래도 외부의 충격이 없이 가만 있던 괄약근이 파열될 수 있느냐는 저의 질문에 사실은 중학교 때부터 변비가 있어서 항문에 힘을 많이 주었기 때문이라고 하던데.. 제 생각엔 아무래도 동성애에 노출된 것 같다는 느낌을 지울 수가 없어서 이렇게 의견을 묻습니다.

변비로 인한 잘못된 배변습관으로 괄약근이 파열되어 변이 샐 수도 있나요? 만일 순간의 실수로 동성애에 접촉된 학생이라면 어떤 식으로 상담을 하고 조치를 취해야 할까요? 이 시대가 정말 소돔과 고모라의 시대임을 다시 한번 절감하게 되었습니다. 기도 부탁드리고 진지하고 구체적인 하늘의 지혜를 구합니다.

## 전문가상담/ 부모님과 의논하세요

학생이 고등부라고 할 때 변비로 괄약근이 파괴될 정도라면 이미 그의 부모들이 알고 있고 또한 병원 치료를 받았을 것입니다. 그렇다고 섣불리 학생이 동성애 관계로 그렇게 되었다고 단정하는 것도 쉬운 문제는 아닙니다. 그러나 대부분의 동성애 생활은 중고등학교 때 시작되며, 아직 성장기라서 항문 발달이 완전하지 않은 상태에 어른들과 항문 섹스를 자주하면 괄약근이 파괴될 수 있습니다.

주의할 것은 형제를 믿고 상담을 했고 병원까지 데리고 간 사이라면 조심성 있게 접근하여 학생 스스로 고백을 하도록 이끌어야 할 것이며 부모에게도 그 상황을 전해야 할 것입니다. 민감한 사춘기 때라서 섣불리 다루다가는 분노하여 도리어 모함을 당할 수도 있습니다.

예수님이었다면 이 학생을 어떻게 하였을까 하는 마음으로 학생을 긍휼히 여기고 관심을 갖고 기도해야 하며 담임 교역자하고도 상담을 하여 교회 안에 이변이 생기지 않도록 조치를 취할 필요가 있습니다. 최근 들어 중고등부 학생들의 이러한 내용들의 상담을 여러 번 받았습니다. 정말 가슴 아픈 일입니다. 주께서 지혜를 주시기를 기도하겠습니다.(이요나)


## 상담사례 (16) 여자로 성 전환한 형제입니다

이요나 목사님 밤을 세며 목사님의 CTS 간증과 유튜브에 올라온 영상 그리고 고인된 김유복 형제의 영상을 모두 보았습니다. 몇 일 전 저의 자취방을 다녀간 어머니께서 목사님의 자서전 리애마마 동성애탈출을 읽으며 가슴이 찢어지는 고통을 느꼈습니다. 조금 일찍 이요나 목사를 만났다면 내가 이 모양 이 꼴은 되지 않았을 텐데 하는 후회로 잠을 이룰 수 없었습니다. 학교 때 어머니를 따라다니며 알게 된 하나님이 원망스러워만 집니다. 왜 나를 이 지경까지 내버려 두셨는지요.

목사님 저는 몇 년 전까지 목사님이 젊어서 세운 열애클럽에서 일을 했었고, 또 지금은 강남의 클럽에서 일을 하며 하루하루 술에 절어 살고 있습니다. 하루라도 술을 마시지 않으면 괴로워서 살아 갈 수가 없습니다. 새벽에 술 취한 몸으로 집에 들어와 하루 종일 쓰러져 자다가 밥 한 술 먹고 다시 화장을 하고 클럽에 나갑니다. 먹고 살아야 하니까 손님들 앞에서 웃음을 팔며 히히덕대지만 허망한 가슴은 술로 채워야만 하루를 살 수 있습니다.

저는 성전환 수술을 한지 6년이 되었습니다. 목사님 책에도 나와 있습니다만 부산 김석권 박사의 집도로 수술을 세 번이나 받았습니다. 수술비를 만들기 위해 초저녁에는 이태원 거리 남산 거리에서 몸을 팔기도 하고 새벽에는 트랜스젠더 클럽에서 7년을 일 했습니다.

악착같이 돈을 모아 여자가 된다는 기쁨을 안고 김박사님을 믿고 수술대에 누었습니다. 나의 꿈은 그냥 여자가 되어 사는 것입니다. 예쁘지는 않지만 체구가 작아 수술만 하면 여자가 될 것이라는 희망에 들떴습니다.

여자가 되겠다는 나의 소박한 꿈은 첫 수술부터 빗나갔습니다. 성기 제거 후 마감처리에서 문제가 생겼는지 상처가 아물지 않고 염증이 생겨 재수술을 하느라 대장과 항문 부위에도 문제가 생겼습니다.

김박사님은 제가 특수체질이라 그렇다며 힘들게 마무리되었지만 중요한 것은 감각이 상실 되었다는 것입니다. 성적인 감각은 고사하고 수술 부위에서 느닷없이 전기가 찌르는 것 같은 통증이 신경을 타고 전신을 마비시킵니다. 이런 증상은 길을 걷다가도 생겨 거리에서 혼비백산한 일이 한 두 번이 아닙니다.

그래서 이제는 진통제를 달고 살며 그래서 술에 의존하게 되었습니다. 꿈에 그리던 여자로서의 성생활은 고사하고 내 손으로 조차 수술 부위를 씻어내는 것 조차 힘이 듭니다. 그리고 더 참을 수 없는 것은 고약한 악취입니다. 근을 도려내고 피부 이식한 부위가 습진 같은 것이 생겨 항상 약을 발라야 하고 거즈를 끼고 살아야 합니다. 그러니 악취가 심해서 남들이 알까 두려워 짙은 향수를 뿌리고 삽니다.

지금 생각해 보면 수술한 동료들이 짙은 향수를 쓰는 이유를 이제야 알겠습니다. 그 친구들이 성전환 후유증을 말해 주었다면 수술을 하지 않았을 텐데 원망스럽기까지 합니다. 목사님 저도 구원을 받을 수 있을까요?

이미 성전환 수술을 하여 몸은 여자가 되고 호적도 여자로 변경을 했는데 내가 다시 돌아갈 곳이 있나요? 내가 하나님을 믿는다고 무엇이 달라질까요? 그러나 지금 사는 것이 지옥인데 죽어서 지옥에 가고 싶지는 않습니다. 목사님 내가 무엇을 해야 할지 도와주세요. 살고 싶습니다.

### 전문가상담/ 살리는 것은 영입니다 육은 무익합니다

형제님의 글을 읽으며 견딜 수 없는 고통을 느낍니다. 만약 나도 이 시대에 태어났다면 형제와 같이 되지 않았을까 싶습니다. 나 역시도 열애클럽을 운영하며 리애마마로 살아 갈 때 여자가 되고 싶은 마음에 사로잡혔던 때가 있었습니다. 사람의 욕심은 한이 없어서 일단 여장을 하고 생활을 하다 보면 자신이 여자라는 착각에 사로잡혀 여자가 되기 위한 길로 달려가게 됩니다. 한번 그런 생각에 사로잡히면 브레이크 끊어진 기차처럼 앞뒤를 살피지 못하고 달려가지요.

그 당시 내 주변에는 성전환 수술을 한 형제들이 꽤 있었습니다. 지금처럼 의술이 발달되지 않았던 때라 어떤 형제는 스스로 성기에 칼을 대어 구급차로 병원에 실려가 절단 수술을 받기도 했고, 또 무면허 돌팔이 의사를 집에서 불러 성기절단 수술을 한 형제도 있습니다. 이 얼마나 끔직한 일입니까? 여자가 되고 싶다는 신념에 죽음을 불사한 행동을 서슴지 않았습니다. 요즘에는 이십대 아이들이 필리핀 타이에 건너가 성전환수술을 한다는 말을 많이 들었습니다.

나는 얼마 전 미국의 성형외과 의사를 만나 성전환 수술에 관한 시술과정 리포트 파일을 본 일이 있습니다. 그 의사도 시술에 참여한 일이 있다고 하였습니다. 그러나 그는 숫캐를 수술한다고 암캐가 될 수 없는 것처럼 아무리 의술이 발달해도 불가능하다고 하였습니다. 그럼에도 의사들은 돈이 되기 때문에 한다는 것입니다. 그만큼 수요가 많아졌다는 것입니다.

의사들은 성전환 하는 사람들의 영혼을 생각지 않고 생물학적으로 모양을 만들어 주는 것이라고 합니다. 부작용과 후유증은 처음부터 예고된 것으로 수술 전에 본인이 인지하고 서명한다고 합니다. 그런데 그들은 성감대를 상실 할 수도 있고 수술 후유증이 발생할 사실 고지를 알고서도 여자가 된다는 생각에 그것은 나의 운명이니 최선을 다해 달라는 말만 한다고 합니다.

　나는 이미 성전환수술을 하고 여자로 호적을 바꾸고 60대가 되어서도 트랜스젠더 클럽에서 일하고 있는 형제들을 알고 있습니다. 아이러니 하게 그들은 하나님을 믿고 교회를 다니고 있습니다. 하나같이 그들은 자신들의 삶이 행복한 것처럼 말을 하는데 그들의 표정에는 보편적인 사람들이 누리는 평안과 기쁨이 없습니다. 나이가 들었는데도 더욱 여자가 되고 싶다는 생각에 얼굴 전체를 성형해서 과거의 모습은 없어지고 화장을 하지 않으면 괴물을 보는 것 같은 상태입니다.

　나는 감히 형제에게 그리스도의 복음을 전하고 싶습니다. 우리 죄인 된 인생은 모두 산다는 것 자체가 지옥이며 또 그 영혼의 종착도 영원히 꺼지지 않는 불지옥입니다. 그러나 만약 형제가 하나님의 아들 예수 그리스도를 당신의 구원자로 받아 들인다면 당신은 하나님의 자녀로서 영원한 새 생명을 누리게 됩니다. 형제의 과거가 어떻든지 당신의 현재의 모습이 어떻든지 그것은 중요하지 않습니다. 살리는 것은 영이기 때문입니다.

　예수 그리스도를 믿는 순간 하나님의 영이 형제와 함께 있어 그리스도 은혜 가운데 죽었던 모든 것이 다시 살아나 하늘에 소망을 갖게 합니다. 우리나라에도 트랜스젠더 생활을 하면서 하나님을 믿는 사람들이 있는데 그들은 온전히 거듭난 성도는 아닙니다.

　그들은 이미 외형적으로나 법적으로 여자가 되었으니 여자로 하나님을 믿는 것은 당연하다고 말합니다만 그것은 아닙니다. 성 전환한 것은 그들의 욕정의 값이지 회개하고 하나님의 자녀가 되었다면 하나님의 창조의 형상으로 돌아와야 합니다.

　그들이 스스로 성 전환한 여자의 상태로 하나님을 믿는다면 그것은 하나님의 이름을 만홀히 여기는 것입니다. 내가 아는 탈동성애 사역자 중에는 성전환 수술하고 호적을 바꾸고 동성결혼까지 했던 형제가 예수 그리스도를 믿고 모든 것을 회복하고 교회 전도팀에서 동성애자 복음활동을 하고 있습니다. 만약 형제가 예수님에게 돌아온다면 주께서 큰 은혜를 베풀어 모든 질병에서 치유하실 것입니다. 또한 나도 최선을 다해 돕겠습니다. 용기를 내어 방문해 주십시오. 기도하며 기다리겠습니다.(이요나)

# 제5부

# 크리스천 동성애자의 갈등

망령되고 허탄한 신화를 버리고 오직 경건에 이르기를 연습하라
(디모데전서 4:7)

## 상담사례 (17) 어느 전도사의 금욕생활의 고뇌

목사님, 안녕하십니까? 생면부지의 사람이 이렇게 불쑥 메일을 드리게 되어 송구스럽게 생각합니다. 먼저 제 자신에 대해서 소개하는 것이 도리일 것 같습니다. 저는 올해 신학대학 대학원(Th.m)과정을 졸업한 사십이 훨씬 넘은 전도사입니다. 목사님에 대해서는 인터넷 상으로 알게 되었습니다.

먼저 목사님께서 그런 사역을 하시는 것에 대해 감사와 존경의 마음을 전합니다. 한국적 상황에서 그러기가 쉽지 않았을텐데, 목사님의 용기와 솔직하심에 다시 한번 더 존경의 마음을 전합니다.

목사님, 저는 신학교를 졸업한 전도사지만, 아직 독신이고 앞으로 독신으로 살아야 할 사람입니다. 여기에 대해서 좀 더 자세한 설명을 드리자면 이렇습니다. 다소 표현이 부적절하더라도 너그럽게 보아 주시면 감사하겠습니다. 제가 동성애적인 성향이 있는 것 같습니다. 이런 현상은 어렸을 때 어느 정도 있었던 것 같습니다. 가령 어린 시절에 어른들의 성기를 보면 좀 설레고 흥분되었던 것 같습니다.

그런데 제가 중학교 시절에 동네 형과 부적절한 관계를 가졌던 것 같습니다. 지금 생각해보니 그것이 동성애였구나라는 생각이 듭니다. 그러다가 고등학교를 다른 곳에서 다녔기 때문에 그런 현상도 없어졌습니다. 고등학교를 다니던 시절에는 중학교 때의 그런 경험의 영향 탓인지 우울하게 보냈습니다. 제가 그 당시 성적인 억압을 강하게 해서 그런지 모르지만 오히려 고등학교 시절에 성적인 관심이 없었고 학창시절에 흔히 하게 된다는 자위행위는 고등학교시절에는 거의 하지 않았던 것 같습니다.

그러다가 고등학교를 졸업하고 재수를 하며 신앙에 눈이 떠 가면서 성적으로 너무 억압한다고 생각이 들 정도로 욕구들을 자제했습니다. 물론 이때도 동성애적인 성향이 있지만 스스로는 내심 그런 것에 관심이 없는 것처럼 생각하고 행동했습니다. 그래서 그런지 그때로부터 지금까지 성적 욕망들을 죽이고 살아왔습니다.

다행히 신학을 시작하면서 그런 관심들은 더더욱 없어지는 것 같았습니다. 그래서 누가 물어도 자신 있게 나는 독신으로 평생 혼자 살 거라고 말하곤 했습니다. 여기에는 이런 배경이 있습니다. 제가 서른 중반 나이에 집에서도 주위에서도 결혼 이야기를 자꾸 하여서, 그때 약 1년 가량을 하나님께 나의 이런 성향들을 바꾸어 달라고 기도했습니다.

그러나 별다른 변화도 없었고 기도하기가 귀찮아져서 중단하게 되었습니다. 그러면서 드는 생각이 내가 이런 성향을 가지고 태어난 것도 하나님의 어떤 섭리가 있었을텐데, 이런 성향을 솔직하고 정직하게 받아드리고 동성과의 성관계는 극히 조심하고 독신으로 평생 복음을 위해서 살자라고 마음을 먹었습니다. 그리고 이 당시에 제가 관심을 가지고 읽었던 유영모, 이세종, 이현필 같은 한국적 토착 영성가들의 금욕적인 삶에 영향을 받은 것도 있는 것 같습니다.

그래서 이후로 금욕적 삶이 결혼의 삶보다 한단계 차원이 높은 삶이라는 자의식을 가지고 어느 누구에게도 당당하게 평생 독신으로 살 것이라고 공언해 왔습니다. 그렇다고 동성애적 성향이 사라진 것은 아니고 희미하게 남아서 순간순간 불쑥불쑥 솟아오르곤 했습니다. 그렇지만 어떠한 방법의 욕구 분출도 하지않고 금욕적인 삶을 지향해 왔습니다.

목사님, 서론이 너무 길었던 것 같습니다. 이제 본론을 말씀드리겠습니다. 제가 갈보리 채플 교회의 홈페이지에서 이런 저런 글을 읽다가 진정 성령으로 거듭나고 새로워지면 동성애적인 성향들이 사라지고 새로운 사람이 된다는 것을 보았던 것 같고, 여러 사람들이 간증형태로 자신의 변화된 성정체성을 이야기하고 있었습니다.

그렇다면 목사님, 제가 지금까지 지켜왔고 유지해 왔던 삶의 방식이 잘못되었습니까? 지금이라도 달리 생각해야 되는지요? 제가 성령의 역사하심을 받지 못하고 자신의 의지와 힘으로만 억지로 버텨온 것은 아닌지요? 그리고 그것은 어떤 유혹이 올 때 언제라도 무너질 수 있는 허약함을 가지고 있는 것은 아닌지요? 제가 왜 이런 말씀을 드리느냐 하면 제가 오늘 목사님에 대한 관련 기사들을 읽고 동성애에 관심이 있어서 몇몇 동성애 사이트에 난생 처음으로 들어가 보았습니다.

비록 몇 시간 동안의 방문이었지만 여러 가지 것들이 나를 강하게 사로잡는 것을 느꼈습니다. 다시 말씀 드리면 성적 흥분을 느꼈다는 말이죠. 그동안 그렇게 금욕적인 생활을 해 왔건만 이렇게 일시에 무너질 수 있는가라는 생각에서입니다. 그러면서 생각이 드는 것은 '내가 유혹에 항상 노출되어있구나'라는 생각과 '나의 이런 의지라는 것도 앞으로 독신으로 살아가면서 외로움과 고독에 직면할 때는 아무런 방패가 될 수 없구나'라는 생각이 들었습니다.

여기에 대해서 목사님의 좋은 말씀을 듣고 싶습니다. 그리고 목사님, 외람되지만 한가지 여쭈어 보겠습니다. 아직 목사님은 독신인 것으로 알고 있는데, 목사님께서는 동성애적인 성향에서 완전히 벗어났습니까? 아니면 목사님께서도 아직까지 동성애적인 유혹들을 느끼시는지요? 목사님, 제가 너무 무례하고 당돌하게 묻고 있는 것 같습니다. 안녕히 계십시오.

## 전문가상담/  거짓 없는 자유함

샬롬, 전도사님의 이멜 잘 받았습니다. 많이 힘드실 것이라 생각합니다. 그리고 그러한 육체의 고통 속에서도 그리스도를 향한 열정을 갖고 계심에 박수를 보내 드립니다. 우리 주 예수 그리스도는 만 왕의 왕이시며 하늘과 땅과 바다의 모든 존재로부터 찬양을 받으실 분이십니다.

몇 가지 질문에 대하여는 이미 형제가 다 알고 있는 것입니다. 형제는 형제가 알고 있는 것처럼 동성애성향을 갖고 있고, 또 절제하며 투쟁하고 계신 것입니다. 어쩌면 그러한 투쟁은 형제를 향하신 하나님의 뜻을 이루기 위한 계획일 수도 있습니다. 자신이 해결할 수 없는 육체적 고통이 있었기에 주 앞에 나아가는 형제의 믿음과 소망이 더욱 절실할 것입니다.

주님은 바로 우리와 같은 육체적 소욕을 스스로 감당하지 못하는 죄의 사람들 때문에 오셨습니다. 우리가 능히 세상을 지배하는 하늘의 악한 영들과 그 더러움으로부터 능히 이길 수 있었다면 하나님의 아들이신 우리 주 예수 그리스도께서 연약한 사람의 모습으로 이 땅에 오셔서 친히 십자가를 지시지도 않으셨을 것입니다. 그러므로 그분이 오신 것은 죄의 문제를 해결하지 못하는 인간의 죄의 짐을 대신 지고 우리에게 하나님의 창조하신 영광의 모습을 회복시켜 하나님의 뜻을 성취하시려 오신 것입니다.

믿는 자들에게 동성애가 무엇 때문이냐는 논쟁은 소모적이고 아무 유익이 없습니다. 그것이 운명이라도 어쩔 수 없고 천성적이라고 해도 할 말없고 누구에게 항의할 대상도 없습니다. 죄는 모든 인간이 가지고 있는 죄의 사슬이며 올무일 뿐입니다. 동성애를 하던 안 하던 인간은 죄인입니다.

바울은 로마서 1장에서 이 땅의 모든 인간에게 나타나는 죄성을 자세히 기록하였습니다. 또한 유대인이나 이방인이나 모두가 죄인이라 증거하였습니다. 이와 같이 인간은 그 누구도 죄를 스스로 벗지 못합니다. 그것은 천형과 같은 영혼의 사슬입니다. 그것을 해결하신 분이 주님이며 우리는 그 죄의 사슬에서 벗어난 자유인이며 복음의 사람들입니다. 다만 아직까지 우리의 육신이 세상에 남아 있어, 거룩한 하나님의 형상과 모양을 이루지 못하고 우리의 몸과 마음을 사로잡은 옛 풍속에 이끌려 또 다시 죄를 범하고 있는 것입니다.

주께서 우리에게 성경을 주신 것은 그러한 죄의 문제로부터 넉넉한 믿음으로 하나님께서 우리에게 주신 그리스도의 능력을 힘입어 그리스도의 형상을 성취하기 위함입니다. 또한 동성애는 분명히 죄이지만, 동성애자만이 죄인은 아닙니다. 이 땅에 모든 인간은 다 죄인입니다. 믿음의 조상도 죄인으로 출발하였고 그리스도의 모형인 다윗도 죄인으로 출발하였으며, 사도들도 모두 죄인이었습니다. 이것이 아담의 원죄입니다.

또한 우리가 죄인이 아니었으면 하나님의 아들 예수 그리스도께서 사람의 몸으로 이 땅에 오실 필요가 없었으며, 죄의 형벌인 십자가를 지고 피를 흘려 속죄의 제사를 드리지도 않았을 것입니다. 그러니 동성애자라고 해서 너무 억울해 할 것도 없으며, 슬퍼할 필요도 없습니다. 인간은 누구나 다 그 나물에 그 밥이 되어 죄의 인생을 살 수 밖에 없도록 태어났습니다. 이것이 바울로 하여금 로마서를 쓰게 된 원인이기도 합니다.

다만 우리가 동성애를 부끄러워하는 것은 우리의 죄가 다른 사람들과 달리 하나님께서 정하신 순리와 질서의 범위를 벗어났기 때문입니다. 그러나 죄의 종류와 정도의 차이만 있지 인간은 모두가 죄인입니다. 어떤 사람들은 동성애만 아니면 어떤 죄를 지어도 좋겠다고 말합니다만, 그러나 죄의 본질은 똑같습니다. 죄는 그 어떤 모양이든지 하나님이 미워하시며 원래 거룩한 형상대로 지음받은 인간의 것이 아니었습니다. 그러므로 성경은 우리의 싸움은 혈육에 있지 않고 하늘에 있는 영들에 속한 것이라 한 것입니다.

그러므로 예수 그리스도를 믿는 형제는 이미 그 죄를 벗어버리고 하나님의 자녀가 된 특권을 받은 사람입니다. 지금 아직 형제가 육신의 옷을 완전히 벗어 버리지 못하였다 하더라도 하나님의 아들 된 특권은 유효하며 지금은 우리가 함께 하나님의 말씀에 순종하여 우리의 죄의 속성을 벗어버리고 거룩한 성령으로 살아야 할 의무와 책임을 가졌을 뿐입니다.

독신에 관하여 질문을 하셨습니다만, 독신은 하나님의 특별한 은사입니다. 바울은 종말의 때를 사는 사람들에게 나와 같이 독신으로 사는 것이 좋다 하였습니다만 그것은 주의 명령이 아니라 복음의 사명을 받은 사도 바울의 권고였습니다. 그러나 형제의 글을 보면 형제가 독신으로 살고자 하는 것은 주를 사모하는 헌신 때문이 아니라 벗어버리지 못한 형제의 육체적 소욕과 그에 속한 부담감 때문이라 생각됩니다. 이성을 좋아할 수도 없고 아직 동성애적인 성향을 이겨낼 수도 없기 때문에 차라리 독신된 복음 사역자로서 헌신하려는 마음을 가진 것입니다.

그렇다면 형제는 하나님과 사람들 앞에 이중 인격자가 될 것입니다. 감히 동성애자로서 감히 하나님의 종의 직분을 갖고 하나님의 성도들을 속였기 때문입니다. 그러나 하나님은 속임을 당하지 않습니다. 마음의 죄는 반드시 죄의 행위로 나타날 것이기 때문입니다. 그러나 만약 당신의 믿음이 하나님의 거룩하심을 성취하게 된다면 당신의 영과 혼과 육은 한 점도 부끄러움 없는 아름다운 형상으로 서게 될 것입니다. 그러니 결혼을 할 것이냐 독신으로 살 것이냐는 지금 결정할 것이 아니라 형제가 온전함에 이르렀을 때에 인도하심을 따라 결정해야 할 것입니다.

그러나 만약 형제가 동성애의 더러운 옷을 벗어버리면 하나님께서 허락하신 아내를 맞아 이 땅에 부러울 것이 없는 하나님의 가정을 이루고 당신은 많은 사람들을 주 앞에 인도할 수 있는 사역자가 될 것입니다. 그러나 만약 형제가 동성애를 짊어지고 독신으로 살아간다면 평생을 죄의식 속에서 살게 될 것입니다. 그러므로 형제가 이제 할 일은 자신의 육신의 문제를 그리스도와 함께 십자가에 모두 못박고, 새롭게 태어난 의의 자녀로서 그 신분에 맞는 삶을 사는 것입니다.

세상에도 세상을 살아가는 법이 있듯이 의의 백성도 의의 백성이 살아가는 법이 있는데 그 모든 삶의 방법과 성취의 소망에 관한 것이 성경에 기록되었으며 그를 돕기 위해 하나님의 신이신 성령을 우리에게 주셨고, 기도를 통하여 하나님과 교신케 하신 것입니다. 그러나 우리가 육신의 소욕을 이겨야 하는 숙제는 아직 남아 있는데,

그것이 사실 쉽지 않은 문제로서 크리스천의 딜레마이기도 합니다.

그러나 하나님께서는 이 모든 문제를 다 알고 계시고 해결의 열쇠를 성경에 기록하셨습니다. 우리가 육신의 문제를 해결하지 못하는 것은 아직 육신의 노예의 생활을 동경하는 마음이 살아 있기 때문이며 아직 그 마음에 세상과 벗하고자 하는 욕망과 욕정이 살아 있기 때문이지요. 그것을 해결할 수 있는 것은 거룩하신 하나님의 말씀 곧 성경의 지식을 더하여 그 능력의 말씀이 우리 가운데 스스로 나타나도록 하는 것입니다.

성경은 힘으로도 능으로도 할 수 없으나 오직 하나님의 신으로 할 수 있다 하였습니다. 사람이 할 수 없는 것을 하나님께서 하시는 것입니다. 이를 위해서 하나님은 우리에게 말씀을 주셨습니다. 하나님의 말씀은 살아 있고 운동력이 있어서 우리의 관절과 골수를 쪼개고 우리의 생각을 모두 드러내어 한 점의 부끄러움이나 의혹도 없이 밝고 정결하여 지극히 거룩한 성도의 도를 성취하게 하고 후일 아들 예수 그리스도와 함께 허락하신 하나님의 나라의 기업을 물려 받게 되는 것입니다.

저는 형제에게 한가지 권고하고 싶은 것이 있습니다. 동성애를 숨기려 하지도 말고 덮으려고도 하지 말고 그 문제를 스스로 해결하려고도 하지 마십시오. 당신의 힘으로는 할 수 없으며 당신의 인내는 결국 마음에 깊은 골을 만들고 은밀한 죄를 짓게 할 뿐입니다. 차라리 당신의 모든 죄를 고백하고 그 문제를 주 앞에서 내려 놓고, 성령의 인도하심을 따라 기록된 말씀에 순종을 하도록 하십시오. 그러기 위해서는 성경을 통해서 말씀하신 하나님의 존재와 인간의 존재와 영들에 관하여 또한 죄의 문제와 의의 실현과 거룩하신 하나님의 실체에 대하여 깊이 알 필요가 있습니다.

솔직히 말하여 우리가 신학교를 다닌다고 해서 하나님을 아는 것은 아니라고 생각합니다. 나 역시 신학을 하면서도 죄의 문제를 벗어버리지 못하고 더욱 은밀한 죄를 짓고 있었습니다. 그러나 지금 나는 하나님 앞에 바로 서고자 하는 형제의 믿음을 책망하는 것은 아닙니다. 형제는 지금 의를 성취하기 위해 최선을 다하고 있고 힘에 겹도록 노력하고 있는 것입니다.

내가 말하는 것은 형제의 이러한 노력으로는 짊어진 짐을 벗어 버릴 수 없다는 것입니다. 나는 당신의 모습을 그대로 주 앞에 내려 놓고 주를 만날 수 있는 최선의 길을 선택하라는 것입니다. 바디메오와 같이 더러운 옷을 내어 버리고 주를 따를 결심을 하여야 할 것이며 나사로와 같이 당신의 욕심을 모두 사망 가운데 내어 버려야 할 것입니다. 혹시 형제의 믿음이 위선으로 가득찬 것이 아닌지 스스로 점검해 보시기 바랍니다.

나의 독신생활에 대하여 물으셨는데, 내가 지금 독신으로 사는 것은 아직 죄의 문제가 남아 있음도 아니며 또한 과거의 아픈 죄의 기억 때문도 아닙니다. 오로지 나를 섭리하신 주님의 뜻을 따른 것입니다. 만약 주께서 지금이라도 나의 결혼을 축복하셔서 한 여인을 내게 이끌어 오신다면 나는 주의 뜻을 따를 것이며 나의 인생은 부부를 통해서 하나님 앞에 헌신할 것입니다. 그러나 주를 향한 나의 소망은 이보다 더 큰 사명을 갖고 있어서 그 뜻이 주 안에서 성취되기를 소망할 뿐입니다.

또한 내 육체에 나를 시험하는 것이 아직도 있느냐고 하셨는데 그것은 이미 로마서 7장에서 바울이 답하였습니다. 이 세상의 모든 사람은 설혹 그가 그리스도로 거듭난 사람이라 할지라도 죄의 속성을 가진 육체 속에 거하므로 그의 생각과 마음에 따라 육체의 속성은 역사할 수 밖에 없습니다. 이로써 많은 사역자들 중에 범죄가 일어나는 것입니다.

주님은 이를 엄하게 책망하시며 그 책임을 물으실 것입니다. 내 육신도 모든 사람들과 같이 죄의 속성 속에 있어 유혹에 노출되어 있으나 내 마음 판에 새겨진 그리스도의 십자가가 능히 나로 이기게 하실 것입니다. 그러므로 나는 세상에 속한 것이든 육체에 속한 것이든 하늘에 속한 것이 아니면 그 모든 것을 배설물과 같이 여길 바울의 믿음을 따라 성경의 말씀을 이루려 달려가고 있습니다.

나는 유영모, 이세종, 이현필 같은 한국적 토착 영성가들이 어떻게 금욕적인 삶을 살았는지 모르지만, 금욕적인 삶을 사는 것이 하나님의 뜻은 아니라 생각합니다. 그 이유는 금욕은 인위적인 방법으로 하나님의 능력을 통한 육신의 소욕을 벗어버린 것이 아니라 생각되기 때문입니다. 금욕적인 생활과 거룩한 성령의 열매로 얻어지는 절제의 생활은 다르다고 생각합니다.

주님은 네 손이 범죄하거든 찍어버리라 하셨고 네 눈이 범죄하거든 뽑아 버리라 하셨습니다. 이것은 범죄의 금욕을 말씀하신 것이 아니라 근본적으로 해결되어야 할 것을 의미합니다. 다시 말하여 네게 범죄하는 손을 짤라 버렸고 또 범죄하는 눈을 뽑았으니 네게는 범죄할 손과 눈이 없다고 하신 것입니다. 가령 누가 도둑질을 하다가 교도소에 들어 갔다고 하십시다. 그럼 그는 더 이상 도둑질을 하지 못할 것입니다. 그러나 그가 언제 도둑이 아닐까요? 그가 주 예수 그리스도의 이름으로 자신의 죄를 자백하고 회개하여 하나님께 돌아 왔을 때입니다.

또 어떤 성중독자가 범죄하다가 전자팔찌를 차고 자신의 집에 격리되었다고 하십시다. 그렇다고 해서 그 사람의 성적 중독이 해결된 것은 아닙니다. 그것은 환경적으로 봉쇄한 것 뿐입니다. 아직 그의 머리는 죄의 프로그램이 깔려 있는 컴퓨터와 같습니다. 그가 죄의 바이러스로부터 해방되려면 죄로부터 완전히 포맷이 되어야만 합니다. 그러므로 나는 욕구를 극복하기 위해 수도원이나 산 속에서 금욕생활을 한다고 그가 온전한 사람이 되었다고는 생각하지 않습니다. 그것은 지금 전도사님께서 누구보다도 잘 알고 있을 것입니다. 동성애가 그 마음으로부터 출발하기 때문입니다. 사람이 스스로 자신의 마음과 생각을 이길 수 있는 데는 한계가 있습니다. 그러므로 하나님의 능력이 필요한 것입니다.

하나님께서는 우리에게 성(性)을 주셨고 성적인 욕구를 주셨는데, 신부들과 같이 금욕적인 생활을 감행한다면, 마음으로부터 솟아나는 욕정과 간음의 죄는 어떻게 할 것인지요. 그러나 거룩하신 진리의 말씀을 힘입어 성령의 도우심과 우리의 기도로 육신의 소욕을 벗어버리면 그것은 금욕이 아니고 내 믿음에 대한 하나님의 은혜라고 생각합니다. 그렇다고 위에서 언급하신 유영모, 이세종, 이현필과 같은 분들이 거듭나지 못한 분들이라고 말하는 것은 아닙니다. 다만 나는 여기서 인간의 금욕적인 생활로 온전해 질 수 없음을 말할 뿐입니다. 바울도 이런 것은 육체의 경건에 조금 유익할 뿐이라 하였습니다.

많은 사람들이 제게 상담을 요청하고 방문을 합니다. 그러나 대부분의 사람들이 주 앞에 돌아선 부자 청년이 되어 버립니다. 그러나 주 앞에 자신의 재물과 지위와 인격의 모든 것을 내려놓고 주의 제자가 되기를 소망한 사람은 모두 그리스도의 은혜 가운데 믿음으로 면류관을 받게 될 것입니다. 부디 한 점도 부끄러운 것이 없는, 그리스도인의 양심에 거리낌이 없는 사람과 하나님 앞에 조금도 거짓 된 것이 없는 그리스도의 종이 되시기를 축원합니다. 성경은 술객들과 거짓된 것은 하나님의 나라에 들어 올 수 없다 기록되었습니다. 우리 주 예수 그리스도의 하나님께서 많은 은혜를 베푸시기를 기도하겠습니다. (이요나)

## 상담사례 (18)  신학을 하고 있는데

안녕하세요 목사님. 저의 성향이 남들과 다르다는 것을 안 것은 아주 어릴 적부터 였습니다. 학습이건 선천적이건 그것보다 중요한 것은 남들과는 다르다는 것이 너무 괴롭다는 것이지요. 참고로 저는 하나님을 정말 신뢰하고 너무 사랑합니다. 그런데도 제 마음속에 이런 것으로 아직도 고민하는 제가 너무 싫고 때로는 무엇이 옳은지 조차 헷갈리네요. 은혜를 받으면 낫겠지... 하다가도 다시금 힘들거나 자극을 받을 때마다 어렵습니다.

아, 저는 나이는 26인 형제이고 현재 주님의 일을 하고 싶어 신학교에서 공부를 하고 있는 청년입니다. 앞에서 말했듯이 하나님을 너무나 사랑하는 자이며 무엇보다 주님을 놓치고 싶은 마음도 없습니다. 그래서 더욱 괴롭습니다. 때로는 하나님을 외면한 채 내가 하고 싶은 것을 하고 살고 싶은 마음도 듭니다. 제 나름대로 왜 내가 이런 성향을 갖게 되었는가 생각해 보았습니다.

일단은 제가 의존적인 것이 많이 강하다는 생각이 들었습니다. 남자로써의 역할, 형으로써의 역할을 감당하기가 힘에 겨워하는 것은 사실 입니다. 그러나 그런 것으로도 설명할 수 없는 것이 남자에게 더 호감을 갖는 다는 것입니다. 솔직히 멋진 남자와 이쁜 여자를 놓고 택하라면 솔직한 심정으로 멋진 남자를 택하고 싶은 것이 제 심정입니다.

요새 커피프린스라는 드라마를 우연찮게 보면서 다시금 제가 동요되는 것을 봅니다. ㅠ.ㅠ 그리고 노출하는 여자보다 남자에게 더 눈길이 가는 모습을 보면서 날마다 눈을 뽑아버리고 싶다는 생각까지 들어요. 보이지 않으면 그런 맘도 안드니까요.

목사님 저는 어떡하면 좋을까요? 이제는 남자도, 여자도 관계성을 맺기가 어렵습니다. 멋진 남자에게는 자꾸 설레고 기대하는 마음이 생겨 뒤로 물러가게 되고 여자에게는 물론 친구이상의 감정이 생기지 않으나 상대방이 오해를 하게 되고 어렵네요. 인생이라는 것이... 누군가 제게 그러더군요. 이런 남들과 다른 모습은 하나님이 주신 선물이라고. 중성적인 것도 하나님이 쓰시기 위해 주신것이라고... 그 말에 동의하지만 저는 너무 괴롭습니다. 현재 교제하는 자매도 있는데 이런 맘을 숨긴 채 만나고 있어요.

## 전문가상담/ 영적 가면으로부터의 해방

형제의 글을 읽고 있자니 드라마 커피프린스의 주인공 한결이가 미소를 지으며 지나가고 있습니다. 시원한 것이라곤 하나 없는 여름밤 흥미로운 드라마라도 있어 저녁이 외롭지 않았습니다. 형제의 마음을 충분히 이해합니다. 나 역시도 한때 그러한 방황을 하며 통곡을 했어야 했습니다. 그러나 그러한 경황 속에도 하나님을 향한 열정을 잃지 않고 오직 예수께 자신을 의지할 수 있는 믿음을 가진 형제를 진심으로 축복합니다. 주님은 하나님의 뜻을 깨달은 서기관에게 네가 천국이 멀지 않다고 말씀하셨습니다. 형제 또한 지금의 문턱을 넘어서면 영광스런 아름다움의 형상을 회복할 것이라 생각합니다. 문제는 극복의 담을 넘어 회복의 문으로 들어서는 것입니다.

로마서 6장에는 죄에 관한 문제가 기록되어 있습니다. 여기서 우리가 생각해야 할 것은 동성애를 어떻게 보아야 하느냐에 있습니다. 다시 말하여 역사 속에서 동성애는 천성적 태생과 질병으로 다루어 왔고, 오늘날은 선척적인 성문화의 하나로 보아야 한다는 개념으로 바뀌고 있습니다. 그러나 인류와 세상을 창조하신 하나님은 동성애는 인간의 범죄로 인하여 다른 죄들과 함께 세상에 들어 온 죄의 문제로 규정하였으며 동성애와 동성애자 모두를 죄로 규정하였습니다. 어떻게 보면 동성애를 스스로 선택하지 않은 사람들에게 있어서는 억울하고 분통터질 일입니다

그러나 성경이 이렇게 동성애를 죄로 정죄한 것은 죄로 왕노릇을 하지 못하게 하고 죄인으로 하여 그리스도로 말미암아 죄에서 해방되어 의인의 영광에 들어오게 하기 위한 하나님의 계획인 것입니다. 그러므로 우리가 은혜를 더하기 위하여 죄에 거하겠느냐 기록하였으며 죄에 대해 죽은 우리가 어찌 그 가운데서 더 살리요 기록하였습니다. 먼저 주 예수를 믿어 그리스도인이 된 사람들은 자신의 신분에 대하여 좀더 생각할 필요가 있습니다. 다시 말해서 이제는 죄인이 아니라 의인으로부터 출발한 것이라는 성경의 가르침입니다.

바울은 그리스도와 합하여 세례를 받은 우리는 그의 죽으심과 합

하여 침례를 받은 줄 알지 못하느냐 하였으며 다시, 우리가 그의 죽으심과 합하여 침례를 받음으로 그와 함께 장사하였나니 이는 그리스도의 부활하심과 함께 새 생명 가운데 살게 하기 위함이라(롬 6:1-4)기록하였습니다. 따라서 믿는 자들은 자신의 신분을 먼저 자각할 필요가 있으며 이로써 우리는 주께서 명하신 침례의 중요성에 대해 깊이 사고할 필요가 있다고 생각됩니다.

또한 로마서 6장 5절에는 "만일 우리가 그의 죽으심을 본받아 연합한 자가 되었으면 또한 그의 부활을 본받아 연합한자가 되리라" 기록 되었습니다. 여기서 연합이란 말은 창세기 2장 24절에서 남자가 부모를 떠나 그 아내와 연합하여 둘이 한 몸을 이루라 하신 말씀에서 비롯된 바와 같이 모든 생각과 마음과 모든 지식의 합일체를 뜻합니다. 그러므로 형제는 이제 침례의 중요성에 대하여 다시 자신을 성별하고 믿음의 출발선을 다시 점검할 필요가 있습니다.

바울은 계속하여 "우리가 알거니와 우리 옛사람이 예수와 함께 십자가에 못 박힌 것은 죄의 몸이 멸하여 다시는 우리가 죄에게 종노릇 하지 아니하려 함이니"하였습니다. 여기서 '멸하여'라는 말은 폐업을 하였다는 말로서 "이는 죽은 자가 죄에서 벗어나 의롭다 하심을 얻었음이라"하였습니다. 그러므로 바울은 너희는 죄로 죽을 몸에 왕노릇 하지 못하게 하여 몸의 사욕을 순종치 말고 너희 지체를 의의 병기로 드리라 하였습니다. 여기서 병기란 전쟁 용어로서 죄와 의 사이에 영적 전쟁이 일어난 것을 뜻합니다. 따라서 의의 병기란 의를 위한 투쟁의 의무가 부여되고 있음을 인식해야 합니다. 그러므로 범죄하던 자들은 죄가 자신을 주관치 못하도록 의에 순종하여 죄가 왕노릇하지 못하게 하여야 할 것입니다(롬6:11-16)

여기서 우리가 기억해야 할 것은 많은 교회들이 성도의 죄의 문제에 대하여 언급하지 않고 있다는 것입니다. 성경은 분명히 우리에게 "너희가 본래 죄의 종이었더니 너희에게 전하여 준 바 교훈의 본을 마음으로 순종하여 죄에게서 해방되어 의에게 종이 되었다"(롬 6:17,18) 하였습니다. '교훈의 본'이란 '교리의 중심'을 말한 것으로 죄의 원리와 의와 은혜의 원리를 언급한 것입니다.

계속하여 성경은 죄의 마지막과 삯은 사망이라 하였고 "너희가 죄에서 해방되고 하나님께 종이 되어 거룩함에 이르는 열매를 얻었으니 그 마지막은 영생이라"하였습니다. 물론 영생이란 우리가 주를 믿음으로 주어지는 하나님의 의인된 축복이지만 그 결과는 계시록 20장에서 주어집니다. 그리고 죄의 문제로 사망에 들어간 사람들의 문제도 그때에야 해결됩니다. 그러므로 베드로는 믿음의 결국은 혼의 구원이라 한 것이며, 영과 혼과 육이 온전하여야 할 것을 가르친 것입니다. 따라서 형제는 일방적인 믿음생활에서 벗어나 성경의 가르침에 대하여 깊이 생각하고 그 지식을 깨달아 주의 지혜에 도달하여야 할 것입니다. 주님은 '진리로 저희를 거룩하게 하소서 아버지의 말씀은 진리입니다' 하셨고 다시 '진리가 너희를 자유케 하리라' 하셨습니다.

최근 많은 동성애자들을 상담하면서 느낀 것은 이들이 다른 중독자들과 달리 외형적으로 노출되지 않기 때문에 죄를 은닉하고 믿음의 영적가면을 쓰고 있다는 것을 알게 되었습니다. 이것이 가장 큰 문제입니다. 그러나 누구라도 주 예수 그리스도 앞에 자신을 숨길 수 없듯이 비록 동성애를 해결하지 않고 믿음을 지키려 한다면 그는 결국 위선자가 되고 그는 죄로 말미암아 사망에 이르게 될 것입니다. 그러므로 차라리 자신의 죄의 모든 문제를 가족이나 주변에 모두 벗어 놓고 스스로 진솔한 믿음 가운데로 나아와 그리스도와 독대하는 귀한 시간을 가질 필요성이 있다고 생각합니다. 만약 그렇지 못하면 많은 동성애자 목사나 신부처럼 위선자로 평생을 고통받게 될 것입니다. 부디 주의 종은 거짓 없는 선한 양심과 거룩한 하나님의 영과 그리스도의 인치심 가운데 나타나는 하나님의 은사임을 기억하여야 할 것입니다. 죄와 투쟁하는 형제를 위해 기도하겠습니다. 주의 평강이 임하시기를 기원합니다. (이요나)

## 상담사례 (19)  동성애자의 결혼 가능할까요?

목사님 인터넷에 올라 온 글 잘 읽었습니다. 많은 것을 배우고 깨닫고 있습니다. 우리나라에 목사님과 같은 분이 계셔서 정말 감사합니다. 목사님 그런데 어떻게 하면 동성애적인 문제를 극복할 수 있을까요? 기도로써 가능할까요? 예전 저의 모습이 모두 사라지고 새로운 모습으로 태어날 수 있는걸까요?

그리고 목사님! 저와 결혼하길 원하는 자매가 있는데 어떻게 해야 될지, 자매는 1~2년 전부터 저를 관심 있어 하며 정말 관심이 있다고 고백까지 했답니다. 그런 자매에게 전 아직도 확답을 못 줬어요. 저와 동갑이니 나이도 있는데 이제는 더 이상 기다리게 해서는 안될 것 같은데 전 아직 문제를 해결 받지 못했다는 생각에 자꾸만 미루고 있습니다 사랑없이 결혼할 수 없다는 생각에... 그건 한 여자에게 죄를 짓는 것 같아서요.

이렇게 혼란스러운 나의 정체성 가운데 과연 제가 결혼을 해도 괜찮은 건지, 자매에게 어떻게 이야기해야 할지 정말 힘이 듭니다. 중요한 것은 결혼을 하면 과연 제가 변화할 수 있을지 참으로 걱정도 되고 두렵습니다 결혼도 두렵고 제 자신은 왜 이런 모습인지 왜 남들처럼 살지 못하는지 자신이 싫어지기도 합니다. 목사님 제가 어떤 과정을 밟아가며 어떻게 이 문제를 해결해 나가야 좋은 걸까요? 지금은 새벽에 교회에 나가 기도하는 이외에는 하는 게 없답니다. 제가 어떻게 하면 좋을지요? 계속 기도하다 보면 하나님의 응답이 있겠죠? 어떻게 하나님의 응답을 받을 수 있을까요?

## 전문가상담/ 결혼은 최고의 선물입니다

얼굴도 모르고 이렇게 이메일을 주고 받는군요. 참 좋은 세상입니다. 사실 우리가 자신의 고통을 누구에게 하소연할 수 있다는 것은 매우 중요합니다. 이것이 성경적 상담의 기초입니다. 지금 형제는 나름대로 동성애를 잘 극복하고 있는 것 같습니다. 그러나 극복이 중요한 것이 아니라 탈출을 해야 합니다. 극복이란 문제를 이겨내는 것을 말하지만 아직 그 속에 누룩이 남아 있는 상태입니다. 어떤 분의 상담에서 죄의 씨앗을 누룩에 비교했습니다만 이것은 성경의 답변입니다. 우리는 주 예수 그리스도로 인하여 누룩 없는 고운 가루가 된 사람들입니다. 그러므로 다시 우리 안에 누룩을 용납하는 것은 더 큰 죄악입니다.

형제는 지금 진정으로 동성애로부터 탈출하고 싶은가 묻고 싶습니다. 그렇다면 먼저 동성애과 관련된 모든 출입구를 봉쇄하십시요. 의도적인 것은 아니지만, 형제의 이메일에 붙어 있는 불로그를 따라 들어가 보았습니다. 그런데 그곳에는 불행하게도 '남자몸짱'이란 다른 사람의 불로그가 연결되어 있더군요. 그곳에는 지옥의 사자들이 춤을 추고 있더군요.

지금 형제에게 중요한 것은 거룩한 그리스도인으로서의 온전한 회개입니다. 성경은 악은 그 어떤 것이라도 허용치 말라 하였습니다. 더러운 것을 만지고서야 어찌 깨끗하기를 바라겠습니까? 만약 형제의 아내 될 사람이 다른 남자와 관계를 갖고 있다면 용납하시겠습니까?

형제에게 결혼을 원하는 자매가 있다니 참으로 형제는 복된 사람입니다. 우선 형제는 그 자매와의 만남을 자주 가졌으면 합니다. 가능한 한 두 사람이 성경공부를 하며 중보의 동역자가 되었으면 합니다. 그리고 서로 마음이 하나가 되어 결혼하기로 약속을 하였다면 서로의 아픔을 고백할 수 있어야 합니다. 어쩌면 사랑하는 부부가 함께 져야할 십자가일지도 모릅니다. 만약 자매가 형제의 고통을 이해하고 그 문제를 위해 함께 기도하며 두 사람 가운데 그리스도의 몸을 세워나간다면 형제는 아름다운 하나님의 형상을 회복하게 될 것이며 주님은 두 사람을 축복하실 것입니다.

그러나 자매에게 고백은 자매와 충분한 교제를 통하여 그 자매의 온전한 사랑을 확인한 후에 하셔야 할 것입니다. 만약 그 자매가 형제의 고통을 듣고 돌아선다면 그 자매는 형제와 인생을 함께 공유할 수 없는 분일 것입니다. 또한 자녀를 낳는 것에 대한 고민을 갖지 마십시오. 고통 가운데 하나님의 은혜를 체험한 하나님의 사람은 좋은 아버지가 될 것입니다. 우선 하나님의 사랑하는 형제는 하루 일과 중 주님과의 독대 속에서 말씀과 기도로 하루하루를 세워나가야 할 것입니다. 주님은 형제의 문제를 통하여 절대적 관계를 갖고자 하십니다. 그러므로 형제는 이제 고통의 사람이 아니라 축복의 사람인 것입니다. 즐거운 주말 되십시오! (이요나)

## 상담사례 (20)  감정을 다스릴 수 없어요

안녕하세요. 저는 97년도에 동성애자 커뮤니티를 알게 되어 죽 동성애 생활을 해오다 2000년도 경 동성애 세계를 떠나 약 3년 동안 교회생활을 해오다가 다시 유혹이 생겨 간간히 동성애자와 접촉하여 관계를 맺어오다 그 뒤 지금까지 하나님에 대한 끈을 놓지 않으려고 하지만 중간중간 유혹은 저를 다시 방황으로 내몹니다.

자위행위를 할 때 남성을 생각하며 자위를 해오다가 얼마 전부터는 여성을 생각하기도 하며 자위행위를 했으나 지금은 다시 동성애 감정이 올라옵니다.(길가다 버스 안에서 직장에서 끌리는 사람이 오면 자꾸 눈이 가고 관심이 감) 목사님께서는 예배모임에 참석하면 그리고 말씀중심 성경중심 기도 등등을 하면 동성애의 사슬에서 벗어날 수 있다고 하셨는데 사실 잘 이해가 되지 않습니다. 목사님께 제가 말하고자 하는 요점은... 이렇게 확연하게 하나님을 가까이 해왔는데 동성애에 끌리는 마음은 여전하다는 것입니다. 지금 밤에 누구를 만나고 싶어요. 이 감정덩어리, 누군가에게 제 모든 마음을 위로 받고 이해받고 싶어요.

다시 말씀 드리면 예전보다 많이 확연하게 하나님을 알아가고 있는데 저의 동성애 감정은 여전하다는 것입니다. 글에 덧붙이자면 제가 성령충만하고 기도생활 열심히 하고 예배에 진실한 마음으로 성실하게 참가하면 그때에는 동성애가 참 더럽게 느껴진다는 것입니다. 그래서 그때는 정말 건강한 정신상태를 유지하게 됩니다. 하지만 돌아서면 곧 동성애 감정이 올라와 다시 동성애 웹사이트를 찾게 됩니다. 혹시 나와 같은 상황이 목사님께서 말씀하시는 치유는 아닌지요. 제가 바라는 치유는 동성애에 대한 완전한 치유입니다. 목사

님께서 말씀하시는 치유는 어떤 치유를 말씀하시는지요? 과연 목사
님께서 주관하시는 예배에 가면 치유받을 수 있냐 하는 것입니다.

## 전문가상담/ 사람의 마음보다 더러운 것이 없지요

그렇습니다. 인간은 감정을 갖고 있습니다. 하나님께서 인간을 창
조하실 때 자기형상과 자기모양대로 지으셨습니다. 그래서 인간은
하나님처럼 영적인 부분이 있으며 스스로 결정하는 기관 곧 이성과
지성과 감성부분이 있습니다. 감성은 육감을 통해 오는 판단력이며
지성은 지식과 체험을 통해 얻어내는 결정력이며 이성은 감성과 지
성을 통해 전달된 것을 최종적으로 판단하는 내 혼의 중추기관입니
다. 이러한 혼적 기관은 비물질 기관이라 합니다

비물질 기관은 크게 영과 혼으로 나누는데 영은 믿음을 주관하는
자율기관이며 혼은 마음과 생각을 주관합니다. 우리가 어떤 것을 판
단할 때에는 감성의 지배를 많이 받게 되는데 감성은 우리가 터득한
지식과 체험에 의해 통제를 받고 지성은 우리의 이성을 일깨워 내
마음과 생각을 다스리게 됩니다. 그러나 문제는 아담으로부터 이 세
상의 지배권을 받은 사단의 역사입니다. 그는 영적이며 지성을 갖고
사람의 욕정과 욕망을 사로잡고 있습니다. 이것이 영적투쟁입니다.

또 우리가 예수를 믿으면 성령이 우리 안에 들어오셔서 죽은 내
영을 깨워 하나님을 알게 하고 자신의 존재를 알게 하는데 이것이
믿음입니다. 그러나 우리의 믿음은 하나님의 지식과 영적 체험을 요
구하는데 하나님의 지식이 바로 성경이며 영적체험이 믿음생활을
통해서 얻어지는 신적 체험입니다. 성경에는 하나님과 인간의 본질
에 대하여 기록되었고 천지만물을 다루시는 하나님의 능력과 인간

을 통하여 받으실 영광의 계획들이 기록되었으며 하나님을 대적하는 악한 영들의 훼방과 그들이 받을 멸망과 하나님의 나라에 대하여 기록되었습니다.

따라서 우리가 성경을 통하여 하나님의 메시지를 들으면 우리의 성령이 기뻐하며 그 들으신 말씀을 따라 내 믿음의 의지를 실현하게 되는데 이것을 우리는 믿음이라 말합니다. 이 믿음은 종교적 활동과 달라서 내 영이 하나님의 말씀을 통하여 성령의 인도하심과 가르치심을 따라 하나님이 뜻하신 삶을 살게 합니다. 또한 우리가 예수를 믿어도 육신적인 삶을 사는 것은 내 영이 하나님의 지식을 터득하지 못하여 내 의지가 믿음의 결단을 갖지 못하는 것입니다. 하나님이 이처럼 우리를 자유의지에 맡기신 것은 우리 인간의 인격을 하나님의 신적인 인격과 대등하게 창조하셨기 때문입니다.

우리가 하나님의 말씀을 통하여 나를 창조하신 하나님의 뜻을 깨닫고 영광에 이르는 약속의 말씀에 의지하여 마음으로 기도하고 성령으로 기도하여 내 영과 혼을 미혹하는 악한 영들의 지식과 유혹하는 더러운 영들의 실체로부터 내 마음과 생각을 다스리는 것은 결국 우리 믿는 자들의 몫으로 이것을 돕기 위해 하나님께서는 성령을 우리에게 보내신 것입니다. 물론 하나님은 지금 당신이 겪는 고통을 알고 계십니다. 그러나 하나님은 당신의 영이 성경의 말씀으로 가득차서 그 믿음으로 당신의 소욕을 억제할 수 있기를 바라십니다. 그래서 기름부은 종들을 보내어 말씀을 가르치게 하신 것입니다

이제 형제의 결단은 오직 믿음으로 서서 주의 성령의 인도하심을 따라 하나님의 말씀을 듣고 실천하는 길입니다. 이 일은 누가 대신해 줄 수 없는 당신의 인격에 해당하는 부분으로 당신의 선택으로 후

일 당신은 의인의 상을 받게 되며, 또한 불순종의 영이 받아야 할 심판이 따르게 됩니다. 그러므로 성경은 참고 선을 행하여 영광과 존귀와 썩지 않을 것을 구하는 자에게 영생을 주시고, 악을 행하는 각 사람의 영(혼)에게 환난과 곤고가 있으리라 하신 것입니다. 그러므로 지금은 믿음의 투쟁이 있을 뿐이며 당신이 말씀에 의지하여 주께 구하면 주께서 성령의 능력으로 당신을 온전케 하실 것입니다. 그것이 복음의 메시지입니다.(이요나)

## 상담사례 (21)  레즈비언과의 한 번의 경험

저는 20대 아주 평범한 여자입니다. 그 동안 아무에게도 깊이는 말하지 못했던 저의 과거 때문에 많이 힘들었고, 지금은 그래도 좀 괜찮아졌어요. 한 친구가 있었는데(물론 동성 친구, 여자 친구 입니다) 그 친구와 만난지는 8년 정도 되어갑니다. 사춘기 때 만난 친구인데 처음에는 그냥 보통 친구였었는데 그러다가 사이가 점점 이상해지고 동성애라고 해도 무방할 정도의 사이가 되어버렸습니다. 우정이라기 보다는 더 깊은 의존적인 사이가 되었거든요.

대학교에 와서 교회에 다니는 저희 둘은 이런 동성애 관계를 하나님이 원하시지 않는다는 것을 알았고 관계와 모든 연락을 서로가 동의하고 끊었습니다. 그래도 그 동안 만났던 기간이 좀 오래되어서 연락을 끊기는 참 어려웠고 몇 번의 실패 끝에 결국은 연락을 안하게 되었습니다.

그 후에 저는 남자친구를 사귀었는데 사귀면서도 자꾸 그 친구가 생각나기도 하고 그 친구와 있었던게 더 좋았다라는 생각을 하기도

했습니다. 지금은 남자친구와 헤어졌구요. 대학을 졸업하고 아직 직장이 확실하지가 않아 집에 있는 사이 또다시 그 친구와 연락을 하게 되었습니다. 그리고 그 친구는 아무렇지도 않다고 만나자는 말도 하는데 저는 아무래도 그 친구를 만나기가 꺼려졌습니다.

제가 그 친구에게 했던 말들이나 행동들이 또렷하게 생각나서 도저히 부끄러워서 만날 수가 없다는 생각이 들었습니다. 이제는 동성애에 다시는 빠지고 싶지도 않습니다. 그런데 저의 고민은 이런 제가 다시 정상적인 남자친구를 만나고 사랑할 수 있을까 입니다. 그리고 그 친구와의 일들이 생각나면 제 자신이 싫어지고, 그것도 제 안에 있는 저의 모습이기 때문에 변화할 수 있을지 두렵습니다.

## 전문가상담/ 생각을 떨쳐 버리세요

사람은 누구나 동성애에 빠질 수 있습니다. 더욱이 성적으로 민감한 청년 때에는 비슷한 경험을 할 수 있습니다. 그러나 동성애를 한두번 경험했다고 동성애자가 되지는 않습니다. 다만 동성애를 경험하다 보면 자신도 모르게 동성애에 빠질 수 있습니다. 그러므로 동성 친구에게 자신의 분명한 입장을 전하시고, 동성애에 관한 하나님의 뜻과 그에 관한 말씀을 전해 주시는 것이 좋습니다. 그분에게 분명히 해 둘 것은 자신은 과거의 일들에 대하여 회개하고 이제는 그리스도인으로 살고 있음을 전달해야 합니다. 그 자매와 만나는 것은 나쁘지 않겠으나, 충분한 기도를 하시고 어떤 경우라도 그 자매의 페이스에 말려들지 않도록 주의 하시기 바랍니다. 만날 때에도 대중이 만나는 곳에서 만나시고 단둘이 있는 공간은 피하셔야 합니다. 그리고 만날 때마다 그리스도의 복음의 메시지를 전하는 것이 좋겠습니다.

결혼에 대해 걱정을 하셨는데 자매님은 동성애자가 아닙니다. 마음의 혼란을 떨쳐버리고, 온전한 믿음 생활 속에서 이상형을 만나도록 힘쓰시기 바랍니다. 자매님이 주 앞에 고백한 모든 죄는 사함을 받았으니 머리 속에 남아 있는 기억은 하나님의 말씀으로 지우시기 바랍니다. 그리고 다시는 더러운 일에 얽히지 않도록 힘쓰십시요. 이것은 동성애 뿐이 아니라 음행에 관한 모든 것은 마찬가지입니다. 동성 친구에게도 속히 동성애에서 빠져 나올 수 있도록 권면하시고 저희 쪽에 성경적 치유상담 훈련을 받도록 권고하시는 것도 좋겠습니다. 성경은 사망에 이르지 않는 죄에 빠진 사람을 구하라 하셨습니다. (이요나)

## 상담사례 (22)  동성애 상담 어떻게 해야 할지

안녕하세요? 이요나 목사님.. 저는 대학생선교단체를 섬기고 있는 선교회 간사입니다. 제가 목사님의 성함을 알게 된 것은 얼마 전 저와 함께 성경공부를 시작한 지체를 통해서였습니다. 그 지체는 교회에서 만났고 교회 저희 셀의 한 지체의 사촌언니로 몇 주전부터 교회에 나오게 되었어요. 이 자매는 직장생활을 하고 있고 모태 신앙이었는데, 교회에 잘 다니지 않다가 저희 교회가 분위기도 좋다며 나오게 되었습니다. 그리고 성경공부를 원해서 저와 성경공부를 하게 되었어요.

성경공부는 가능하면 일주일에 한 번씩 하기로 했답니다. 어제는 그 두 번째 시간이었어요. 인간의 죄에 대해서 다루는 부분이었습니다. 그때 그 자매가 저에게 놀라운 고백을 하는 것이었습니다. 자신이 동성애자라는 것이었어요. 그 자매의 스타일이 좀 남성스럽고 뭐 그런 거 외에는 전혀 생각지를 못했으니까요. 제가 이렇게 메일을 드린 것은 그 자매를 어떻게 도와야 할지.. 자문을 구하기 위함입니다. 그 자매는 하나님이 자신을 도와 줘서 이 상황을 극복하고 싶다고 합니다. 그래서 교회에 나온 것이고 성경공부를 하게 된 것이라구요. 지금 애인과 동거하고 있는 상황이구요. 사실 그 애인과 저희 교회에 함께 나온 거거든요. (사실 이 부분을 알았을 때가 좀 충격이긴 했지만..)

어제는 그것이 분명히 죄라는 것과 극복해야 할 것이라고 이야기했습니다. 하나님께서 도우실 것이라고 그 자매는 저와의 성경공부 시간을 굉장히 기다리고 좋아하는 듯 했어요. 궁금한 것도 많이 물어보구요. 제가 여자라서 편하다고 하더라구요. 자기는 여자가 좋다구요. 남자가 되지 못한게 한이 된다고 하더라구요. 저는 그런 자매에게 하나님은 실수하지 않으시며 이런 이야기는 원론적이지만 해야하는거죠? 저는 사실 목사님을 잘 알지 못하고 뵙지도 못했지만 감사드리고.. 늘 평안하십시오.

## 전문가상담/ 이해와 배려와 경계

간사님의 이메일 잘 읽었습니다. 사역 중 충격이 많으셨으리라 생각됩니다. 그러나 이런 일은 이제 보편적인 문제가 되었습니다. 그 자매 분이 먼저 자신을 밝힌 것은 참으로 다행한 일입니다. 혼자서 고민하다가 교회생활 속에서 정죄의식을 갖는다면, 우울증이나 자살로도 이어질 수 있는 문제이기 때문입니다. 동성애로 고민하는 성도들의 가장 큰 문제는 이미 자신들이 잘못된 것을 인식하면서 그 행위에서 벗어날 수 없다는 것입니다. 그리고 어쩔 수 없이 동성애자로 태어났으니까 하는 생각으로, 자신의 생활을 정당화하려는 생각을 갖는 것입니다. 이단에 빠진 사람들이 성경적 지식의 균형을 갖지 못하였듯이 동성애자들 역시 그에 대한 바른 성경적 지식을 갖지 못하고 있습니다. 이것이 우리 교회들이 마음을 써야 할 부분입니다.

먼저 동성애의 성향을 가진 사람도 예수 그리스도 안에서 온전한 구원을 받을 수 있다는 확신을 갖게 하는 것이 중요합니다. 그러나 동성애에 대한 하나님의 견해를 분명히 해두는 것이 좋습니다. 이것은 성경공부를 통하여 하나님께서 남자와 여자를 창조하신 목적을 함께 살펴보고, 남자와 여자의 결혼에 관한 바른 지식과 부부관계 외의 모든 성행위는 하나님께서 금하신 범죄에 속한 것임을 성경적으로 깨닫게 할 필요가 있습니다. 더욱 중요한 것은 이 땅의 모든 그리스도인은 각자의 십자가를 짊어지고 있으며 우리가 그 십자가를 지고 믿음으로 극복해야 하는 이유는 장차 우리에게 있을 상급 곧 주께서 이 땅에 오실 때 우리가 받아야 할 의인의 상급에 대한 지식이 필요합니다. 그리고 그리스도인의 거룩한 삶이 얼마나 중요하며 그것이 결코 어렵지 않은 것을 성경으로 알려 줄 필요가 있습니다.

주님은 제자들이 세상의 악에게 얽힐 것을 걱정하여 하나님께 기도하여 저희를 진리로 거룩하게 하옵소서 아버지의 말씀은 진리입니다 기도하셨습니다. 결국 우리를 온전케 하시는 것은 성경에 기록된 진리의 말씀을 깨닫는 것입니다. 성경은 진리가 너희를 자유케 하리라 하셨습니다. 그러므로 동성애는 타고난 것이 아니라 자신이 성적 판별능력이 없을 때 지배하는 환경 속에 침투한 악한 영들에 의한 성적중독 상태임을 깨닫게 할 필요가 있습니다. 동성애 중독은 성향으로 출발한 것이지만 담배, 마약, 알코올 중독과 달리 매개체가 외부조건이 아니라 자신 안에 있기 때문에 극복하기가 힘든 것입니다.

따라서 해결의 방법은 본인이 동성애로부터 해방되고자 하는 굳은 의지를 갖고 있느냐에 있습니다. 그렇다면 먼저 확신을 갖고 지금의 동거생활로부터 벗어나야 할 것이며 좋은 이웃이나 가족과 함께 생활하며 꾸준한 성경적 상담을 통해 자신의 마음을 바로잡아야 할 것입니다. 이것은 오랜 시간과 투쟁의 결단과 시행이 필요한 부분입니다. 그러기 위해서는 변화할 수 있다는 확신과 장래를 향한 소망, 그리고 변화를 위한 실천과 말씀과 기도 안에서의 투쟁이 필요합니다.

또한 동성애자를 상담할 때 주의해야 할 것은 잘못된 상담으로 인하여, 상대가 도피한다는 것입니다. 그러므로 우선 상대와 그리스도 안에서의 온전한 교우 관계로 발전하는 것이 좋습니다. 그러므로 조급하지 말고 여유를 가져 주는 것이 절대적으로 필요하고 가능하면 동거하는 분이 같은 성도라면 함께 상담하는 것이 좋겠습니다만 이 경우는 특별한 문제가 대두될 수 있기 때문에 전문가적인 입장의 여유를 갖을 필요가 있습니다.

때때로 성격적 변화의 굴곡이 심해서 조그만 일에도 오버하는 성향이 나타날 수 있고 사소한 말에 상처를 입어 무조건 일방적으로 관계를 끊게 될 수도 있습니다. 그러므로 지나친 사생활에 관여하지 않는 것이 좋으며(가정방문 같은 것), 죄의식을 갖게 하는 말보다는 그리스도 안에서 자유함을 얻게 하는 것이 좋겠습니다. 여자 동성애자들은 남성 동성애자들과 달라서 한 사람과 오랫동안 생활하는 경우가 많습니다. 그러나 결국 이 생활로 인해 결혼을 하지 못하게 되며 결혼 후에도 결국은 이혼으로 가는 경우가 많습니다. 물론 여성의 경우는 성적 행위가 피동적이어서 남성들과 같이 성 불능으로 부부생활 장애의 경우는 없겠습니다만, 그 반면에 남편에 의해 강제적인 관계를 당한다는 생각 때문에 우울증이나 분노 같은 것이 쌓여 돌발적인 문제로 전락 될 경우가 있습니다.

제가 알기로는 여성 중에 상당한 지식층에 있는 분들이 동성애 성향을 갖고 있는 것으로 알고 있습니다. 그래서 남성 동성애자들과 달리 조용한 편에서 확산되며 또한 남성 동성애자들보다 상대적으로 에이즈라던가 하는 질병에 노출될 염려가 없기 때문에 동성애 극복에 힘을 쓰지 않는 것 같습니다. 그러나 그리스도 안에서 자신의 양심의 고통을 받고 있다면 이 분은 이미 주께서 섭리하고 있다고 보아야 합니다. 그러므로 이 분에게는 자신을 이해하고 인도해 줄 인도자가 필요합니다.

우선은 그 자매와 함께 창세기부터 성경공부를 차근차근 해나갈 필요가 있습니다. 교재를 중심으로 하는 성경공부는 부분적인 신학 부분을 건드릴 수 있어 죄의 문제나 의인의 믿음과 생활에 관한 문제를 다룰 때 문제가 되는 경우가 있습니다. 그러므로 창세기부터 강해하면서 하나님의 뜻과 계획을 알게 하는 것이 중요합니다. 또한 먼저 상대에 대한 깊은 사랑을 갖고 기도하시기 바랍니다. 백 번의 말보다는 우리 안에 역사하시는 성령의 은혜가 나타나야 하며 우리가 할 일은 네 몸처럼 이웃을 사랑하라는 주의 명령뿐입니다. 혹시 은연 중에 나는 의인이라는 생각이 내비치면 상담이 중단될 수 있으며 그렇다고 죄의 문제를 언급하지 않고 지나가도 그것은 사역자의 입장을 기피한 범죄에 해당됩니다.

그러나 삼가야 할 것은 성적인 유혹에 부딪히지 않는 것이 중요합니다. 제가 상담하는 사람들 중에는 자신의 문제를 상담하던 지도자와 관계를 갖게 된 경우도 있습니다. 어떤 일이 있어도 악에게 그러한 유혹의 빌미를 주어서는 안 되는데 단둘이 여행을 간다던가 그리스도인들이 가지 말아야 할 곳을 간다던가 하는 것은 삼가야 합니다. 더욱이 상대의 집에 가서 머무는 일은 더더욱 삼가야 합니다. 그러나 이런 것이 의식적으로 상대에게 비쳐지면 관계가 소원해 질 것입니다. 자신이 동성애자라는 것에 대하여 대인 기피를 갖지 않게 할 필요가 있습니다. 시대가 시대이니만큼 본인이 원하면 주변 가족이나 친구들에게 자신의 입장을 밝혀 함께 기도하고 동성애 극복에 버팀목이 되어 주는 것도 필요합니다. 동성애자를 위해 기도해 주심을 감사 드립니다. 귀한 사역에 주님의 은혜가 충만 하시기를 기원하겠습니다. (이요나)

## 상담사례 (23)  성적충동, 본능이잖아요?

우연치 않게 이 카페를 알게 되어 참 감사 드립니다. 전 올해 27살이 된 형제입니다. 제 안에 항상 궁금한 것들이 있어 이렇게 상담을 요청합니다. 그것은 음란(죄)과 하나님이 주신 성욕에 대해 분별하기가 어렵다는 것입니다. 전 2년 반 전부터 교회의 한 자매와 교제를 하고 있습니다. 주님 안에서 함께 교제하며 하나님의 나라를 준비하는 것이 저에게는 정말 큰 감사와 축복이라고 생각합니다. 하지만 저희 안에 관계가운데 한 가지 어려운 점이 있다면 스킨십 부분이었습니다. 서로 사랑하는 관계라는 것이 쉽게 서로에게 마음을 열게 하고 가벼운 스킨십(손잡고, 뽀뽀하고 안아주는..) 허락하게 했었는데, 문제는 그렇게 한번 하면 계속해서 다음 단계로 넘어가는 저의 모습이 있었습니다. 그래서 관계는 직접적인 성교가 아닌 간접적인(옷을 입고) 사정을 해야만 그 스킨십이 끝나게 되었습니다.

처음엔 그것이 너무나도 죄의식을 갖게 했습니다. 그래서 우리 그러지 말자 그러지 말자 했었는데 만나기만 하면 그것이 절제하기가 너무나도 어려웠습니다. 그것이 지금까지 계속 간접적인 스킨십 관계로 이어지고 있구요. 어쩌면 제 안에 결혼 전에 직접적인 관계만 안 가지면 되지 않느냐 라는 생각이 들기도 합니다. 과연 이 생각이 맞는지, 제 안에 이러한 생각이 있습니다. 20대의 건강한 청년이라면 누구라도 혈기 왕성한 성욕이 있는데, 결혼 전까지 그것들을 참아야 한다는 것이 저는 너무 힘이 듭니다.

성욕도 어떻게 보면 하나님께서 주신 것인데 혈기 왕성한 이 성욕을 결혼 전까지 참으면 하나님 앞에 정결히 서는 것이고 그렇지 않으면 하나님의 뜻을 거스른다는 죄책감이 절 너무 힘들게 합니다. 끓어오르는 성욕을 참기가 힘들어 자위행위로 저의 욕구를 해소하는데 이것이 제 안에 계신 성령님께 범죄하는 것인지.. 아니면 자연스러운 것인지 잘 분별을 못 하겠습니다. 성욕도 주님께서 주신 거라고 생각하는데 이것이 저에게는 딜레마 입니다. 도와주세요.

### 전문가상담/ 마음도 자기 것이지요?

참으로 용기 있는 질문을 해 오셨습니다. 형제와 같은 성적 충동에 대한 욕구는 믿는 사람들뿐 아니라 이 땅의 모든 사람들의 고민이며 문제입니다. 그로 인하여 이 세상에는 성폭행 사건들이 끊이지 않는 것입니다. 그러나 문제는 믿는 사람들의 성적 충동입니다. 더욱이 20대 전후의 청년들에게 있어 성적 충동은 참을 수 없는 고통이 아닐 수 없습니다. 더구나 이것이 죄냐 아니냐에 대한 문제는 크리스천들을 괴롭게 하는 의문 중의 하나입니다. 그러나 음행에 대한 성경적 답변은 죄입니다. 결코 그리스도인으로서는 행해서는 안 될 커다란 죄입니다.

성경은 "너희 몸이 그리스도의 지체인 줄을 알지 못하느냐 내가 그리스도의 지체를 가지고 창기의 지체를 만들겠느냐 결코 그럴 수 없느니라 창기와 합하는 자는 저와 한 몸인 줄을 알지 못하느냐 일렀으되 둘이 한 육체가 된다 하셨나니" (고전 6:15,16) 기록하였습니다. 두 사람이 성적 행위에 연루되어 관계를 가졌다면 이미 거룩한 그리스도의 지체를 더럽힌 것입니다.

바울은 계속하여 "너희 몸은 너희가 하나님께로 받은 바 너희 가운데 계신 성령의 전인 줄 알지 못하느냐 너희는 너희 것이 아니라"(고전6:19) 하셨고, 다시 "누구든지 하나님의 성전을 더럽히면 하나님이 그 사람을 멸하시리라 하나님의 성전은 거룩하니 너희도 그러하니라"(고전3:17) 하셨습니다. 더 나아가 바울 사도는 우리의 음행이 다른 죄보다 더 악한 것을 말하며 "음행을 피하라 사람이 범하는 죄마다 몸 밖에 있거니와 음행하는 자는 자기 몸에게 죄를 범하느니라"(고전6:18) 경고하였습니다.

많은 사람들이 오늘날 세상에서 일어나는 성폭행에 대하여는 정말 악하고 천벌을 받을 사람들이라 말하고 있습니다. 또한 동성애자들을 향하여 그들은 하나님께서 정죄하였다 말하고 있습니다. 그러나 문제는 자신의 음행과 간음에 대하여는 관대하다는 것입니다. 그러나 성경에서 죄는 누룩으로 표현하고 있습니다. 빵을 부풀리는 데 누룩은 그 양이 문제가 되지 않습니다. 적은 누룩으로 온 덩어리가 부풀게 됩니다.

또한 고린도전서 5장에는 아비의 계모와 음행을 행한 한 형제에 대한 문제가 기록되었습니다. 바울 사도는 "너희가 교만하여져서 그를 통한이 여기지 아니하고 그 일 행한 자를 너희 중에서 물리치지

아니하였느냐"(고전5:2) 책망하였으며, 다시 "내가 주 예수의 이름
으로 너희가 내 영과 함께 모여서 우리 주 예수의 능력으로 이런 자
를 사단에게 내어 주었으니 이는 육신으로는 멸하고 영은 주 예수의
날에 구원을 얻게 하려 함이라"(고전5:5) 하였습니다.

이 말씀은 오늘날 우리 교회에 큰 경종이 되는 말씀입니다. 오늘날
우리 교회에서도 이런 문제를 다루지도 않고 또 교회 목사들 중에서
일어나는 음행사건도 사랑이라는 미명으로 덮으려 하고 있습니다.
그러나 성경은 이들을 정죄하여 교회에서 내어 쫓는 것이 그의 영혼
을 구원하기 위한 조치라고 말하고 있습니다. 물론 하나님께서 우리
에게 성을 주신 것은 분명합니다. 창조로부터 남자와 여자로 지으셨
고 남자를 향하여 부모를 떠나 아내와 한 몸이 될지라 명하셨기 때
문입니다. 그러나 하나님께서 남자가 아내를 취하여 한 몸이 되라 하
셨은즉 성적 결합은 오직 부부에게만 허락된 것임을 알 수 있습니다.

어떤 사람들은 우리가 결혼을 할 사이니까 괜찮지 않느냐 합니다
만 그렇다면 속히 결혼을 하셔야만 합니다. 그 전에 행하는 모든 성
적 표현은 누가 뭐라고 해도 간음에 속한 것으로 그에 대한 합당한
판단을 받게 되실 것입니다. 어떤 사람들은 성교를 행하지 않았으므
로 이 정도의 스킨십은 괜찮을 것이라 생각하겠지만 결국은 자신의
성적인 충동을 채우기 위한 것이므로 두 사람은 그 이유가 어디에 있
던지 음욕이 불타 서로 간음을 한 것이라 하겠습니다. 주님은 마음으
로 품은 것도 간음이라 하셨기 때문입니다.

이처럼 그리스도인의 잘못은 죄의 크고 작은 것을 가리려 하는데
있습니다. 내가 행하는 적당한 죄는 눈감아 버리려는 태도입니다.
그러나 죄의 속성은 열역학 속에 있어서 날이 갈수록 브레이크를 상

실한 자동차처럼 죽음을 향하여 달려가게 될 것이며, 자신도 모르는 사이에 범죄자가 되고 위선자가 되어 의인의 자리를 상실하게 될 것입니다. 그는 이미 스스로 주의 은혜를 포기한 사람이라 하겠습니다.

다행히 그리스도인들이 이러한 음행과 성적인 행위로 인하여 고통을 가지며 고민하는 것은 참으로 회개를 이루는 하나님의 배려라고 생각합니다. 성경은 "하나님의 뜻대로 하게 한 근심은 후회할 것이 없는 구원에 이르게 하는 회개에 이르게 하는 근심이요 세상의 근심은 사망을 이루게 하느니라"(고후7:10) 하셨습니다. 우리에게 주신 주의 말씀으로 성령께서 탄식으로 내 양심을 깨우치는 것입니다. 성경은 하나님의 말씀에 순종하는 것이 많은 예배보다 낫다고 하셨습니다. 부디 하나님의 말씀에 순종하여 자신의 몸을 쳐 복종시키고 아름다운 하나님의 나라에 넉넉히 들어가시게 되기를 기도합니다.(이요나)


## 상담사례 (24) 제가 배우들을 좋아하는데

하나님의 평화가 목사님께 임하길 바랍니다. 다름이 아니라 제가 요즘 어떤 배우를 좋아하게 되었습니다. 그래서 그 배우의 카페에도 자주 들리고 있습니다만 게이, 이반 카페가 아니라 단순히 한 외국 배우의 친목 카페 입니다. 그런 카페도 끊어야 할까요? 성적인 대상이 아니라 감정적으로 좋아하게 되었습니다. 이 부분에 대해서는 목사님도 아시다시피 의지대로는 되지 않잖아요. 공부하면서 힘들 때마다 그 카페에 자주 들어가서 서로 웃고 댓글 남기고 그러는데 이런 행동이 저를 동성애로 속박할까요?

## 전문가상담/ 왜 좋아하는가에 문제가 있죠

하하, 사람이 사람을 좋아하는데 무슨 문제가 있겠습니까? 문제는 바로 왜 그를 좋아하느냐에 있지요^^ 만약에 형제가 어떤 남자 배우를 보고 성적 매력을 느낀다던가 하면 그건 동성애적 성향에 노출된 것입니다. 청소년 중에는 동성애자가 아니라도 이런 경향이 나타날 경우가 있는데, 그때 동성애를 경험하면 동성애의 영에게 사로잡힐 가능성이 있습니다. 또한 내 마음에 동성애적인 연정이 밀려 들어온다면 그와의 어떤 접촉이라도 삼가 하시는 것이 좋겠습니다. 그렇지 않으면 더 깊은 것으로 빠져 결국 동성애의 늪에 빠지게 될 것이기 때문입니다. 가지 말아야 할 곳, 보지 말아야 할 것, 생각지 말아야 할 것, 만나지 말아야 할 사람 이 모든 것을 끊어내는 것이 믿음 생활의 첫발입니다. 그 대신에 성경공부 모임 찬양과 봉사에 헌신하십시오. 그곳에 주님이 계십니다. (이요나)


## 상담사례 (25)  성 전환자와의 결혼도 동성애인가요?

만약에 성전환 수술을 한 자매나 형제를 만나 커플을 맺었다면 그들의 생활도 동성애관계인가요? 그들은 겉으로 보기에는 정상인 것처럼 보일 수도 있잖아요? 더구나 합법적으로 호적을 바꾸었다면 정상적인 부부 아닐까요?

## 전문가상담/  외모가 아닌 성경과 양심에 따른 판결

동성애는 말 그대로 동성인 사람과 성적인 관계를 나누는 것입니다. 이것은 성경에서 사랑이라 하지 않고 음행 또는 간음이라고 합니다. 남성스럽게 생겼든 여성스럽게 생겼든 설혹 하리수와 같이 성전환 수술을 하고 호적을 바꾼 사람과 관계를 가져도 동성애 행위입니다. 따라서 성경은 남에게 어떻게 보이느냐를 중요시 하지 않고 자신의 양심에 대한 판결을 요구하고 있습니다. 하나님은 사람에게 선과 악을 살필 수 있는 특권을 주셨습니다. 이것은 아담이 선택한 것이기도 하구요. 그러므로 겉으로 나타나는 외형적인 것보다는 그 마음이 행한 대로 심판하신다 하셨습니다(로마서2장).

성전환 수술을 하고 호적을 여자로 바꾼 하리수와 같은 성전환자를 아내로 맞이하여 부모님께 인사를 한다 할 때 동성애에 대한 자기 양심에 거리낌이 없을까요? 더욱이 동성애 커플이 함께 하나님 앞에 나가 예배를 드린다고 생각해 보세요. 정말 끔찍하지 않나요? 그런데 사람들은 그렇게까지 하고 있습니다. 그러므로 성경은 동성애자들을 가리켜 '부끄러움에 내어버린 자들'이라고 기록하였습니다. (이요나)

## 상담사례 (26)  크고 근육질인 남자를 보면 못 견딥니다

중학생 때부터 우연히 동성애 음란물을 보기 시작했습니다. 어려서 부모님이 이혼하시고 아버지와 둘이서만 살았었는데 아버지가 알코올 중독자셔서 좀 힘들게 지냈습니다. 아버지가 정신병원이나 병원에 한달 넘게 있으셔서 거의 혼자 지낸 적도 있었습니다. 중학교 3학년 때는 아버지가 돌아가셔서 친형(32살), 이모 집을 전전하며 지냈습니다. 물론 다 좋은 분들이었습니다. 그런데 친형이 헬스를 해서 몸이 아주 좋았었는데 그 몸을 보고 흥분했던 기억도 있습니다. 그리고 중학교 2학년 때까지 학교에서 따돌림을 당하면서 소심하고 말없이 지냈습니다. 그러다가 중학교 3학년 때 교회를 다시 나가기 시작하고 고등학교에 올라가서 찬양 리더가 되고 남들 앞에 서는 것에 점점 자신감이 생기기 시작했지만 동성애 문제만큼은 사라지지 않았습니다.

이후 저는 문화사역자라는 꿈을 가지고 신학과에 입학했습니다. 이곳에서 다양한 경험들을 하며 하나님을 만나고 있고, 지금 저의 삶에 너무 감사 드리며 살고 있지만 아직도 틈만 나면 동성애 음란물을 보면서 자위행위를 합니다. 심지어 기숙사에서 살고 있는데 밤에 이불에서 스마트폰으로 음란물 사이트를 보며 자위를 하는 경우도 비일비재합니다. 그런데 저는 크고 근육질인 남자들을 볼 때마다 음란한 생각을 하게 됩니다. 제가 키도 작고 몸이 무척 왜소한 편인데 이것이 컴플렉스인 것도 같습니다. 저는 어떻게 해야 할까요? 신학교를 졸업하면 사역자가 되어야 하는데 정말 마음이 지옥 같습니다.

## 전문가상담/ 성경을 체계적으로 배우시기를

사람은 누구나 성장과정에서 문제를 갖고 있습니다. 인간은 태어나면서부터 죄성을 갖고 태어나고 성장과정을 통해서 죄를 접하며 습득한 죄를 조금씩 체험하며 살아갑니다. 또한 인간은 선한 양심을 갖고 있어 죄를 회개하며 죄의 습관을 조금씩 해소하려고 노력은 합니다만, 자기가 좋아하는 것을 계속 지향하려는 생각을 갖고 살기 때문에 죄성은 날로 강력하게 나타납니다.

형제의 불우한 어려서의 환경이 형제의 정체성 성향에 미친 영향은 있다고 생각합니다. 그러나 문제는 죄를 알면서도 죄를 이기지 못하는 형제의 의지력에도 문제가 있습니다. 신학교를 다니면서도 동성애 성향에 사로잡힌 지금의 상황에서 혼자서 싸울 수 있는 단계는 지났다고 생각합니다. 만약 그렇다면 벌써 해결되었을 테니까요. 그러나 예수를 믿는 사람으로서 최선을 다해 죄와의 부단한 전쟁을 해야 할 것입니다. 싸우고 넘어지고 하는 사이에 형제는 죄의 고통을 체험하며 죄를 이길 수 없음을 깨닫게 될 것입니다.

기억할 것은 인간의 죄의 문제는 이미 십자가 위에서 완전히 해결된 사실입니다, 지금은 형제에게 오직 성경의 기록된 말씀 안에서 성령의 나타나심을 통해 죄의 습관들을 하나씩 극복해 나가야 할 때입니다. 그러기 위해서는 성경을 체계적으로 공부하기를 권고합니다. 나 역시도 서른 살에 예수를 영접하고 여러 신학교를 전전하면서도 동성애 문제를 극복하지 못했고 결국 주의 인도하심 속에서 갈보리 채플에서 성경을 창세기부터 계시록까지 순서대로 다시 배우게 되었습니다. 성경의 진리 속에서 성령의 강력한 능력을 체험하고 완전한 변화를 받았습니다. 용기를 내서 방문해 주세요. 믿음에는 도전이 필요합니다. (이요나)

## 상담사례 (27)  교회 가는 게 죄스러워요

안녕하세요 목사님! 동성애 치료에 관한 검색을 하다 목사님 성함을 듣고 부랴부랴 찾아 메일을 쓰게 되었어요. 다른 건 전부 거두절미 하고... 목사님.. 동성애도 치료 할 수 있나요? 어렸을 땐 죽으면 천국 갈 거란 구원의 확신이 있었지만 지금은 하루하루 불안해서 머리 속으로 '죽으면 지옥에 갈 거야' 라고 생각하고 지내고 있습니다. 오죽하면 천둥번개가 칠 때 번개 맞아 죽어 지옥에 갈까 봐 두려워서 집안으로 도망한 일도 있습니다.

하나님께 펑펑 울면서 죄송하다고, 용서해달라고 기도한적도 있었지만 그때뿐입니다. 현재로선 교회를 가는 것 마저 하나님께 범죄하는 것 같고 죄스러워서 교회도 가질 못하고 있어요. 내 사정을 아는 주변 분들이 네가 믿는 자이니 교회 목사님과 상담하는 게 어떠냐고 말하지만 교회도 사람이 활동하는 공동체라고 소문이 날 것 같아 두렵습니다. 목사님 정말 동성애에서 치료될 수 있는 건가요?

## 전문가상담/ 동성애는 더러운 영들의 역사입니다

두려움이 있다는 것은 양심이 살아 있다는 것입니다. 믿지 않는 사람들에게도 양심이 있어 죄에 대하여 두려워합니다. 그러나 믿는 자에게는 구원의 복음이 있어 자신이 죄인 됨을 하나님께 고백하고 자신의 모든 죄를 회개하여 의인의 자격을 얻을 수 있습니다. 그때부터 성령이 내주하여 나에게 선한 길을 가르치고 위로와 책망으로 다스립니다. 그러나 중요한 것은 믿음생활입니다. 성경은 믿음에 대한 정의로 "그러므로 믿음은 들음에서 나며 들음은 그리스도의 말씀으로 말미암았느니라" (롬 10:17) 기록되었습니다.

또한 자유에 대하여는 "진리를 알지니 진리가 너희를 자유케 하리라" (요 8:32) 하였습니다. 어려서부터 삶 속에 뿌리를 내린 죄의 습관들은 혼자서 기도하고 울부짖는다고 해결될 것이 아니라 성경적 원리를 따라 성경적 변화의 실천이 필요합니다. 그 말씀 속에서 믿음이 생성되고 그 믿음의 의지 속에서 성령의 능력이 나타나는 것입니다. 하나님은 형제에게 두려운 마음을 주신 것이 아닙니다. 두려운 마음은 사단에게서 온 것입니다. 그러므로 용기를 내서 교회를 가셔서 다시 시작하십시오. 더 자세한 자유의 복음의 원리를 아시고자 하면 방문하시기 바랍니다. (이요나)

## 상담사례 (28) 형제가 좋은데 사랑인가요?

전 20대 후반의 한 학생입니다. 저도 여느 동성애자들처럼 힘든 시간들을 보내왔습니다.. 이렇게 제 입으로 동성애자임을 시인하는 말을 한다는 게 아직 익숙하지도 달갑지도 않지만 아직은 제게도 어쩔 수 없는 사실인 거 같습니다.

학창시절에는 크게 문제 되지 않게 숨기고 살아올 수 있었고 물론 지금도 말한 적이 없으니 아는 사람이 없다고 추측은 합니다만 이제 30을 바라보는 나이에 이르러 여기저기서 슬슬 들어오는 이성교제와 앞으로 결혼이라는 문제에 부딪혀 고민이 많습니다. 그런데 막막한 앞길보다 사실 제겐 이 문제가 더 크게 다가옵니다.. 사실 요즘 제 내면에선 치열한 전투가 벌어지고 있습니다.

어릴 때 전 여자 같다는 소리를 많이 들었습니다. 물론 그 말이 수치스러울 때도 있었지만 제 스스로 그 말을 즐기고 그렇게 살아왔던 것 같습니다. 또한 제 목소리도 맘에 들지 않습니다. 너무 여성적이거든요. 그래서 일부러 의식적으로 강하고 무뚝뚝하게 말할 때도 있습니다. 학창시절 운동도 좋아하지 않아서 지금도 친구가 별로 없습니다. 한 명씩 정말 친하게 지내는 심하게 좁고 깊은 관계 이거든요. 오히려 여자애들과 지내는 게 더 편하고 잘 통할 때가 많습니다.

최근 친해진 친구가 있는데 그 사람은 누가 봐도 명백한 '일반'입니다. 저랑 너무 틀립니다. 남자답고 활달하고 리더십 있고 말 잘하고 아무튼 그런 점들이 좋게 보였던 것 같습니다. 어쨌든 제가 지나치게 집착했던 것 같기도 합니다. 그러면서 알게 모르게 제 본연의 기질이 나온 거 같기도 하구요... 여자들은 또 직감이란 게 빠르잖아요. 그렇게 알게 모르게 소문이 나고 그러면서 제가 주변의 시선들에 의식을 많이 하게 되었습니다. 그러면서 제 스스로 많이 힘들어졌어요. 이런 일이 한 두 번이 아니었으니까요. 혼자 맘 졸이고 좋아하다가 또 맘 접고.. (중략)

질문 드리고 싶은 것은 왜 동성에게 이성으로서의 사랑하는 감정이 드는 것인지 궁금합니다.. 사랑의 종류도 아가페, 필레오, 에로스 여러 가지가 있다고 하는데 혹시 이 친구에게 드는 감정이 혹시 우정으로서의 감정인데 정도가 지나친 것일 뿐인지.. 아니면 동성애적 에로스 감정인지 그 기준이 모호합니다.

## 전문가상담/ 동성애는 사랑이 아닙니다

사랑에 대해 오해를 하셨군요. 성경에는 하나님의 사랑 아가페, 사회적 사랑 필레오가 언급되고 있습니다. 이성들 사이에 연정관계의 사랑은 에로스인데 성경에서는 그런 정황은 설명이 되어 있어도 한 번도 기록되지 않았습니다. 또한 형제가 생각하는 동성에게 느끼는 사랑의 감정은 에로스도 아닙니다. 에로스는 남녀의 애정관계에 설정된 것이니까요. 형제가 느끼는 동성애적 감정은 간음, 음행과 같은 불륜의 감정입니다. 그 생각 자체가 죄에 속한 것입니다.

예수님도 여인을 보고 음욕을 품는 자는 이미 간음을 한 것이라 말씀하셨습니다. 만약 아버지가 다른 여자와 불륜관계를 가졌다면 그것을 사랑이라고 할 수 있나요? 분명 간음이며 불륜이고 범죄입니다. 그러니 동성애는 더욱 악한 죄악이며 믿는 자가 동성애생활을 벗지 못한다면 그것은 더욱 더 큰 죄입니다. 형제의 성장과정이 어떠했던지 지금은 하나님을 믿고 천국을 사모한다면 속히 자기 죄를 회개하고 주께 돌아 가십시오. 주님의 날이 가까워졌습니다. 그 방법은 성경으로 돌아가 성령 안에서 말씀을 실천하는 것입니다. 방문하여 상담을 받으시기 바랍니다. (이요나)


## 상담사례 (29)  교회가 좋은데 동성애를 끊지 못해요

동성애 성향으로 고통 받고 있는 올해 35살 되는 남자입니다. 어디서부터 어떤 말로 저의 고민을 이야기 해야 될 지 참으로 힘이 들고 답답함이 밀려옵니다. 저는 가정적이지 못했던 아버지와 자식들을 위해 너무나도 헌신하신 어머니 밑에서 자랐습니다. 아버지는 참 가정적이지 않았어요. 술을 좋아하시고 술을 드신 후엔 어머니를 때리시기도 하시고, 그런 아버지를 저는 무서워했었어요.

친하게 지내지를 못했습니다. 그렇다고 아버지가 늘 그러셨던 건 아니셨지만 평소에도 다정다감하시거나 그러시진 않았어요. 나이가 들면서 그런 아버지가 조금은 이해가 갔지만 아버지와 친해지진 못했습니다. 그런 아버지가 2년전 알콜 중독으로 인한 우울증 때문에 삶의 희망이 없으셨어요 아버지는.. 스스로 목숨을 끊으시고 하늘 나라로 가셨습니다.

그런 아버지 때문에 그랬는지 어려서부터 멋지고 자상한 스타일의 어른들을 볼 때 마음이 설레고 그랬습니다. 당시 동성애가 무엇인지도 모르고 그저 순수하기만 했던 초등학교 시절에 저 자신도 모르게 서서히 찾아왔던 것 같습니다. 한번은 명절날 외갓집에 혼자 가고 있었습니다. 그런데 아저씨 한 분께서 제 짐을 들어주시고 잘 가라고 인사를 해주셨는데 그때 그만한 일로 얼마나 감동을 받고 아저씨가 얼마나 좋았는지 모릅니다. 언젠가 또 만나고 싶다는 생각도 들고..

　제가 처음 동성애자라는걸 안건 중3이었습니다. 교회 선생님이셨던 한 선생님을 정말 사랑했었습니다. 그때 아, 이런게 사랑인가 보구나 라는 생각이 들 정도로 사춘기 시절 나의 모든 생활과 모든 하루 일과는 선생님 생각으로 가득 찼습니다. 35년을 산 지금까지 그토록 순수하고 깨끗한 맘으로 사람을 사랑해본 적은 없었던 것 같습니다. 그런데 정말 중요한 건 이런 사람들을 사랑했다가 아니고, 저의 정체성과 제가 왜 이렇게 살아야 하는가 하는 생각들입니다..

　목사님 저는 너무나도 자연스럽게 동성이 사랑으로 다가옵니다. 다른 사람들은 징그럽다 놀리지만 저는 그게 사랑인걸 어떻게 해야 하는 걸까요.. 그렇게 하지 않으려고 다짐하고 다짐했으며 이건 이루어 질 수 없는 사랑이기에 앞으로 이러지 말아야지 하면서도 그게 되질 않습니다.. 요즘 저에게는 고민이 있어요. 저를 볼 때마다 결혼 이야기 꺼내시는 연세 있는 어머니와 저만 바라보는 한 여사가 있어서 그들을 위해서라도 결혼할까 하는 생각도 들지만 과연 사랑 없는 결혼이 가능할까 하는 생각이 듭니다.

　주일날 교회에 나가 목사님 말씀 듣는 게 너무 좋고 찬양, 기도, 성경 보는 시간 이 모든게 저는 정말 좋습니다. 그러다가도 꼭 동성애적인 부분만 나오면 저는 무너집니다. 저 스스로 그래요. 네가 어찌 크리스천일 수 있느냐 넌 하나님이 싫어하시는 동성애를 즐기고 있는데.. 어찌 하나님을 믿는다고 할 수 있어? 그리고 네가 과연 그런 부분을 끊을 수 있을 것 같아? 스스로 물어보곤 해요..

　그럼에도 목사님 저는 한 여인을 가슴에 품기보단 자상하고 따뜻한 남자의 가슴에 안겨 잠들고 싶은 마음이 큽니다. 전 제가 원해서 된 것도 택한 것도 아닌 것 같은데 왜 동성애 성향이 나에게 생긴 것인가요? 난 어떻게 해야 하나 라는 아득함, 정말 막막하기만 합니다. 이렇게 이중적인 생활 속에서 살아야 하나요?

## 전문가상담/ 예수를 만나십시오

형제의 글을 보며 나의 청년 때를 생각하게 됩니다. 형제와는 다르지만 나도 어머니의 자살의 고통을 겪었습니다. 하늘이 날아가고 땅이 꺼지는 것 같았습니다. 그날 이후 나는 나의 문제를 심각하게 생각하게 되었고 그러한 나를 예수께서 찾아와 오늘이 되게 하셨습니다. 나는 형제보다 더 악한 생활을 하였습니다.

중학교 고등학교 대학교 생활이 모두 동성애 생활로 얼룩졌고 내가 만나는 사람은 버스 안이든지 공중 화장실이든지 극장에서든지 성적 유희의 대상이었습니다. 나도 한 때 여자가 될 몸이 잘못 태어났다고 생각했고, 예수를 믿고도 트랜스젠더 생활을 했습니다. 그때 지금과 같은 시대였다면 나도 성전환 수술을 했을지 모를 정도로 타락했었습니다. 중요한 것은 내가 예수를 믿고 있었다는 것이며, 동성애 생활에 염증을 느끼며 또 다른 인생을 찾았다는 것입니다.

그러므로 하나님을 믿는 형제가 진정으로 동성애에서 벗어나기를 원한다면 자신의 형편에 대해 자학을 할 일이 아니라 스스로 무엇을 해야 할 것을 찾아야 할 것입니다. 그리고 죄와 피 흘리도록 처절한 싸움도 있어야 할 것입니다. 그것은 모든 동성애적 관계와 상황을 끊어내는 것입니다. 그리고 오직 성경을 통해서 예수 그리스도를 만나야 할 것입니다. 이 땅에 수많은 탈동성애자들이 있습니다. 그들은 모두 죄의 흔적을 갖고 있고 또 예수의 흔적을 갖고 있습니다. 그 길이 어떤 것인지는 이제 스스로 찾아야 할 것입니다. 그렇지 않으면 결국 동성애자의 삶으로 처절한 인생을 마치게 될 것입니다. 예수를 만나십시오. 그것이 답입니다. (이요나)


## 상담사례 (30)  내가 동성애를 선택한 것이 아닌데

안녕하세요 목사님, 이렇게 예의 없이 갑자기 메일을 드리게 되어서 죄송합니다.. 우연히 인터넷에서 목사님에 관한 기사를 접했습니다. 저는 33살의 신앙을 가진 청년입니다. 구원의 확신도 있고 선교단체에서 꽤 오랫동안 훈련을 받고 교회에서도 많은 사역에 관여를 하고 있습니다. 물론 하나님 사랑하구요. 그런데 전 동성애자입니다. 아무리 기도를 하고, 치유세미나나 선교단체의 훈련을 통해서도 그 원인을 찾으려 했지만 찾을 수가 없습니다.

저는 남들과 똑같은 성장과정을 겪었고 부모님에게도 많은 사랑을 받으며 자랐습니다. 가정도 화목하구요. 근데 사춘기 때부터 자연스럽게 동성에 대해 관심을 갖게 되었습니다. 한때 신앙으로 이겨내려고 노력했지만 늘 한계에 부딪히고, 결국엔 동성과 성관계를 맺고, 회개하고 다시 한동안 괜찮다가 또 만나고.. 반복되는 이 생활이 너무나 싫지만 아무리 주님께 울부짖어도 어쩔 수 없이 결국 저는 동성애자라는 걸 확인할 뿐이었습니다. 그래서 최근엔 아예 신앙을 가진 동성애자를 만나려고 했는데 쉽지 않더군요.

아무리 생각해 보아도 동성애는 내가 선택한 것은 아니었습니다. 어려서부터 그냥 본능적으로 동성에 끌렸습니다. 누가 비정상적으로 살아가고 싶겠습니까. 저도 친구들처럼 결혼하고, 자녀를 낳고 행복하게 살고 싶습니다. 근데 이겨낼 자신이 없습니다. 가장 친한 친구에게조차, 가족에게조차 말할 수 없다는 게 저를 너무나 외롭게 만듭니다. 결혼해서도 그렇게 된다면 너무나 비참할 거 같습니다. 그래서 그냥 혼자 살기로 거의 맘을 먹었는데, 결혼을 하지 못하니까 갈수록 사회에서, 교회에서조차 소외되는 느낌입니다. 친구들조차도 점점 줄어드네요.

목사님 정말 동성애의 문제가 극복될 수 있는 건가요. 목사님은 지금은 전혀 동성에게 성적으로 끌리는 느낌이 없어지신 건가요? (이런 무례한 질문을 드려서 죄송합니다) 너무 힘듭니다. 동성애자라는 그 사실 하나로 신앙의 연륜이 쌓여도 해결되지 않는 자존감의 문제, 열등감, 하루하루가 너무 괴롭습니다. 그리고 전 구원의 확신이 있는데, 하지만 앞으로 어떻게 살아가야 할지 너무 막막합니다.

## 전문가상담/ 당신의 선택입니다

형제의 어려움 충분히 이해합니다. 나도 똑같은 과정이 있었습니다. 초등학교 때 자연스럽게 접한 동성에 대한 연정이 40이 넘도록 끊을 수 없었습니다. 형제처럼 기도원에도 가고 울며 부르짖기도 해봤지만 동성애는 나를 조롱하듯이 혈관에 흐르는 핏줄처럼 나의 생리가 되었습니다. 그러나 동성애에서 벗어난 후에 동성애는 내가 선택한 것임을 깨달았습니다. 담배를, 술을 택하듯이 동성애는 내가 선택한 것입니다.

다만 형제가 그렇게 느끼는 것은 너무 어린 시절에 성에 대한 선악의 능력이 없을 때 다가온 유혹은 자연스럽게 자위로 이어지고 나를 사랑하고 주변에 친구를 사랑하게 되면서 갈수록 깊은 수렁이 된 것입니다. 만약 내가 선택한 것이 아니라면 나는 동성애자로 태어난 것이 되며 그것은 불가능한 것입니다. 하나님은 동성애자를 창조하시지도 동성결혼이라는 제도도 만들지 않으셨으니까요.

그러나 소망은 있습니다. 내가 동성애를 선택한 것 같이 이제는 내가 탈동성애의 길 곧 그리스도 안에서의 창조의 자유함의 길을 선택할 수 있습니다. 물론 많이 힘이 듭니다. 형제가 살아온 나이만큼 동성애에 대한 연민의 정과 육신의 쾌감은 마치 형제의 몸을 순행하는 혈액과도 같이 사로잡고 있어 정신적인 의지만으로는 극복할 수도 치유될 수도 없습니다.

물론 하나님의 은혜 가운데 형제가 구원을 받았다 해도 이 죄의 습관은 형제가 벗어버려야 하는 과제입니다. 그것은 오직 성경적 자기대면을 통해 철저히 자기의 죄의 습관을 조사하고 하나님의 치유하심의 성경적 방법을 따라 벗고 입는 치유훈련이 필요합니다. 더 이상 고통 받지 말고 용기를 내어 방문하시기 바랍니다.(이요나)


## 상담사례 (31)  평범한 삶으로 돌아가고 싶어요

안녕하세요, 저는 동성애 문제로 힘들어하면서 살아온 청년입니다. 어릴 적부터 어머니와 아버지의 잦은 싸움과 나를 버리고 떠난 어머니, 무뚝뚝하고 무서웠던 아버지의 영향 때문에 늘 불안한 유년기를 보낸 저는 9~10살 이 무렵쯤부터 동성애적 성향이 드러났던 것으로 기억됩니다. 다들 뭐 동성애는 타고난 것이다, 선천적인 것이다라고 하는데, 분명 저는 아주 어렸지만 여성에게 성적 호기심을 보였던 기억이 납니다. 그렇기에 동성애는 타고난 게 아니라 후천적으로 만들어진 것이고, 심리적인 질병이며, 치유될 수 있다는 것에 대해 소망을 갖고 있습니다.

여태껏 남자와 연애를 한다거나 성적인 관계는 맺어본 적이 없었고 올바르게 성욕을 해소하는 법을 몰라서 거의 늘 음란물과 자위행위에 중독되듯 살아왔습니다. 대학시절 여자친구도 사귀어 봤지만 도저히 연인의 감정이 느껴지지 않았고 서로 너무 힘들어서 1년 남짓 사귀고 군대 가서 헤어졌습니다.

저는 여성성을 가진 동성애자들에게 끌리기보단 그저 평범한 남성들에게 성욕을 느끼고 그 성욕은 그들의 남성다움, 체격, 여자친구를 사귀는 모습 등에 대한 열등감을 느낍니다. 제가 크리스천이 아니었다면 정욕이 이끄는 대로 살았겠지만 예수님을 사랑하기에 도저히 이도 저도 아닌 답답한 삶을 살아가고 있습니다.

친구들한테도 가족들한테도 꽁꽁 감추고 살아가야 한다는 사실도 너무 괴롭고 지칩니다. 저도 사랑하는 여자를 만나서 뜨겁게 연애도 하고 결혼도 하고 아이도 낳고 그렇게 살고 싶습니다. 지금까지 동성애를 치유해보자는 구체적인 생각은 못했지만 얼마 전 이것저것 찾아보다가 이요나 목사님이 나오는 다큐를 보고 치유될 수도 있겠다는 작은 소망이 생겨서 답답한 마음을 붙잡고 이렇게 글을 남겨봅니다. 도와 주십시오.

**전문가상담/ 성경적인 생활 패턴으로 바꾸세요**

믿는 자라도 자기의 의지에 따라 자신의 문제에 대한 정의를 내리기 때문에 동성애가 타고난 것이 아니라는 의식을 갖고 있는 것은 다행입니다. 그러나 중요한 것은 내가 예수를 믿고 있는 양심 속에서 동성애자와 관계를 갖고 있느냐가 중요한 것이 아니라 내가 동성애 성향을 즐기고 있느냐 입니다.

자위를 하고 포르노를 보는 것 자체는 이미 동성애를 즐기고 있는 것이며 음행과 간음을 하고 있는 것입니다. 그 생활 속에서 쾌락을 느끼고 정신적 만족을 누리고 있는데 여인들이 눈에 들어올 리가 있겠습니까? 그러나 사탄의 올무 속에 있는 동성애 쾌락이 그렇게 만족스러우면 하나님께서 정하신 부부생활은 얼마나 그 기쁨의 만족을 더하겠습니까?

그러므로 모든 사람들이 결혼을 해서 검은 머리 파뿌리 되도록 손을 잡고 살아가는 게 아닌가요. 형제가 예수를 믿는다 해도 동성애에 만족하고 있는 동안은 인생은 지옥이 될 것입니다. 물론 죽어서도 천국에 들어갈 수 없다는 것은 성경적 해답입니다. 그러니 생활습관을 바꾸는 것이 제일먼저 해야 할 것입니다. 포르노, 동성애 앱, 동성애자모임, 동성애자와의 SNS를 비롯한 동성애 관련 모든 것을 자기 생활에서 삭제하고 성경암송 찬송 성경공부 예배참석으로 생활 패턴을 바꾸십시오. 저의 저서 리애마마 동성애탈출과 Coming out Again을 읽어 보시기 바랍니다. 성경적 변화를 위한 자기대면 과정 훈련을 하셨으면 합니다. (이요나)

## 상담사례 (32) 대인관계가 힘들어요

저는 올해 28살의 여자입니다. 저는 부끄러움이 많았고 내향적이었습니다. 어려서부터 다른 사람에게 잘 가지 않았다고 합니다. 학교에서 반장을 시키려고 했지만 절대 하지 않았을 정도로 고집도 셌습니다.

감기에 걸려서 한약을 잘못 먹은 후부터 목소리가 남자처럼 허스키해져서 남자목소리라고 놀림도 많이 받았습니다. 그렇지만 성격도 털털해서 여자인형이나 소꿉놀이보다도 남동생의 총이나 칼을 가지고 놀기를 좋아했던 기억이 있습니다. 저희 부모님께서는 청년때에 예수를 영접하시어 거듭남의 은혜와 성령의 체험을 받으시고 목회자의 길을 걷고 계십니다.

그러나 저에게 교회는 사랑과 은혜의 공간이 아니고 재미있는 곳때로는 무서운 곳이었습니다. 또 좋은 교회를 죽 다니려고 하면 부모님 직업 문제로 교회도 자주 옮기게 되었습니다. 엄격하기도 했던 부모님은 저에게 성경말씀대로 사랑하시고 엄격하게 가르치셨지만 정작 본인들은 삶 속에서 문제를 해결할 능력이 없으셨습니다. 아버지께서 술 드실 때마다 속으로 많은 정죄를 했던 제 기억이 납니다.

초등학교 시절에 주일학교가 끝나고 고등학생 교회 오빠가 컴퓨터 게임하자고 해서 갔는데 사무실 소파에 오빠가 저를 앉히더니 바지를 내리고 성추행을 했습니다. 오빠는 그 뒤로도 몇 번 성행위를 했습니다. 그 후 다른 지역으로 옮겼고, 15살 때 수련회를 가서야 진심으로 회개를 하고 예수님을 영접하게 되었습니다. 그 순간 기쁨이 충만했고 감사했습니다.

다만 제가 상담을 요청한 이유는 첫째, 제가 이성과의 교제를 꺼리고 있다는 것입니다. 여성한테는 제 모든 것을 오픈할 수 있지만 남성들한테는 오픈 하기가 힘듭니다. 제가 스스로 선을 긋는 경우가 많습니다. 둘째, 제 마음의 상처나 고민이 해결되지 않아서 힘듭니다. 현재 저는 1년간 직장에 다니다가 퇴직했고 공무원 준비를 3년간 하고 있습니다. 그런데 다른 사람과의 싸움은 피하려는 성향이 있고 불만이 있어도 표현하지 못하고 담아두는 편이고, 감정을 잘 표현하기가 힘들고 사소한 갈등을 풀지 못하면 업무에 집중을 잘 못하는 성향이고 갈등도 직접적으로 해결하지 못합니다. 그래서 사람들과 깊은 관계가 힘든 것 같습니다.

셋째로는 상담치유에 관심이 있어 성경적 자기대면이 무엇인지 알고 싶습니다. 성경적 자기대면이 무엇인지는 모르겠지만 성경을 통해 자기 죄와 자기 아픔을 정직하게 대면하고 그 아픔을 주께 가지고 나아가는 것이 프로그램의 본질이라면 그 과정을 밟고 싶습니다. 긴 글 읽어주셔서 감사합니다. 그동안 목회자이신 부모님께만 상담을 청했으나 제가 나이도 나이이고 마냥 어린 아이같기도 하고 성경적 자기대면이 궁금하여서 상담을 청합니다. 감사합니다

### 전문가상담/ 옛사람을 벗고 새사람을 입는 생활

인생은 참으로 어렵습니다. 갈 수록 태산처럼 높아만 갑니다. 예수를 믿고 교회를 다녀도 영적 중압감만 더해 가기만 합니다. 그러나 인생의 주인은 예수이고 우리는 하나님의 자녀이므로 모든 문제는 주 안에서 해결할 수 있습니다.. 다만 교회가 성경의 가르침을 기록하신 매뉴얼대로 하지 않고 종교적인 활동만을 요구하여 많은 사람들은 머리만 커져가면서도 항상 어린아이입니다. 그래서 히브리서 기자는 너희가 벌써 어른이 되었어야 하는데 아직 젖을 먹을 어린아이라고 책망하였습니다.

저 역시도 겉으로는 양순한 것 같아도 감정 덩어리라서 누구와 절친하지 못하고 갈등을 조장해 왔고 한번 틀어지면 원수처럼 관계를 끊고 살아왔습니다. 예수를 믿고 신학을 하면서도 이러한 성격은 변하지 않았고 갈수록 더 큰 문제들로 휘말렸습니다. 더욱이 어려서 겪은 성적 경험은 머리 한쪽에 깊이 남아 있는 더러운 영 같아서 사람의 모든 길에서 흔적을 떠오르게 합니다.

그것을 심리학에서는 트라우마라고 합니다. 그러나 우리는 예수를 믿어서 옛사람을 벗고 새사람을 입었음에도 그 흔적들이 끈질기게 따라 다닙니다. 이것이 죄의 습관이고 흔적입니다. 이것을 벗고 지우는 성경적 과정이 필요한데 이것이 성경적 치유훈련 자기대면입니다. 성경적 상담 자기대면은 인생의 문제를 성경으로 대면하고 성경의 가르침을 따라 마음의 변화를 이루어 온전한 사람으로 살아갈 수 있도록 하는 치유 매뉴얼입니다. 온라인 과정으로도 공부할 수 있는 갈보리채플 성경대학 코스를 준비 중입니다. 기도하겠습니다. 한번 방문해 주십시오. (이요나)

## 상담사례 (33)  교회 안에서 자매와 동성애 관계를

안녕하세요? 목사님 아주 어릴 적부터 엄마가 오빠만 사랑한다는 생각이 들어서 차라리 남자로 태어났기를 바랬었습니다. 그 탓인지 여자답지 않게 제 목소리가 허스키이며, 특기도 운동입니다. 그래서인지 중학생이 되었을 때 레즈비언인 친구들이 저한테 많이 접근했습니다. 그리고 함께 몇 번 그런 친구들의 모임에도 참석하게 되면서 동성애를 하기 시작했고 음란한 죄도 짓게 되었습니다. 그러던 고등학교 2학년 때 교회 수련회에서 하나님을 만나게 되었습니다.

그때 저는 이 죄에 대해 회개하였고, 이렇게 살지 말자고 다짐했습니다. 그런데 일상생활에서는 여전히 그런 친구들이 너무 많았고 해결되지 못했었습니다.

그렇게 21살까지 동성을 좋아하면서 살았습니다. 그러다 어떤 선교단체를 알게 되었고, 다시 새 삶을 시작하도록 도와줄 것만 같아서 열심히 활동하고 섬겼지만 저는 그 단체 내에서도 또 어떤 자매와 음란한 행위를 하게 되었고, 그 선교단체 간사님이 저를 동성애에 관해 상담 잘한다는 교회로 보내주셨습니다.

그 교회에서 금식도 하고 말씀하시는 데로 잘 순종하며 지냈습니다. 그러나 1년이 되던 해에 그 목사님이 저 모르게 다른 사람들한테 제가 동성애자이니까 조심하라고 말씀하신 것을 알게 되었고, 이후 교회를 나와 선교지로 가게 되었는데 또 다시 선교지에서 만난 자매와 동성애 관계를 갖고 말았습니다.

이제는 더 이상 예수님을 믿을 수 없을 것만 같고, 교회 내에서 자꾸 이런 문제를 일으키는 제가 너무 두렵고, 이렇게 계속 하나님 앞에 범죄하고 공동체를 해친다면... 제가 신앙생활을 계속 할 수 있을지 막막하고 두렵습니다. 그냥 회개한 순간 주님이 저를 천국에 데려가 주셨으면 좋겠습니다. 앞으로 어떻게 해야 할까요?

## 전문가상담/ 깨어진 균형을 성경적 변화로

동성애 상담을 하면서 느낀 것은 동성애 성향을 가진 사람들은 어려서부터 좋지 않은 환경에서 살았음을 발견합니다. 그러나 그것이 동성애자가 되는 원인이 된다고는 확정할 수 없습니다. 나의 살아 온 환경이나 수많은 동성애친구들과의 과정을 보면 상류가정이든 불우한 가정이든 관계없이 부모님들의 사랑의 균형이 깨어진 것을 발견하게 됩니다.

대부분 아버지의 문제가 많았고, 또 두 부모가 직업상 바빠서 조부모에게 양육을 맡긴 경우가 많이 있었습니다. 그런 경우 가장 정서적으로 부모의 사랑이 필요한 때에 균형이 깨어져 버리면 마음에 많은 상처를 받게 되어 기억에 남아 있고, 그때에 자기 보호 심리가 발생되어 모든 것을 자기 중심적으로 생각하고 자기 만족을 찾게 됩니다.

그러한 생각을 하게 될 때 스며들어 온 세상의 영들에게 이끌려 정신적, 육체적인 만족을 찾게 되고 오락, 자위, 포르노에 빠지게 되지요. 그러나 이것은 모두 지나간 때의 일입니다. 예수 믿는 사람들에게는 그의 영이 죄에서 벗어나 의인이 되었으므로 새사람이 된 것인데 문제는 죄의 습관 자기만족의 습관입니다. 오랫동안 쌓여 온 악습관과 생각들(트라우마)이 계속 나타나는 것입니다. 그래서 죄의 습관을 벗기 위한 성경적 훈련을 받아야 하는데 그것은 경건생활이며 성구 암송 생활입니다.

교회 안에서의 자매들과의 동성애 관계를 말하셨는데, 당연합니다. 저 역시도 그랬고 저에게 훈련받는 아이들에게도 가장 위험한 일입니다. 그래서 성경은 초신자를 집사로 임명하지 말라 한 것입니다. 따라서 자기 몸을 처서 복종케 하는 피나는 경건훈련이 필요한데, 그 시작이 성경적 자기대면 훈련입니다. 성경은 우리의 악한 습관들을 벗고 의로운 습관을 입기 위한 많은 내용들이 기록되어 있습니다.

그 말씀에 순종해서 성경적 생활을 실천하는 것입니다. 그러므로 선교지나 교회 안에서의 생활에만 집중하지 말고 개인적인 직업을 가질 필요가 있습니다. 대인관계 속에서도 자신을 돌아보는 훈련이 필요하니까요? 저희 교회에서 하는 자기대면 훈련과정을 추천해 드립니다. 부디 좌절하지 말고 그리스도의 충만한 은혜 속에서 성령의 충만한 생활을 할 수 있게 되기를 기도합니다. (이요나)

## 상담사례 (34)  언니와의 관계를 정리할 수 있을까요?

안녕하세요. 저는 24살 휴학생 자매입니다. 저는 21살 때 예수님을 영접했습니다. 제가 유학을 갔는데 암투병중이신 아빠의 증상이 악화 되셔서 힘든 가운데 있었을 때 친구가 저를 교회로 인도했고 주님을 영접하게 되었습니다.

은혜로운 신앙생활을 하는 가운데 1년간 단기 선교를 하니 외국 생활에 너무나 지쳤고 부족한 저의 믿음으로 많이 힘들었습니다. 그리고 때마침 한국에서 아빠가 돌아가셔서 장례를 치르고 사역지로 돌아왔을 때 저는 정신적으로 힘든 저에게 손을 내어준 동역자 언니와 음란한 관계에 빠지게 되었습니다. 그 언니는 저의 마음을 알아주는 것 같았고, 언니와 함께라면 기쁘고 행복했습니다.

그리고 한국으로 돌아온 저는 이것이 죄라는 것을 깨닫고 죄책감에 시달려 너무나 힘든 시간을 보냈습니다. 이것을 끊어내고 싶지만 그렇지 못하는 저의 모습으로 교회를 떠났을 때, 그 언니는 자기가 다니는 교회로 저를 초대 했습니다. 그래서 저는 그 교회를 다니며 기도하고 다시 주님을 만나는 시간을 가졌습니다. 그곳에서 한 권사님이 영적으로 바닥을 치고 있던 저에게 멘토의 역할을 해줄 것이라며 한 형제를 소개해 주셨는데 언니는 그 형제와의 만남을 싫어했습니다.

그 이후 기도생활 속에서 주님과 더욱 가까워졌고, 저는 그 언니와의 관계를 정리하고 주님만 바라보는 삶을 살기로 했습니다. 그리고 언니를 대할 때 냉정함을 가졌습니다. 그리고 당시 소개 받았던 형제는 목회자의 길을 걸어가려고 준비 중인데 저와 결혼을 전제로 교제하는 것을 놓고 서로 기도의 시간을 갖기로 했습니다.

그런데 이런 사실을 안 언니는 버티기 힘들어하고 너무나 괴로워합니다. 저는 이 형제와 만나면 안 되는 것일까요? 저는 형제와 교제하는 것이 확정되면 그 형제에게 제 과거의 죄를 고백하려고 합니다. 그런데 아직도 언니는 저를 잊지 못해서 저에게 전화를 하고 만나길 원합니다. 같은 교회를 다니고 있는데 이것을 누구에게도 말하지 못하겠고 어떻게 해야 할지 몰라서 고민하던 중 목사님께 상담을 신청합니다.

## 전문가상담/ 언니의 문제가 아니라 자매의 마음입니다

자매는 자기의 문제를 다른 사람의 문제로 포장하고 있는 것 같습니다. 가정 부모와의 관계, 교회에서 봉사하는 언니와의 관계... 그러나 문제는 자매가 갖고 있습니다. 교회 안에 많은 형제들이 서로 관계를 갖고 있어도 동성애적 애정을 갖고 이끌리지는 않습니다. 대부분 그런 경우는 서로가 공감하는 마음이 있기 때문에 상대가 동성애적인 성향이 있음을 알고서도 이끌려 가는 것입니다.

이미 동성애를 받아들일 마음의 준비가 되어 있다는 것입니다. 그후 관계를 갖게 되면 어느새 나도 동성애자의 성향을 갖고 서로 연정을 갖게 되는 것이지요. 형제와 결혼할 의사를 갖고 있다면 자신의 그런 관계를 모두 솔직히 말하고 적극적인 관계 설정으로 가야하고 동성 언니와의 관계는 냉정해져야 할 것입니다. 냉정하다는 것은 그리스도의 사랑을 잃지 않은 냉정함인데 그것은 어떤 경우에도 연정의 마음을 갖고 만나든지, 단둘이 한 공간에서 생활한다든지, 믿음관계 이상의 대화를 해서는 안 되는 것입니다.

경우에 따라서는 교회에 공개하겠다든가, 자살하겠다는 협박이 있을 수 있고, 밤 늦게 술 취해서 만나자고 할 때도 있겠지만 확실하게 정리하지 않으면 안되고 그런 상황을 교역자에게 말해 주는 것이 좋습니다. 믿는 동성 자매를 사랑하는 것은 동성관계가 아니라 그리스도인의 형제 사랑으로 나아가야 합니다. 그런 시작에서 자매가 잘못한 것이니 회개하고 그분에게도 사과해야 할 것입니다. 회개의 열매가 맺어지기를 기도합니다. (이요나)

## 상담사례 (35) 끝났다고 생각했던 레즈비언 생활

안녕하세요, 용기를 내어 상담문의 합니다. 저는 청소년부터 지속해 온 이반생활(동성애자의 생활)에 회의를 느낀 이후부터 올해로 5년째 교회에 출석하고 있는 자매입니다. 그런데 아직도 성 정체성에 대한 근본적인 치유가 이뤄지지 않은 상태라 많은 어려움을 겪고 있고, 신경정신과에선 양극성 장애라는 진단까지 받고 병원치료까지 병행하고 있는 상태입니다.

그런데 최근 평소 같은 구역에 성가대 악장님으로 계신 여자 권사님 댁을 방문하는 일이 있었습니다. 인사 정도만 나누는 사이였는데 이런저런 얘기를 나누는 중 권사님은 49살의 평범한 두 아이를 둔 가정의 주부로서 부부 사이가 좋지 않아 곧 이혼 준비 중이라 하셨습니다. 그러다 남녀의 성욕 이야기를 꺼내시며 저에게 남자를 사귀어 봤냐는 질문을 하시는 거였습니다. 저는 올해로 38살인데도 말입니다.

제 외모가 남성적인 이미지라 그런 거라 여겼습니다. 그런데 같이 TV를 보던 중 갑자기 자신의 티셔츠를 위로 걷어 올리고 브래지어 속의 풍만한 가슴을 보여주시는 거였습니다. 저는 순간 너무 당황해서 슬며시 고개를 돌렸습니다. 제가 아무 반응이 없자 권사님은 과일을 깎으러 가셨습니다. 그런데 문제는 제가 권사님의 가슴을 보았을 때 끝났다고 생각했던 동성애 성욕이 불같이 올랐다는 것입니다.

이후에 저는 권사님에게 구애문자를 여러 번 보냈고 우리는 자연스럽게 동성애 관계를 갖게 되었습니다. 물론 나는 권사님이 나와 같은 레즈비언 성향을 갖고 있다고 생각지는 않습니다. 그 후 나는 사정상 그 분이 계신 교회는 떠났는데 아직도 그분이 너무 그립습니다. 믿음생활을 하면서도 레즈비언 생활을 끊어내지 못하고 언제까지 이렇게 더러운 인생을 살아야만 하는 걸까요? 목사님 도와 주세요.

## 전문가상담/ 동성애는 더러운 영들의 역사입니다

동성애는 창세기 19장에서 볼 수 있듯이 죄성을 가진 인간에게 특정하게 역사하는 더러운 영들의 역사입니다. 그러므로 동성애자들 마음 속에는 하나님을 믿으면서도 마음 속으로 하나님의 말씀에 부정적인 생각을 하는 경향이 있습니다. 그러므로 바울은 로마서 1장에서 하나님의 진리를 거짓 것으로 바꾸어 하나님께서 그들을 부끄러운 욕심에 내어 버려 두어 여자가 여자를 남자가 남자를 역리로 관계한다고 기록한 것입니다. 그러므로 이것은 성경의 진리를 깨달아 진리 속에 역사하는 성령의 씻음으로 거룩함과 의로우심을 얻어야 할 성경적 변화를 실천할 책임이 스스로에게 있습니다.

그러므로 유혹은 외부에서 오는 것 같지만 자기 마음에 태동되어 있고 잠재된 습관 속에서 영들의 역사를 따라 자연스럽게 나타나는 것입니다. 히브리서에는 허탄한 신화를 떠나 경건에 이르는 훈련을 하라고 기록되었습니다. 성경을 창세기부터 계시록까지 순서대로 바르게 가르치는 교회를 찾으시기 바랍니다. 분명한 것은 예수 그리스도의 구원은 진리의 말씀에서 완성됩니다. 갈보리채플을 한번 방문해 주시기 바랍니다. (이요나)

# 제6부

# 자유에 이르는 오직 한 길

진리를 알찌니 진리가 너희를 자유케 하리라 (요한복음 8:32)

## 상담사례 (36) 고 3인데요. 동성애 죄책감이

안녕하세요. 이요나 목사님^^; 정말 너무 힘들어서 인터넷에서 동성애에 대해서 찾아보다가 목사님이 운영하는 크리스천 상담실 카페가 있길래 들어가봤어요. 목사님 정말 동성애 탈출할 수 있을까요? 제 나이 올해 19살이구요, 이제 고3올라가요 남학생이구요.

제가 스스로 동성애를 느낀다고 생각한 건 14살 중학교 1학년 때였던 것 같아요. 그때는 많이 놀라지 않았어요 많이 어린 나이라서, 그런데 커가면서 제가 다른 친구들과는 많이 다르다는걸 느꼈어요. 친구들은 이성에 대해 관심이 많아지고 여자에 대해 많은 얘기를 하고 그런데 저는 전혀 관심이 없었죠. 오히려 동성한테 관심이 가더라고요. 고2때 같은 반 남자친구가 정말 좋아진 것 같더라구요.

정말 이러면 안되겠다 싶었구요. 갈수록 제가 동성애자라는 사실에 두려움이 느껴지고.. 죄책감이 많이 들면서 죽고싶다는 충동까지 들어요. 정말 힘들어요. 교회 갈 때마다 항상 제일 먼저 기도를 해요. 다른 친구들과 같이 이성에 관심이 생길 수 있도록… 잠자기 전에도 아침에 눈뜨면 달라질 수 있었으면 하고… 그렇지만 동성애의 생각을 떨쳐버릴 수가 없어요. 보이지 않는 덫에라도 걸린 것처럼 동성애를 극복하기 위해 발버둥칠수록 더욱더 빠져만 갑니다. 휴~

### 전문가상담/ 거룩한 옷을 입으세요

샬롬, 학생의 글 잘 읽었습니다. 한창 공부할 나이에 동성애 문제까지 겹쳐 고통을 받아야 할 형제를 생각하니 어린 시절의 나를 생각하게 됩니다. 그러나 걱정할 것 없습니다. 형제는 이미 예수 그리스도 안에 있고 그리고 성령께서 함께 하고 계시며 더 중요한 것은 형제가 동성애를 죄로 알고 있고 동성애에서 벗어나려는 의지를 갖고 기도하고 있다는 것입니다.

그러나 무엇보다도 먼저 해야 할 것은 동성애에 대한 잘못된 정보로부터의 탈출입니다. 다시 말하여 인식의 변화를 말하는 것인데요. 동성애는 타고난 것이라 고칠 수 없다는 것과 같은 생각이지요. 그러나 동성애는 타고난 것이 아니라, 태어난 후에 어떤 환경적 죄성을 타고 내 인생에 들어온 악한 영에 노출된 것입니다. 그러므로 이제는 먼저 동성애에 대한 성경적 바른 지식을 가질 필요가 있으며 이미 몸에 익숙해진 동성애적 습관에서 탈출할 의지를 갖고 자신의 몸에 대한 성결함의 중요성에 대한 바른 의식이 필요합니다.

또한 형제는 인간을 창조하신 하나님의 뜻에 대한 바른 성경적 지식을 가질 필요가 있습니다. 성경은 네 영혼이 잘 됨과 같이 범사에 잘되고 강건하라 하셨고 또 네 영과 마음과 몸이 점 없이 되기를 원하노라 기록되었습니다. 이를 위해 먼저 우리가 알아야 할 것은 하나님의 신성하심 곧 거룩하신 그의 성품입니다. 하나님은 내가 거룩하니 너희도 거룩하라 명하셨으며 성경은 하나님의 뜻은 너희의 거룩함이라 기록 하였습니다. 그러므로 하나님을 믿는 주의 백성들은 하나님의 온전하심과 같이 온전케 되어야 합니다.

예수께서는 우리의 거룩함을 위해 "저희를 진리로 거룩하게 하옵소서 하나님의 말씀은 진리입니다"(요17:17) 하셨고 바울도 "말씀과 기도로 거룩하여진다" 하였습니다. 그러므로 성경의 진리의 말씀을 듣는 믿음생활은 매우 중요합니다. 바울은 "믿음은 들음에서 나며 들음은 그리스도의 말씀이라" 말하였기 때문입니다. 여러 가지 다른 방법도 있겠으나 동성애의 근본적인 변화는 오직 성령만이 하실 수 있습니다. 성경은 "하나님의 말씀은 살았고 운동력이 있어 좌우에 날선 어떤 검보다 예리하여 혼과 영과 및 관절과 골수를 찔러 쪼개기까지 하며 또 마음의 생각과 뜻을 감찰하나니"(히4:12)라 말씀하셨습니다. 이것으로 우리는 오직 하나님의 모든 말씀으로 인간의 모든 문제들을 해결할 수 있음을 알 수 있습니다. 그러므로 부디 성경적 삶의 습관을 개발하여 죄의 유혹에서 자신을 지키시기를 기도합니다. 주의 긍휼하신 은혜가 함께 하시기를 기원하겠습니다.^^(이요나)

## 상담사례 (37)  노력의 방법을 알고 싶습니다

안녕하세요, 이요나 목사님 저는 고등학생 2학년을 앞두고 있는데요. 이름을 밝히는 게 마땅하지만 당당히 밝힐 자신이 없네요. 죄송합니다. 한번도 뵌 적이 없지만 카페를 통해서 목사님을 알게 해 주신 하나님께 감사합니다.

저는 평범한 남학생입니다. 말씀드릴 고민은 오직 저와 하나님, 이젠 목사님까지 아시는 겁니다. 솔직히 제 고민이 동성애가 맞는지는 모르겠네요. 아직 남자를 사랑해 보지는 않았으니까요. 그래도 심각하게 생각되는 문제가 있습니다. 친구들과는 다르게 남성의 육체에 빠져 있다는 것입니다. 인터넷에서 친구들은 벌거벗은 예쁜 여자를 찾지만 저는 벌거벗은 멋진 남자를 찾습니다. 그런 사진을 모으기도 합니다. 지웠다가 또 모으고...

제가 목사님처럼 변화를 받으려면 당연히 저도 노력해야 하겠지요. 그 노력의 방법을 부탁드리고 싶습니다. 저는 결코 사탄에게 지지 않고 물리쳐서 하나님의 영광을 드높여 드리고 싶습니다. 제 꿈이 "하나님의 가장 빛나는 작품, 하나님을 가장 빛내는 작품"이거든요..^^

## 전문가상담/ 먼저 부모님과 의논을

샬롬, 학생의 글 잘 읽었습니다. 자신의 고통을 솔직하게 털어 놓을 수 있는 용기에 박수를 보냅니다. 형제의 현재의 상태는 동성애의 성향이 있다고 하겠습니다. 아직 동성간에 성적 경험을 하지 못하였어도 동성에 대한 강한 성적 느낌과 또한 남성의 사진이나 포르노에 마음이 끌리고 있다면 동성애 성향이 역사하고 있는 것입니다.

그러나 분명한 것은 하나님께서는 형제를 동성애자로 만든 것이 아니라는 것입니다. 다만 태어난 후 세상 가운데 역사하는 동성애와 같은 더러운 영들이 어떤 상황이나 환경을 타고 형제의 마음과 생각을 지배한 것이라 하겠습니다.

다행히 형제는 동성애의 깊은 곳까지 들어가지 않았으므로 더 이상 깊이 들어가지 않도록 자신의 욕구를 절제 시킬 의지가 필요합니다. 그것은 자신의 생각을 바로 잡는 것으로 시작될 것입니다. 물론 이것은 내가 무엇을 선택할 것이냐와 같은 간단한 문제는 아니지만 이를 위해 동성애자로는 살지 않겠다는 확고한 신념을 갖고 주께 기도해야 할 것입니다.

또한 그런 성향에 대하여 부끄러워하지 말고 우선 부모나 믿음의 지도자에게 조언과 기도를 부탁하는 것도 필요합니다. 형제가 자신의 상태를 부끄러워하지 않아도 되는 것은 엄격히 말하여 동성애적 성향은 형제가 아직 성적인 선택을 할 수 없는 나이에 성적 욕구에 말려들어서 스스로 자위를 하며 동성애적 취향을 선택한 것이라 보아야 할 것입니다.

따라서 지금 형제로서 가장 시급한 것은 악한 영으로부터 자신을 수호하려는 굳은 의지와 그리스도의 능력으로 악한 세력으로부터 탈출하는 것이라 생각됩니다. 그러므로 인터넷을 통하여 남성의 몸을 탐닉한다던가 자위를 하는 것으로부터 자신을 극복할 필요가 있습니다. 더 이상 자신의 의지로 성적 유혹에 사로잡히면 지금부터 가장 중요한 인생의 목표가 모두 허물어지고 결국 동성애자로 전락하여 사회생활을 할 수 없는 성의 노예로 전락하게 됩니다.

악한 영들의 역사는 하나님의 사람들로 악한 일들의 노예가 되어 온전한 하나님의 형상을 회복하지 못하게 하는 것입니다. 그러므로 형제는 지금부터 이미 동성애 습성에 빠진 마음과 육체의 속성에서 탈출하기 위한 거룩한 플랜을 세울 필요가 있습니다. 그것은 오직 성경적 생활입니다. 내 경험으로는 오직 성경의 말씀을 붙잡고 굳은 믿음 가운데로 들어가는 것입니다.

모든 것을 주께 맡기고 성령의 도움을 의지하여 기도하며 악한 생각들에게서 벗어나야 합니다. 그리고 학생으로서 해야 할 일들에 대하여 책임과 의무를 갖고 성실한 생활을 시도해야 합니다. 그러기 위해서는 자신의 힘으로는 부족합니다. 가족의 도움이나 교회의 목사 또는 믿음의 형제 자매들의 중보와 격려와 권면이 필요합니다.

대부분 동성애 성향이 있는 사람들은 자신을 드러내기가 부끄러워

숨기며 혼자서 해결하려고 하다가 실패하고 좌절하며 결국에는 포기를 하게 됩니다만, 결국 나중에는 주변 모두가 알게 되고 동성애자로 전락되어 더 이상 자신을 가눌 수 없는 상태에 빠져 종로나 이태원에 있는 동성애자들의 클럽에 합류하게 됩니다.

그러므로 지금 형제는 극한 상황에 빠지지 않도록 자신을 경계하며 교회를 중심으로 믿음생활을 굳건히 할 필요가 있습니다. 오직 성경의 가르침을 따라 그 말씀에 순종하여 해야 할 일과 버려야 할 일을 깨달아 한발한발 하나님의 형상에 이르기까지 나아가는 것입니다. 그런 마음으로 주께 나아갈 때 주의 성령이 함께 하시는 것입니다. 그리스도의 은혜가 더욱 많으시기를 기도하겠습니다. (이요나)

## 상담사례 (38) 동성애, 음란마귀인가요?

20살 남자 동성애자 입니다. 제가 마음에 고민하는 건 음란한 생각과 육신의 정욕 그리고 외로움입니다. 전 하루에도 수십 번 음란한 생각을 해요. 저도 모르게 문득문득 이런 생각이 나요. 음란한 생각이 들지 않게 어떻게 해야 할까요? 전 여러 가지 방법을 이용해 봤는데요 음란한 생각이 들자마자 기도해서 마귀를 쫓고 성경을 읽는 것입니다 이것들은 확실히 효과가 있지만 또 지나면 음란한 생각이 듭니다.

두 번째로 쾌락이 고민입니다. 자위행위! 이것은 저에게 큰 문제입니다. 주님과의 관계를 멀어지게 합니다. 그래서 너무 싫어요. 쾌락은 정말 헛된 것이란 걸 알면서도 얼마 후에 또 다시 죄를 범하고… 제가 육체적 쾌락에서 어떻게 벗어나야 할 지 방법을 알려주세요 더구나 얼마 있으면 군대를 가야 하는데 남자들만의 세계에서 내가 어떻게 버텨낼 수 있을지 걱정이 되어 잠이 안옵니다.

전 정말 주님이 살아계심을 믿고 주님만을 사랑하고 복음을 전하는 일을 하고 싶은데요. 결단하고 작심해도 자꾸만 제자리로 돌아오고 말이죠. 꿈도 있는데 주위에서 자꾸 방해해서 너무 힘들어요. 이럴 때 애인이라도 있으면 좋겠다는 생각이 나니까 더 힘들어요. 도와주세요.

## 전문가상담/ 마귀는 마음에 역사합니다.

우선 그리스도인으로서의 자신의 정체성 확립을 위한 마음가짐을 바르게 할 필요가 있습니다. 다시 말하여 거룩한 하나님의 자녀로서 성도의 온전한 인격에 대한 자신의 확고한 의지입니다. 그러기 위해서는 우선 하나님의 말씀을 통하여 우리를 향한 하나님의 뜻을 발견하고 우리의 구원자 예수 그리스도의 이름을 힘입어 기도하는 것입니다.

두 번째로는 자신의 생각을 지키는 것입니다. 대부분의 크리스천들이 모두 마귀 탓으로 돌리는데 그렇지 않습니다. 우리는 하나님의 아들 예수 그리스도의 사람들이기 때문에 마귀가 임의로 우리에게 들어 올 수 없습니다. 다만 자신의 생각을 지키지 못하기 때문에 그 마음 속에서 마귀가 활동하는 것입니다.

그러므로 성경은 무릇 지킬만한 것보다 네 마음을 지키라 이에서 생명이 나느니라 하였습니다. 자기의 마음과 생각을 다스리는 데는 먼저 확고한 믿음이 필요합니다. 그 믿음은 들음에서 나며 들음은 그리스도의 말씀으로 말미암는다 하셨으니, 부디 성경의 말씀에 귀를 기울이시기 바랍니다. 그러기 위해서는 성경공부 모임에 참여하고 함께 기도하는 것이 좋습니다.

세 번째로 하여야 할 것은 늘 자신과 대면하면서 자신의 죄를 토설하고 회개하여야 합니다. 그렇게 함으로써 자신이 이미 죄의 아들로부터 위대한 하나님의 자녀의 신분으로 바뀌었음을 기억하게 됩니다. 회개는 더러운 생각, 말, 행동 그 모든 것으로부터 돌아서는 죄의 고백이 이루어져야 합니다. 주 앞에 자복하고 그 모든 죄를 자백할 때 주님은 당신을 위로하고 의로운 길로 인도하실 것입니다.

네 번째로 하여야 할 것은 모든 동성애 또는 성적충동에 관한 모든 매개체의 출입구를 봉쇄하는 것입니다. 이를 위해서는 주변 가족들의 배려와 기도가 필요합니다.

그래서 믿는 가족들에게 먼저 자신의 고통을 말하고 함께 유혹의 매개체를 차단하는데 노력해야 할 것입니다. 매개체 중에 가장 나쁜 것은 스마트폰과 인터넷을 통한 포르노물, 그리고 동성애 성향의 사람들을 만나는 것입니다.

따라서 우선 자신의 스마트폰이나 컴퓨터에서 포르노 물에 관한 모든 루트를 삭제하고 동성애자와의 카톡관계를 정리하고 그들과의 전화 주소록을 모두 삭제할 필요가 있습니다. 가능하면 아이디를 바꾸어야 할 것이며, 핸드폰과 이멜 주소도 바꾸어야 할 것입니다. 이러한 노력이 있을 때 주께서 형제를 축복하시고 성령의 역사하심을 체험하게 될 것입니다. (이요나)

## 상담사례 (39)  내적치유로 가능한가요?

목사님 안녕하세요. 저는 올해 35살 되는 형제입니다. 어디서부터 어떤 말로 저의 고민을 이야기 해야 될 지 참으로 힘이 들고 답답함이 밀려옵니다. 저는 동성애적 성향이 강한 사람입니다. 저도 제 자신이 너무 혼란스럽고 어떤 삶을 살아가야 할지 너무 까마득합니다.

동성을 향한 사랑의 감정들을 숨겨가며 선생님을 사랑하고 고등학교를 졸업하고 고등학교 시절에도 짧게나마 학교 선생님을 좋아하긴 했지만 중학교 시절 그 선생님보다는 애타지 않았었답니다. 그 후 공고를 졸업한 저는 실습을 나가서 또 한번 사랑의 감정을 느끼는 사람을 만나게 된답니다. 그런데 결혼할 나이가 되고 보니 정말 이 문제를 어떻게 해결하여야 할지 머리가 하얗게 됩니다.

게시판의 글을 보면 목사님께서는 영적 지도자에게 상담을 하라고 하셨지만 그런데 저는 저의 동성애 성향에 대하여 상담을 할 수 없습니다. 만약 그렇게 되면 저의 이중적인 인격이 드러나서 내가 존경하는 목사님께서 나를 버리실 것이기 때문입니다. 그래서 정신과에 가 볼까 생각도 해 봤습니다만, 누가 말하는데 영적 치유센터가 있다고 해서 그곳에도 가보고 싶습니다. 그곳에서 내적치유를 받으면 문제를 해결할 수 있다는데 가능할까요? 목사님께서 가장 좋은 방법을 알려 주셨으면 합니다.

### 전문가상담/ 오직 성경으로 충분합니다

샬롬, 형제의 편지 잘 받았습니다. 우선 형제의 글을 볼 때, 한창 젊은 나이인데도 동성애의 깊은 데까지는 이르지 않은 것 같습니다. 결혼할 나이에 동성애로 인한 마음의 번민은 누구보다도 더 크리라 믿습니다. 제가 많은 분들을 상담하면서 느낀 것은 믿는 그리스도인들이 아직 자신의 정체성을 발견하지 못하고 있음을 알게 되었습니다.

자신은 분명히 주 예수 그리스도를 믿고 또 구원의 확신을 갖고 있는데, 아직 자신의 출발점이 어딘지 모르고 있기 때문입니다. 그래서 많은 사람들이 내적 치유라던가 하는 여러 가지 상담 프로그램으로 자신의 문제들을 치유하고자 하고 또 교회에서도 그런 프로그램을 실시하고 있습니다. 그러나 이런 프로그램들은 정체성을 더욱 혼란스럽게 하는 미혹의 길입니다.

그들은 사람들이 고통에서 헤어나지 못하는 것은 과거에 받은 상처 때문이니 과거의 모든 상처를 지금이라도 모두 꺼내어 고백하고, 자신에게 고통을 준 사람은 용서해야 한다고 말합니다. 이것은 심리학적 발상으로 인간의 문제를 해결하지 못합니다. 일시적으로 사람의 감정에 호소하여 마음의 위안을 갖게 하려는 위장수법에 불과합니다. 그러므로 내적치유와 같은 프로그램들은 오히려 하나님의 사람들을 하나님의 말씀과 격리하여, 다른 지식에 빠지게 하고 있습니다.

성경은 '여러 가지 다른 교훈에 끌려가지 말라'(히13:9) 하였습니다. 또한 성경은 "누가 철학과 헛된 속임수로 너희를 노략할까 주의하라 이것이 사람의 유전과 세상의 초등학문을 좇음이요 그리스도를 좇음이 아니니라"(골2:8) 하였고 다시 "이런 것들은 자의적 숭배와 겸손과 몸을 괴롭게 하는 데 지혜 있는 모양이나 오직 육체 좇는 것을 금하는 데는 유익이 조금도 없느니라"(골2:23) 기록하였습니다.

바울이 우리에게 이렇게 말한 것은 이미 오래 전부터 우리 교회 안에 잘못된 가르침들이 유입되고 있었기 때문입니다. 분명한 것은 설혹 형제가 과거에 많은 상처를 받았고 또 죄를 범했다 하더라도 예수 그리스도의 사람들은 이미 죄사함을 받은 하나님의 자녀로 인생의 출발점은 의인의 자리에 있다는 것입니다.

제가 영적 지도자에게 고백하라는 말은 주 예수 그리스도의 제자로서 형제에게 하나님의 말씀을 바르게 가르칠 복음 사역자를 만나야 된다고 한 것입니다. 내가 이렇게 말하는 것은 과거 나는 예수를 믿고서도 동성애가 죄인지 몰랐고, 태어날 때부터 이렇게 태어났으니 이 모습 이대로 주 앞에 나가면 된다고 생각했고 또 많은 목사들도 그렇게 가르쳤습니다. 그러나 성경은 우리에게 동성애를 비롯한 많은 죄악들을 정죄하였고 우리가 그 일을 다시 하지 못하도록 경계하고 있습니다.

주님은 우리에게 "새 사람을 입었으니 이는 자기를 창조하신 자의 형상을 좇아 지식에까지 새롭게 하심을 받는 자니라"(골3:10) 하였습니다. 이를 위하여 하나님은 예수 그리스도의 몸으로 세우신 교회를 위하여, 사도와 전도자와 예언자와 목사와 교사를 세워 성도를 온전케 하며 봉사의 일을 하게 하신 것입니다. 그로 하여 우리가 다 하나님의 아들을 믿는 것과 아는 것에 하나가 되어 온전한 사람을 이루어 그리스도의 장성한 분량이 충만한데까지 이르게 하신 것입니다.(엡4:11-14) 계속하여 성경은 그 이유에 대하여 "이는 우리가 이제부터 어린아이가 되지 아니하여 사람의 궤술과 간사한 유혹에 빠져 모든 교훈의 풍조에 밀려 요동치 않게 하려 함이라"(엡4:14) 기록하였습니다.

우리가 이러한 바른 지식에 대하여 말하자면 수년의 밤을 세워도 다 말하지 못할 것입니다. 그러나 분명한 것은 우리는 과거의 육체의 욕심과 육정에 속한 본질상 진노의 자녀였으나, 우리가 주 예수를 믿어 주께서 우리를 허물과 죄에서 구하셨다는 것입니다.(엡2:1-5) 그러므로 "그런즉 누구든지 그리스도 안에 있으면 새로운 피조물이라 이전 것은 지나갔으니 보라 새 것이 되었도다"(고후5:17) 기록한 것입니다.

사단은 광명한 천사의 얼굴로 믿는 우리에게 다가와 사람들에게 칭찬받는 사람으로 활동하도록 종교적인 사람들로 만들고 있습니다. 그러나 바울은 오직 하나님의 말씀과 기도로 거룩하여진다 하였습니다. 부디 잘못된 유혹에 흔들리지 말고 오직 굳은 말씀 안의 굳은 신념과 믿음으로 하나님의 은혜를 체험하시게 되기를 기원합니다. (이요나)

## 상담사례 (40)   남자의 벗은 몸을 보면 견딜 수 없어요

목사님 저 요즘 너무 힘이드네요. 제가 헬스를 다니는데... 매일 샤워를 할 때 잘 생긴 사람을 보면 자꾸 그 사람 몸이 부럽고, 난 왜 이런가... 그냥 잘생기면 무조건 저보다 나은 사람처럼 느껴지고 전 하찮은 사람처럼 느껴지네요. 전 동성애 문제만이 아니라 자신감도 많이 결여된 것 같아요. 현재 전 29살이에요. 나이를 이렇게 먹고도... 제 안에는 아직 어린아이가 살고 있어요. 성장이 멈춘 채로... 꼭 누군가를 사귀고 싶다기보다 전 저에 대한 자신감이 어릴 때부터 없었던 것 같아요. 그래서 항상 친구 사귀는게 힘들고... 어디 모임에 가도 군에서도 사람들에게 왠지 모르게 약하게 보이고, 전 또 그렇게 보이는 게 싫은데...

그리고 요즘 자주 자위행위를 하게 되요. 이런 내 자신이 경멸스럽고 미치도록 싫고... 힘들어요. 근데 헬스를 하면서 자신감도 길러지고 좋은 점도 있어요. 체력도 좋아지고. 근데, 제 맘속에 잘생긴 중학생이나 고등학생만 보아도 맘이 설레이고 그러네요.

맘이 갑자기 힘들고 기도를 해도 그 감정이 없어지질 않고 또 나쁜 사이트에서 음란한걸 보고 그것에 맘을 두게 되어요. 결단력이 부족한건가요? 어떨 땐 목욕탕에서 자위하는 제 모습을 보면서 제가 미친 사람처럼 느껴지고 언제 정상적으로 걱정 없이 살수 있을까 하고 생각도 해봐요. 제발 어떻게 해야 좋을지 모르겠네요. 자신이 없어요. 목사님 도와주세요.

## 전문가상담/(1)  죄인 된 인간의 연약한 모습

사람 속에는 어떤 다른 인격이 있는 것이 아니라 죄 속에 갇힌 자신입니다. 그것이 바로 자신의 속 사람이지요. 우리가 주를 믿어 새롭게 거듭나는 것은 죄의 속성을 벗고 새사람을 입는 것입니다. 나의 연약함을 깨달아 주께 자신을 고백하고 주의 형상을 덧입기 위해 성령으로 기도하며 하나님의 말씀으로 덧입으시기 바랍니다.

주께서는 자신을 부인하고 네 십자가를 지고 나를 따르라 했습니다. 성경은 더러운 것은 보지도 만지지도 말라 하였고 무릇 지킬만한 것보다 네 생각을 지키라 하였습니다.

사람은 모두 주께 합당하게 지음을 받았습니다. 다윗도 전쟁터에 나가지 못할만큼 목동이나 하는 나약한 모습이었습니다. 그러나 주를 경외하며 찬송하는 다윗에게 주의 영이 함께하셔서 연약함 가운데서도 주의 능력이 나타나 위대한 왕이 되었습니다. 시편을 보면 모두 나약하여 주께 도움을 청하는 기도였습니다. 매일매일 생활 속에서 예수를 인정하고 그리스도의 영광을 위해 태어난 사람이라는 위대한 인식을 가지십시오.

또 중요한 것은 동성애의 영들이 역사하는 모든 매개체를 끊어야 합니다. 헬스클럽에 다니는 것도 젊은 청년들이 모이는 카페나 장소, 은밀한 극장이나 게이들이 방황하는 거리, 더 중요한 것은 스마트폰의 게이 앱과 카톡방을 폐쇄해야 하고 지금까지 교제했던 사람과 철저하게 단절해야 합니다. 그것을 끊고 오직 주의 말씀과 성령의 인도함을 받는 공동체, 곧 교회 생활 속으로 전진해야 합니다.

성경은 "또한 네가 청년의 정욕을 피하고 주를 깨끗한 마음으로 부르는 자들과 함께 의와 믿음과 사랑과 화평을 좇으라" (딤후 2:22) 하였으며, "청년이 무엇으로 그 행실을 깨끗케 하리이까 주의 말씀을 따라 삼갈 것이니이다 내가 전심으로 주를 찾았사오니 주의 계명에서 떠나지 말게 하소서" (시 119:9,10) 기록하였습니다.

내가 더러운 것을 만지고 어떻게 손이 깨끗하기를 바라겠습니다. 이러한 생활습관이 선행되지 않으면 더러운 영들은 형제를 놓아주지 않을 것입니다. 주를 믿는 성도라 할지라도 말입니다. 우리는 모두 위대한 하나님의 작품이며 그의 영광을 위해 지음을 받았기 때문입니다. 육신의 유혹에서 생각을 지키고 하나님의 말씀으로 충만함을 얻으십시오. 주의 영이 함께하시기를 기도합니다. (이요나)

## 훈련생상담/(2) 성경 암송하시죠!

저는 이요나 목사님 상담을 받은 이후 성경구절을 암송하는 것을 시작하였습니다. 요즘 이전보다 더 변화된 제 자신을 느낍니다. 먼저 육신의 정욕(욕정)을 이길 수 있는 말씀을 찾아서 암송하였습니다. 그 말씀을 연습장에 100번을 썼습니다. 놀라운 것은 꼭 제가 성경을 암송해서 제가 동성애 정서와 멀어진 것인지 확실치는 않지만 그 말씀을 연습장에 하나씩 적어갈 때 마다(처음에는 정말 하기 싫었지만 한번만 더 쓰자 또 하기 싫었지만 한번만 더 쓰자 하면서) 그 말씀이 저의 욕정을 조금씩 부수고 있는 것을 느낄 수가 있었어요. 쓰면 쓸수록 처음 하기 싫은 마음이 조금씩 사라지고 성욕에 대하여 담담한 마음 참된 편안이 조금씩 느껴져요.

제가 100번 쓰면서 외우기로 작정한 성경구절은 "낮에와 같이 단정히 행하고 방탕하거나 술 취하지 말며 음란하거나 호색하지 말며 다투거나 시기하지 말고 오직 주 예수 그리스도로 옷 입고 정욕을 위하여 육신의 일을 도모하지 말라"(롬 13:13-14)이며, 그 뒤 또 50번 써본 말씀은 "육신을 따르는 자는 육신의 일을 영을 따르는 자는 영의 일을 생각하나니 육신의 생각은 사망이요 영의 생각은 생명과 평안이니라 육신의 생각은 하나님과 원수가 되나니 이는 하나님의 법에 굴복하지 아니할 뿐 아니라 할 수도 없음이라 육신에 있는 자들은 하나님을 기쁘시게 할 수 없느니라"(롬 8:5-8)입니다.

그러나 이렇게 말씀을 외웠다면 그것으로 끝나는 것이 아니라 마음속으로 그 말씀을 가끔 되새겨 봅니다.(묵상해보기) 길갈 때도 짬시간에 말씀외우는 것이 좋은 이유는 성경은 하나님 말씀을 마귀의 공격을 격퇴할 수 있는 '성령의 검'이라고 하였기 때문입니다. 그리고 예수님도 사탄이 처음 예수님을 시험하였을 때(침례 받으시고 광야 사막에 가 시험 받으실 때) 알고 있는(암송한—머리 속에 기억하고 있던)하나님 말씀으로 사탄의 시험을 이겼습니다. 우리 함께 승리해요^^ (진권)

## 상담사례 (41)  저 자신을 믿을 수 없어요

안녕하세요? 저는 22살의 청년이고 지금 학업생활을 하는 학생입니다. 저는 여기 카페를 알게 되면서, 방금 여기 쓰신 분들의 글을 잠깐 봤지만. 동성애는 치유될 수 있다는 목사님의 말씀과 내 자신의 힘과 의지가 아닌 성령님의 인도하심 도우심으로 된다는 걸 느끼고 알았습니다. 전 항상 마음속에만 숨겨왔는데 누군가한테 이런 고민을 털어놓는 건 아마 별로 없었을 거예요. 제 주위에 저처럼 이런 고민을 하는 사람은 저밖에 없을 거라 생각하거든요.

예전에 저희 어머니하고 형한테 동성애를 고백하였는데, 절 위해 같이 기도해주시면서 당장 그 사이트를 탈퇴하라고 하셔서 탈퇴하고 다시는 보지도 만지지도 않겠다는 그런 마음으로 끊었습니다. 또 음란사이트를 차단하는 사이트를 설치해서 제가 다른 쪽으로 흐르지 않도록 제 자신을 다스리고자 노력했어요. 근데 지금은 마음이 아파요. 힘들어요. 저 자신을 제가 믿을 수 없고 나 자신을 도저히 다스릴 수 없어요. 어떻게 하면 나를 이길 수 있을까요? ^^

## 전문가상담/  오직 주님만을 믿으세요

형제의 울부짖음 속에 이미 그 해답이 제시되어 있습니다. 형제는 지금 자신의 육신 속에서 소용돌이치는 죄의 문제를 감지하고 있고 그 문제를 스스로 해결하지 못하여 울부짖고 있습니다. 이것은 바울의 딜레마이기도 합니다. 바울은 내가 행하는 것을 내가 알지 못한다 하였고, 내가 원하는 바는 행치 않고 도리어 원치 아니하는 바 악은 행한다 하였습니다.

그는 계속하여 만일 내가 원치 않는 그것을 하면 이를 행하는 자는 내가 아니요 내 속에 거하는 죄니라 하였습니다. 이것이 우리 안에 설치된 사망의 죄의 법으로 죄인 된 인간의 육체 안에 설치된 시스템입니다. 그러므로 바울은 이 사망의 몸에서 누가 나를 건져내랴? 울부짖은 것입니다.

지금 형제에게 있어 중요한 것은 어떤 소망의 비전을 성취하는 일이 아닙니다. 형제가 죄에 머물고 있는 한, 베토벤과 같은 피아노의 능력이 있다 해도 그것은 영광되지 못하며 육체의 것으로는 빛과 소금이 되지 못하여 결국은 육체와 함께 썩어져 죄의 사망의 고통으로 내려 갈 것입니다. 바울은 이 육체의 문제를 해결할 방법을 로마서 8장에서 제시하고 있습니다.

하나님께서는 사망과 죄의 법에서 고통받는 인간을 구원하시기 위해 주 예수 그리스도를 보내어 그와 함께 세례를 받는 자들 안에 생명의 성령의 법을 다시 설치하셨습니다. 죄의 문제를 스스로 해결할 수 없음을 깨달은 자들이 이제 그리스도를 힘입어 넉넉히 이길 수 있습니다.

그를 위해서는 무엇보다도 성령의 인도함을 받는 당신의 굳은 의지와 믿음이 필요한데 그 생각을 지킬 수 있는 힘이 당신에게는 없습니다. 그러한 굳은 의지의 마음과 믿음의 생각들은 오직 당신 안에서 넉넉한 지식과 지혜로 깨달아져 당신의 마음을 이끌어 갈 성경적 말씀이 바탕이 되어야 하기 때문입니다.

우리 말에 '아는 것이 힘이다' 하였습니다. 이미 성령의 능력이 역사하는 우리가 할 일은 이제 하나님의 성령이 충만하게 역사할 수 있도록 성경에 귀를 기울이는 것입니다. 성령은 들은 것을 말하시기 때문입니다. 다시 말하여 나는 형제가 말씀의 제자가 되기를 권고합니다. 이것만이 당신의 문제를 해결하는 길입니다. 부디 하나님의 말씀만이 모든 것을 해결하는 능력이 있음을 기억하십시오.(이요나)


## 상담사례 (42)  내 안의 악한 영을 쫓아 주세요

동성애 문제 때문에 고통 받고 절망해서 기도하기 시작한지 햇수로 12년이 되었습니다. 이제 나이도 30대 초반에서 중반으로 가는 과정에 있고 갈등과 고민으로 정신은 새에게 파 먹힌 시체처럼 너덜너덜합니다. 그러나 전 한번도 동성애를 해본 적이 없는 동성애자입니다. 육체와 정신은 끊임없이 사랑을 갈망하고 시도도 할뻔했지만 무언가 상황적 요인으로 현실화되진 않더군요. 목사님 블로그를 보면서 느낀 한가지는 제가 막연히 가지고 있었던 이 문제가 악한 영들의 역사가 아닐까 하는 생각이 든다는 것입니다. 맘 같아선 내 안에 역사하는 귀신들을 당장 쫓아 버리고 싶고 나도 남들처럼 사랑하고 아름다운 가정을 꾸리고 싶습니다.

이 문제 때문에 새벽기도 금식기도 등, 눈물 뿌린 시간들도 있었지만 무엇을 어떻게 해야 제대로 하는 걸까요. 어떻게 해야 이 귀신들이 나갈까요? 하나님께서는 왜 아직 응답이 없으실까요? 이 모든 것이 차라리 하룻밤의 악몽이라면. 내일에는 올바른 신앙을 가진 이성에게 가슴 떨리고 싶습니다. 목사님 이 불쌍한 영혼을 위해서도 기도 부탁 드립니다.

## 전문가상담/ 예수님과 동업하세요

샬롬, 형제의 글 잘 읽었습니다. 누구에게 자신을 밝힌다는 것이 쉽지 않은데, 어려운 고백을 하셨습니다. 주께서는 형제의 기도를 모두 듣고 계십니다. 하나도 저버린 것이 아니라 모두 듣고 계시며, 형제에 대하여 어떤 최선의 방법을 모두 준비해 놓고 계십니다. 그래서 아직 형제가 동성애의 깊은 곳에 빠지지 않은 것이며 동성애를 극복하고자 하는 소망을 갖게 하신 것입니다.

그렇지 않았다면 형제는 동성애의 유혹에 휘말려, 더러운 성적행위에 중독되었을지도 모릅니다. 그러나 문제는 우리가 행위로 짓지 않아도 죄는 우리 안에서 역사하고 있다는 것입니다. 주께서 사람을 더럽히는 것이 우리의 마음에서 나온다 하였습니다. 문제는 자신이 원하지 않는 동성애의 악한 역사를 어떻게 우리 안에서 쫓아 내느냐에 있습니다.

나의 이러한 말에 어떤 사람들은 그러면 동성애가 귀신의 역사냐고 물으실테지만, 사실 근본적으로 이 땅에 존재하는 악하고 더러운 것들은 모두 악한 영으로부터 온 것입니다. 그러나 분명한 사실은 형제는 이미 예수 그리스도의 주권 속에 있고 그 지위는 의인이라는 위치로 옮겨졌습니다.

이것은 우리가 아직 죄인이었을 때 주께서 우리를 위해 행하신 구속의 은혜입니다. 그러니 우리는 모두 하나님의 자녀이며 그리스도의 영의 인도를 받는 사람들입니다. 문제는 아직 우리 의인 된 신분에 맞지 않게 역사하는 더러운 영입니다. 이것은 우리의 의지 만으로는 해결할 수 없습니다. 다만 우리가 그리스도의 말씀의 능력을 힘입어 내 굳은 믿음의 의지로 성령의 도우심을 받아야 할 것입니다.

형제가 아직 동성애의 경험을 하지 않았다 할 때 그것은 그리스도인의 양심 가운데 역사하는 성령의 역사입니다. 그러나 이 투쟁은 정신적 투쟁만으로는 무리라고 생각합니다. 그러므로 문제를 스스로 끌어안고 기도한다고 해결될 문제는 아닙니다. 그렇다면 하나님께서 그의 종들을 세우지 않으셨을 것입니다. 성경은 "가르침을 받는 자는 말씀을 가르치는 자와 모든 좋은 것을 함께 하라"(갈 6:6) 기록하였습니다.

형제가 그리스도의 사람으로 온전한 가정을 꾸리고 싶은 것은 주님의 소망이기도 합니다. 그리고 형제는 당연히 그래야 하고 또 그럴 수 있습니다. 그러나 먼저는 동성애의 더러운 역사로부터 해방되어야 할 것입니다. 더러운 옷을 벗어 버리지 않고서는 그리스도인의 평안의 복을 누리지 못할 것입니다. 사실 동성애자가 된 것이 처음부터 자신의 이성적 선택으로 된 것이 아니라면 자신이 동성애의 성향이 있는 것을 부끄러워할 것은 없습니다.

우리가 자신을 부끄러워한다면, 구원의 능력되신 그리스도를 부인하는 것입니다. 그러나 정작 부끄러워할 것은 예수를 믿는 자신이 아직도 동성애 행위를 한다는 것입니다. 그러므로 이제 더 이상 스스로 자신을 자책하지도 또 골방에 가두지도 마십시오. 그리스도의 부르심 가운데로 그 모습 그대로 가지고 나오십시요. 주께서 합의하시는 날에 당신은 주의 아름다운 형상의 얼굴로 주께 영광을 돌리게 될 것입니다. 형제를 위해 기도하겠습니다.(이요나)

## 상담사례 (43) 동성애 치유의 방법이 있나요?

- 정말 동성애는 치료할 수 있는 것인가요? 제가 생각하기론 원래 동성애가 아니던 사람이 잠시 방황하여 동성애라고 생각 했다가 다시 간 것은 아닐까요? 저같은 동성애자는 치료 자체가 안되는 것이 아닐까 생각이 듭니다.

- 치료할 수 있다면 제가 지금 무슨 노력을 해야하며.. 어떻게 살아야 벗어날 수 있는지... 참고로 저는 여자에게 성적 흥분을 전혀 느끼지 못하고 있고 중학생 때는 여성의 성기를 보고 혐오감도 느꼈던 거 같습니다.

## 전문가상담/ 기름부음 받은 사역자를 만나는 것이

그렇습니다. 동성애는 오직 예수 그리스도 안에서 치유됩니다. 그분이 구원자이시며 마귀의 일을 멸하러 오셨기 때문입니다. 그러므로 형제가 제일 먼저 해야 할 것은 우리가 주 예수 그리스도를 자신의 구원자로 영접하는 것입니다.

누구든지 주 예수 그리스도를 믿었을 때 하나님으로부터 죄없다 하심을 얻고 하나님의 자녀가 되는 권세를 얻으며 그로부터는 주의 말씀을 따라 나의 믿음의 의지로 동성애를 극복하는 시험의 시간이 따르게 됩니다. 그리고 거룩한 형제들과 공동체 생활 곧 주기적인 교회생활이 필요합니다. 성경을 배우고 함께 찬양하며 함께 위로하는 성도의 교제가 필요합니다. 그 가운데서 주의 성령이 역사하시기 때문입니다.

또한 형제는 최면술과 같은 심리치료를 받고 싶다고 하셨는데 그것은 자신의 영혼을 더 악한 영들에게 이끌고 가는 것이며 절대로 회복되지 못하고 많은 후회와 시간을 낭비한 후에 주 앞에 나오게 될 것입니다. 저의 자서전을 읽어보시면 아시듯이 나는 동성애를 벗어나기 위해 동양철학에 빠지기도 하고 승려가 되어 많은 명상과 기도를 하였지만 아무런 소용이 없었습니다.

오직 나를 섭리하신 하나님은 내가 주 예수 그리스도를 영접할 때부터 역사하시기 시작하셨습니다. 그 다음은 성경의 말씀과의 만남이 필요하며 주의 형제들과의 사랑의 교제가 필요합니다. 따라서 지금은 온전한 성경 말씀을 바르게 가르칠 기름부음 받은 복음 사역자를 만나는 것이 지름길이라 하겠습니다.(이요나)

## 상담사례 (44)  자위, 절제가 불가능해요

목사님의 상담이 저에게 큰 위로가 되었습니다~ 또한 미지근한 크리스천일 때에는 저 혼자의 힘으로 겨우 2주동안 끊었던 동영상 및 자위행위를 주님께서 조금씩 절제하는 힘을 주시는 거 같습니다. 주님의 은혜로 동성간의 성관계 동영상을 보지 않은지 40일이 지났습니다.. 그리고 자위행위는 혼자 힘으로 참을 때 최대 2주까지 겨우

참았었는데, 이번에는 한달간 절제하는 힘을 주셨습니다.. 더 큰 절제를 주실 줄 믿고 감사합니다. ^^

어떤 간사님께 들었는데, 자위행위 자체는 죄가 아닌 죄성이라고 하셨습니다.. 자체로는 죄가 아니지만 다른 죄를 불러 온다는 게 죄성이라고 들었고.. 또한 음란한 행동들이 한번에 끊어지기는 힘들지만 기도로 조금씩 나아지는 모습을 보여드린다면 하나님께서 기뻐하신다고 들었는데 너무 큰 위로가 되었습니다.

솔직히 지금 가장 힘든 건 캠퍼스나 세상에 나가 많은 남자를 보고 그 외모와 몸매를 훑어보고 또 마음에 드는 사람이면 시선을 놓지 못하고 더 훑어보고 또 성기쪽을 보게 된다는 것입니다. 죄를 짓는 것은 보는 것, 생각, 계획, 행동 4가지라고 들었는데 무의식적으로 보는 것은 죄가 되지 않지만 생각으로 죄를 짓는 것은 죄라고 들었습니다.

자주는 아니지만 마음에 드는 외모를 가진 남자를 보면 벗은 몸을 상상하거나 유난히 성기쪽을 보게 되는데 이런 것도 죄인 것이죠? 아직 이런 부분에서는 악한 영의 역사에 많이 눌려 있는 것 같습니다. 그리고 목사님의 성 중독증, 동성애 등 치유상담 사역을 하시는 것을 보고 나와 같은 동성애 증상을 가진 청소년, 청년들을 위해 상담하는 비전을 발견했습니다. 누구보다도 그들의 상황과 마음과 상처를 알기에 그들을 위해서 기도하기도 합니다. ^^(훈)

**전문가상담/ 오직 그리스도와의 관계를**

샬롬, 형제의 믿음의 건투에 박수를 보냅니다. 기적은 그리스도를 향한 모든 사람들에게 열려 있습니다. 다만 우리에게 그 현실이 상당히 멀리 느껴지는 것은 우리 마음 속에 불가능의 인식이 팽대하고, 또한 그리스도와의 관계에서 멀어졌기 때문입니다.

이 땅의 모든 사람들은 태어남으로부터 죄성을 갖고 있습니다. 그 죄성은 악한 영들의 주관으로 인간의 욕정을 지배하여 우리의 생각으로 육체의 목적을 달성하도록 합니다. 우리말에 오십보 백보라는 말이 있습니다. 전쟁터에 나간 사람이 오십보를 도망하든 백보를 도망하든 패배는 마찬가지란 말입니다. 그러므로 거룩한 그리스도의 사람으로 부름받은 우리가 동성애는 큰 것이니까 참아도 되고, 가끔씩 포르노를 보는 것은 좀 덜하고, 자위를 하는 것은 어쩔 수 없는 생리 현상이라 생각하는 것은 죄의 목적을 달성하려는 마귀의 속삭임입니다.

은행을 터는 것이나 구멍가게에서 껌 하나 훔친 것이나 도둑질은 마찬가지입니다. 성경은 여인을 보고 음욕을 품는 자는 간음이라 하였고 형제를 미워하는 자는 살인하는 자라 말씀하셨습니다. 이것은 그리스도인은 죄성에 빠져서는 절대로 안됨을 경계한 것입니다. 그러면 어떻게 우리 안에 있는 죄성을 다스릴 수 있을까요? 그것은 오직 우리를 믿음으로 하나님의 자녀로 삼으신 우리 주 예수 그리스도의 능력에 의지하는 것입니다.

여기서 주의 능력을 받는다는 것은 그의 말씀에 의지한다는 것입니다. 그의 말씀 속에서 주의 성령이 역사하기 때문입니다. 우리는 통치자의 권세가 그의 말씀에 있음을 알고 있습니다. 그와 같이 우리의 왕이시며 주인이신 예수 그리스도는 창조자이시며 통치자이십니다. 따라서 우리가 악한 영들의 유혹에서 이기는 것은 그의 말씀을 따라 순종하는 것이며 성경에 기록된 모든 말씀을 통하여 하나님의 자녀의 인격을 쌓아 가는 것입니다.

성경은 더러운 것은 그 모양이라도 버리라 하였습니다. 이 말씀은 그의 백성을 향한 주의 명령입니다. 그러므로 그리스도의 자녀인 형제는 더러운 생각과 말에서부터 벗어나야 할 것입니다. 세상에는 아름답고 선한 말들이 많으며 그러한 가르침과 선한 말들은 우리의 인격을 만듭니다.

또한 바울은 "모든 성경은 하나님의 성령으로 된 것으로 교훈과 책망과 바르게 함과 의로 교육하기에 유익하니 이는 하나님의 사람으로 온전케 하며 모든 선한 일을 행하기에 온전케 하려 함이라"(딤후 3:16-17) 하였습니다. 그러므로 성경의 말씀에 귀를 기울이고 그 말씀의 가르침을 따라 주의 성령의 능력을 힘입어 하나님의 자녀로서 아름다운 형상을 회복하여 나가는 것입니다.

우리가 그 열매를 얻기 위해서 가장 먼저 해야 할 것은 삶의 절제입니다. 생활 속에서 내 육체의 욕정을 유혹할 만한 요소들은 모두 쓰레기 통에 버리고, 다시는 그 근처에도 가지 말아야 할 것입니다.

매일 매일 삶 속에서 나는 그리스도인의 사람이라는 것을 잊지 말고 하나님의 아름다운 형상을 그리며 그의 말씀에 귀를 기울이십시오. 기도와 말씀 가운데 믿음 생활을 정진하며 모든 유혹의 시간으로부터 자신을 지키십시오. 부디 용기와 인내와 절제의 아름다움에서 벗어나지 말기를 기도합니다. (이요나)

# 제7부

# 어떻게 도와야 하나요?

누구든지 형제가 사망에 이르지 아니한 죄 범하는 것을 보거든 구하라 그러면 사망에 이르지 아니하는 범죄자들을 위하여 저에게 생명을 주시리라 (요한일서 5:16)

## 상담사례 (45)  동성애자는 서로 어떤 매력에 이끌리나요?

이성애자들은 이성의 특정한 매력에 끌려 이성을 좋아하게 되는데, 동성애자들은 서로 어떤 매력에 끌려서 동성을 좋아하게 되나요?

### 전문가상담/ 각자의 취향이 있습니다

동성애자들도 마찬가지입니다. 이성애자들도 자기가 좋아하는 타입이 있듯이 동성애자들도 다 좋아하는 것이 아니라 자기의 타입과 취향을 찾게 됩니다. 이성애자들이 이성에 끌리는 감정과 같이 동성애자들도 마찬가지라고 생각하면 됩니다. 그런데 그들은 상대 이성에게는 전혀 성적매력을 느끼지 못한다는 것이 안타까운 일입니다. (이요나)


## 상담사례 (46)  동성애의 플라토닉 사랑이 가능한가요?

동성애 친구가 있는데 그는 자기는 성적인 행위를 경멸하며 오직 마음에 드는 남자 친구를 정신적으로만 깊게 사랑한다고 말하며 그것이 진정한 동성애 사랑이라고 말합니다. 정말일까요?

### 전문가상담/  동성애는 행위를 전제로 합니다

이성간의 플라토닉 사랑은 근본적으로 에로스 곧 성적인 감정이 내포되어 있다고 보아야 합니다. 따라서 성적인 감정이 없이 플라토닉 사랑을 한다는 것은 친구간의 사랑과 같다고 보아야겠지요, 그러므로 동성연애자들도 호감 있는 사람과 성적인 교감을 갖고 마음으로 사랑을 하는 것이므로 그들이 주장하는 것처럼 완전한 정신적인 사랑을 한다는 것은 불가능하다고 봅니다. 다만 동성애자들이 플라토닉 사랑을 주장하는 것은 세상 사람들이 동성연애를 불결하게 보기 때문에 우리는 정신적인 사랑에 더 비중을 두고 있다고 말하는 것이라 보면 됩니다. 다시 말하지만 플라토닉 사랑은 성적 감정을 전제하고 있다고 보는 것이 맞습니다. (이요나)

## 상담사례 (47) 탈동성애 하면 성욕이 사라지는 것인가요?

탈동성애 이후, 완전히 동성애적 욕구(성욕)가 사라졌는지, 나아가 완전히 이성애적 욕구(성욕)가 느껴지는지, 답변을 듣고 싶습니다.

### 전문가상담/ 성적본능은 살아 있습니다

인간의 성적 본능은 탈동성애했다고 해서 없어지는 것이 아닙니다. 탈동성애란 동성애적 성향에서 벗어났다는 것입니다. 다시 말하여 정상적인 상황으로 돌아섰다는 것입니다. 그렇다고 해서 그 모든 기억이 없어지는 것도 아니고 동성애적 유혹이 사라지는 것도 아닙니다. 다만 담배를 피던 사람이 담배를 끊으면 담배의 해악을 뼈져리게 느껴 담배를 피하듯이 동성애에서 탈출한 사람들도 동성애의 유혹에 빠지지 않는 것입니다. 그의 의지와 성령의 권능이 그를 악에서 지키는 것입니다. 이는 진리가 저를 자유케 하였기 때문입니다 (요8:32). (이요나)

## 상담사례(48) 피해자 코스프레에 빠진 형제와의 교제

저는 교회에서 순장을 하고 있는 주님 없인 절대 못 사는 20대 중반 여자입니다. 제가 사랑하고 잠시 교제했던 형제가 동성애로 힘들어해서 최근에 헤어졌지만 전 아직 그 형제를 많이 좋아하기에 어떻게 그 형제를 도울 수 있을까 조언을 얻고자 이렇게 글을 올립니다.

제가 사랑하는 형제님은 어렸을 때 사촌 형에게 성폭행을 당하고 영적으로 많이 어려움을 겪었습니다. 겨우겨우 그 사촌 형을 용서했지만 동성애에 눈을 뜨면서 자책감, 자기 정죄감이 형제를 많이 힘들게 한 것 같습니다. 제가 알기로는 형제님이 어렸을 때부터 여성스러운 면이 있고 과거의 상처가 계속 형제를 아프게 하였다고 합니다. 그러면서도 동성에게 끌리는 마음이 생겨 남자와 교제를 한 것으로 알고 있습니다.

형제는 동성애 성향에서 벗어나고 싶어 여러 가지 사이트도 찾아보고 노력도 해봤지만 가정형편이 어려운 형제에게 어떤 모임에 참석하거나 치유하려고 하는 것들이 금전적으로 많이 부담돼서 못했다고 들었어요. 저는 형제가 동성애 성향을 가진 걸 몰랐지만 교회에서 팀장으로 섬기는 모습이나 여러 가지 모습이 제게 너무나 좋게 보였기 때문에 형제에게 용기 내어서 고백했습니다. 형제님은 제게 자신이 동성애 성향이 있는데 그래도 사귈 수 있냐고 하였고, 지금까지 먼저 다가온 자매가 그 부분에서 많이 떠났다고 합니다.

사귀는 한 달 정도는 정말 행복하게 보냈지만 그 형제님이 대학원에 진학하게 되고, 저는 대학생인데 과제가 너무 많아서, 형제님과 보내는 시간은 기쁘기도 했지만 너무 서로 말로 상처를 많이 받는 편이라, 서로의 의도는 그게 아닌데 서로에게 큰 상처가 된 것 같아요. 이 형제가 헤어지면서 "난 어쩔 수 없어, 난 이제 다 포기할래. 사람들은 다 나의 여성적인 부분을 칭찬해. 난 아직 이성에게 끌린 적도 없고... 그러니까 이제 정상인처럼 변화하리라는 믿음을 접는 게 편할 것 같다. 죽고 싶다."는 식으로 제게 말했습니다.

이런 말을 듣고 보니 모두 다 제 잘못 같구요. 그 형제의 아픔을 감쌀 수 있다고 한 것이 제 교만이었던 것 같습니다. 오히려 제가 형제의 가슴에 더 상처를 낸 것 같아요. 형제님이 계속 우울하게 신앙생활하고 항상 유혹에 시달릴 것 같아 걱정이 됩니다. 목사님, 전 이 형제를 위해 어떻게 기도해야 하며, 동역자로서 형제 곁에서 도와주고 싶은데 어떻게 해야 할까요?

## 전문가상담/ 거짓과 위선이 벗겨지기까지

사람의 마음은 자신도 아무도 알 수 없습니다. 성경은 "만물보다 거짓되고 심히 부패한 것은 마음이라 누가 능히 이를 알리요.." (렘 17:9)라고 기록되었습니다. 더욱이 동성애 성향을 가진 사람들의 마음은 카멜레온과 같아서 어느 것이 본심이고 가식인지 분별이 안되고 자기 스스로도 너울을 쓰고 살아서 자기 마음을 이해하지 못합니다. 그러므로 자매님에게 보여진 형제의 모습이 진심일 수도 가식일 수도 있습니다. 영 분별이 필요한 부분입니다. 동성애자의 성향 중에 가장 큰 것이 거짓된 마음입니다. 자신도 속이며 자신을 연극의 주인공을 만들며 다른 인생을 살아가기 일수입니다. 그렇다고 진정한 마음이 없는 것은 아닙니다. 나 또한 거짓 속에서 살면서도 예수 그리스도의 의로운 삶을 추구하였으니까요?

동성애자들은 피해의식이 강하고 또 스스로 피해망상 속에서 살아 가려 자기 둥지를 만듭니다. 그래서 자기를 이해하려는 사람을 만나 면 물을 만난 것처럼 자기 과거 피해자 코스프레에 빠져 버리고 자 기 부모와 환경과 자신에게 상처를 준 사람들에게 독기를 내어 품습 니다. 결혼은 매우 조심스럽게 생각해야 합니다. 보이는 것이 다가 아니기 때문에 형제가 완전히 변화되었다는 증거가 나타나기 전까 지는 결혼을 해서도 안됩니다. 또한 형제를 마음으로 사랑한다면 잘 못된 삶의 방법들과 사고 방식에 대하여 거침없이 조언과 권면을 해 야 합니다. 그것이 형제를 사랑하는 방법입니다. 일단은 거리를 두고 기도하며 성령의 인도하심을 기다리는 것이 좋겠습니다. (이요나)


## 상담사례(49) 6년을 사귄 형제의 비밀

저는 37살 자매입니다. 제게는 6년을 사랑한 남자가 있습니다. 그 는 36살로 저보다 연하이고 30대 초반에 알게 되어 6년 동안 제 마 음에서 한번도 놓지 않은 정말 진정으로 사랑한 남자입니다. 그의 집안은 크리스천이고, 저는 가톨릭 신자입니다. 그는 얌전하고 말이 없고 확신이나 지키지 못할 약속을 하지 않는 성실한 성격이고, 직 업은 공무원입니다.

나이가 나이인지라 그와 결혼 이야기를 하게 되었습니다. 그런데 그는 저와는 결혼을 생각해 본적도 없고 상상도 한 적 없다고 했습 니다. 그 사람이 저보다 모든 면에서 뛰어나고 태 중에서 아버지를 잃은 유복자인 관계로 그의 어머니가 며느리 욕심을 내나 보구나 하 고 내 마음을 접었습니다. 이후 결혼 이야기가 나오면 회피로 넘어 가고... 그렇게 계속 만남을 이어가며 6년을 만나는 동안 우리는 어떤 스킨십도 없었습니다. 저는 그것이 결벽증 심하고 책임의식이 강한 탓인 줄 알았습니다. 그러다 어느 날 우연히 그 사람 SNS에서 그가 동성애자란걸 알았습니다. SNS에는 평생 같이 살자는 남자 애인의 글과 사진이 있어 추궁했으나 결코 자신은 아니라고 부정하다가 제가 핸드폰을 보여달라는 요구를 하자 결국 고백을 했습니다.

그는 아버지가 없어서 형들이나 선배가 잘해주면 좋았다고 합니다. 그리고 군대에서 상사에게 성추행을 당했다고 합니다. 싫었지만 어쩔 수 없었다고, 하지만 본인도 상사가 되었을 때는 보상심리로 부하직원을 껴안고 만졌다고 말했습니다. 그는 저에게 속여서 미안하다고, 만남을 종결 지으려고 했습니다. 하지만 저는 그를 사랑하는 마음에 그를 이해하고 용서해주기로 하고 남자애인을 정리하는 조건으로 다시 만났습니다. 이 상황을 알게 된 그의 동성 애인은 난리가 났고, 저를 찾아와 남자친구의 과거를 말하기도 했습니다. 그들의 모임은 전부 동성애자이고 성관계를 갖고 있다고요. 받아들이기 어려웠지만 그를 도와주고 싶은 마음과 그를 그 세계에 놓아두면 연민 때문에 살 수가 없을 것 같아 놓을 수가 없었습니다.

목사님 그는 주일엔 꼭 가족과 예배를 드립니다. 6년간 저를 속인 그 사람... 자기는 태어나서 한번도 하나님을 부정해 본적이 없다는 그 사람... 그를 어떻게 이끌어야 하나요? 제가 그 사람의 행복을 가로막는 건 아니죠? 저야 그를 사랑해서 자주 만나지만... 그 사람은 사랑도 아닌 우정으로 절 만나고 있는 것 같습니다. 제게 이런 일이 생기리라고 꿈에도 생각 해 본 적이 없습니다. 그를 정말 사랑해서 늘 기도하고 평생 같이할 수 있게 해달라고 기도 드렸는데... 하나님은 어찌 저에게 이런 시련을 주시는지 모르겠습니다. 그는 신체적으로는 100% 남자입니다. 목사님 제가 해야 할 일과 그가 극복할 수 있는 방법을 가르쳐 주세요.

## 전문가상담/ 결혼은 거룩한 멍에입니다

성경은 믿지 않는 자와 멍에를 메지 말라 하였습니다. 또한 믿는 자란 성도를 뜻하며 성도는 죄에서 벗어나 모든 삶에서 그리스도의 증거가 있는 사람입니다. 그가 누구라 해도 아직 동성애 생활을 하고 있다면 그는 아직 거듭난 성도가 아닙니다. 물론 예수를 믿었으니 영적으로는 거듭났다 해도 중요한 것은 마음과 언행의 거듭남입니다. 더욱이 성적 범죄는 성령의 전인 자기 몸에게 죄를 짓는 것으로 성경이 금한 것입니다. 그가 어떤 마음을 갖고 울며 기도하며 회개했다고 해도 계속 이어지는 범죄는 그의 영혼이 책임져야 할 죄의 열매입니다.

그래서 정말 자매님이 그 형제를 사랑한다면 좀더 성경적인 관계 속에서 그 형제의 온전한 변화를 확신한 후에 그 형제의 자매 사랑이 피부로 느껴질 때에 결정해야 할 것입니다. 구약에서 동성애에 대하여는 가증한 죄로 정죄했습니다. 그와 같이 동성애자는 가증한 마음을 갖고 있으며 이중적 성격을 갖고 있습니다. 부디 주께서 그 형제에게 회개의 열매를 맺을 수 있게 하시기를 기도합니다 (이요나)

## 상담사례(50)  결혼을 약속한 형제가 동성애자래요

안녕하세요. 저는 선데이 크리스천의 신앙으로 살아가는 34살 여자입니다. 저에게는 결혼까지 생각했던 남자친구가 있었습니다. 최근 그 친구가 동성애자라는 사실과 반복되는 동성애 행위로 실망을 거듭하고 헤어지게 되었습니다.

처음 알게 된 경로는 친구가 해외 출장에 다녀온 후 그 친구의 휴대폰을 보게 되었는데, 남자간의 성행위가 담긴 동영상이 많았고, 게이 마사지숍에 다녀온 것을 알게 되었습니다. 물어봤을 때는 단순한 호기심이다, 게이는 아니다, 사실 양성애자 라고 했습니다. 앞으로 다시는 그런 곳에 가지 않겠다고 약속했지만 며칠 전 제가 해외출장을 간 동안 성행위를 하던 남자 선배를 집에서 만난 것을 알게 되었습니다. 두 사람간에 오고 간 카톡 내용을 통해 사랑하는 사이가 아니라 가끔씩 욕구만을 위해 만나는 사이라는 것을 알게 되었습니다.

곧바로 저는 이별을 고했고 지금은 헤어진 상태입니다. 그는 너무나도 자상하고 매일같이 사랑한다고 이야기 하며 그의 적극적인 구애로 만나게 되었는데, 어떻게 이런 상황이 벌어질 수 있는 것인지 이해가 되지 않습니다. 결혼을 너무나 원했던 그였기에 저는 충격과 실망이 너무나 큽니다. 더군다나 스위스에서 YWAM 학생으로 1년, 또 스태프로 1년 반을 활동했습니다. 선교지에 가기 전에는 교회를 다니면서도 술을 매일 마시고 죽고 싶었다는 이야기를 들은 적이 있었습니다. 남자는 가끔씩 방황하는 시기가 오니 그럴 수 있었겠다 싶었는데 이제 그 이유를 조금 알 것 같습니다.

그 동안 많은 매체를 통해 이요나 목사님의 메시지를 접했습니다. 화도 나고 상처가 너무나 크지만 그의 인생이 이렇게 어두운 곳에서 저물어 가다가 지옥으로 가겠구나 라고 생각하니 너무나 마음이 아프고 그의 인생이 불쌍하다고 생각됩니다. 그는 부끄러운 건지, 일체 연락을 하지 않고 있습니다. 어젯밤에는 그를 위해 울며 주님께 기도했습니다. 제가 이렇게 떠나 버리며 무슨 말을 해줄 수 있을지,

어떤 방식으로 그를 떠나는 것이 상처가 되지 않을지 아니면 아예 따끔하게 정말 동성애가 죄라는 사실을 말을 해줘야 할지... 이 사실을 아는 사람이 없을 테니 친구가 되어 주어야 하는지, 사회적으로는 직장에서나 가정에서나 너무나 사랑받고 인정받는 친구입니다. 조언을 기다립니다.

## 전문가상담/ 멍에를 같이 멜 사랑이 있으시다면

동성애 성향은 정말 끊어내기 쉽지 않은 죄입니다. 예수를 믿어도 동성을 향한 욕구는 멈추지 않습니다. 안 된다는 것도 알고 죄인 것을 알면서도 천형과 같은 습관이라서 극복하지 못합니다. 중요한 것은 형제가 동성애에서 벗어나고자 하는 굳은 결심이 있느냐에 있습니다. 그렇다면 먼저 하나님께 철저한 회개와 자신과의 관계된 모든 사람들과 매개체를 정리하고 교회와 주변 사람들에게 모두 고백하고 동성애를 끊어내기 위한 믿음생활을 해야 합니다.

그것을 돌보아줄 믿음의 사람이 절실히 필요하구요. 분명한 것은 동성애는 해결된다는 것입니다. 그러나 다만 오직 복음의 진리 안에서 극복할 수 있습니다. 이 말은 오직 성경의 말씀을 따라 동성애에서 벗어나기 위한 경건생활을 해야 한다는 뜻입니다.

제 생각에는 아직도 형제를 사랑한다면, 그러한 마음이 사라지지 않는다면 그대로 정리하실 것이 아니라 어떤 상황에서도 목숨을 걸고 사랑할 마음이 있는가 스스로를 생각해 보아야 할 것입니다. 부부는 멍에를 함께 메어야 하기 때문입니다.

사랑은 모든 것을 참으며 모든 것을 믿으며 모든 것을 견딘다고 하였습니다. 만약 자매께서 그런 마음을 갖고 있다면 오직 한 사람의 영혼만을 위해 자신을 주께 헌신하십시오. 그리고 모든 생활에서 형제와 함께 하십시오. 함께 성경적 상담 자기대면 과정을 수강하실 것을 권해 드리고 싶습니다. 주께서 두 분을 온전한 길로 인도하시기를 기도하겠습니다. (이요나)

## 상담사례(51) 이런 형제도 변화될 수 있나요?

마음에 둔 형제가 동성애자라는 것을 알게 되었습니다. 그는 결혼도 했었고 아들도 있는데 동성애자라는 사실을 아내가 알게 되면서 이혼을 했다고 합니다. 저는 그 형제와 개인적으로 친분을 갖고 교회에서 별 문제 없이 잘 지냈고, 목사님을 비롯한 몇 분이 아시고 있지만 그 분을 위해 기도하였습니다. 본인도 이겨내기 위해서 노력하는 것 같았고 목사님의 지극한 기도와 사랑으로 그리 걱정을 하지 않았는데, 얼마 전 그분에게 전도되어 온 남자 청년이 한 명 있었는데 그분도 역시 동성애자지만 신앙생활을 열심히 하여 큰 문제가 없는 줄 알았습니다.

그런데 어느 날 그 청년의 고백을 통해 그 형제님의 이중적인 실체를 알게 되었습니다. 그 형제는 스스로 바텀(여성)역할이라고 하는데 새로 전도해 온 형제와 동성관계를 종용하였지만 다행히 그 청년이 필사적인 거부하여 실패했다고 합니다. 나중에 알고 보니 여기가 경주인데 대구까지 올라가서 동성애자들을 만나 관계까지 한답니다. 그리고 지금 그 형제는 교회 안에서 커밍아웃을 하고 마음 편하게 살겠다고 합니다. 과연 이런 분도 목사님처럼 변화가 될 수 있는 것인지요? 약물로 성욕을 자제 시켜야 하는지 성경적으로 치유프로그램이나 훈련이 있는지 궁금합니다. 더 큰 문제는 내 마음이 이 형제에게 끌린다는 것입니다. 어떻게 할까요?

## 전문가상담/ 특별한 관심 속에서 오직 성경적 교제만을

동성애는 습관된 죄일 뿐입니다. 의학적으로 중독이라고 하지요. 오랫동안 동성애 생활 속에서 그 육체적인 쾌락에 빠져 벗어나지 못하는 것입니다. 그 습관은 예수를 믿어도 없어지지 않고 교회 안에서도 호감이 가는 사람을 만나면 수단과 방법을 가리지 않고 유혹의 손을 내밀게 됩니다. 그래서 동성애 성향을 가진 형제나 자매는 특별한 관심을 갖고 관리를 하지 않으면 누룩이 온 교회에 퍼지게 됩니다. 그래서 그 형제는 교회 안에서 커밍아웃을 하고 동성애자로서 인정받으려 하는 것입니다.

동성애자들은 특별한 유혹의 매력이 있어서 일반인들이 흥미를 갖고 쉽게 접근합니다. 그러나 상대는 항상 동성애적인 연민을 갖고 대하는 것이기 때문에 교회에서든 예배 중이든 관계없이 유혹의 끼를 내뿜게 됩니다. 그런 관계로 캠프나 외부 모임에서 많은 문제들이 유발되는 경우가 있습니다. 그러므로 동성애자들과의 교우관계는 특별한 관심과 배려도 중요하지만 엄격한 규율 속에서 오직 성경적 교제만을 해야 할 것입니다. (이요나)

## 상담사례(52) 동성애 친구를 돕고 싶은데 방법을 모릅니다

저는 대학생입니다. 다름이 아니라 고 3때 같은 반이 된 친구인데, 제가 전도해서 함께 신앙생활을 하게 되었습니다. 그는 20살부터 신앙생활을 했는데 당시에는 별로 열심이 없었으나, 그 후 군에 입대하고 최근 군대에서 복무 도중 여러 가지 문제로 인해 공익으로 전환하게 되어 지금은 나와 함께 열심히 교회를 다니고 있습니다.

그러던 중 최근 그 친구는 저에게 자신이 동성애자이며 게이바를 다니며 동성들과 관계도 맺는다고 고백 했습니다. 저는 이미 언론에서 '동성애의 진실에 대한 어느 청년의 고백'이란 글을 읽어서 동성애에 대해 대충은 알고 있었습니다. 그런데 막상 친구의 고민을 들으니 그 친구를 위해 제가 할 수 있는 것이 없어서 너무 마음이 아픕니다. 그 친구도 동성애를 벗어나고 싶어 하지만 빠져 나오질 못하는 것 같습니다.

최근엔 피를 토하며 에이즈 초기 증상 같다고 합니다. 그래서 일단은 동성애자들과 만나는 카페도 지우고, 연락도 다 차단하고, 번호도 바꾸라고 하긴 했지만 인간의 노력으론 한계가 있고 주님의 도우심을 구해야 한다는 생각이 듭니다. 그러던 중 이요나 목사님이 생각나서 이렇게 글을 남깁니다. 친구를 도와주고 싶은데 어떻게 해야 할지 방법을 알려주세요.

## 전문가상담/ 성령의 충만함을 준비할 때입니다

보통 사람들은 친구가 동성애자라고 하면 결별하는데 동성애자 친구를 위해 진정한 마음을 갖고 계시니 참으로 마음이 착하신 분이십니다. 형제와 같은 분들이 있어 우리 교회는 선한 열매를 맺게 되는 것입니다. 그러나 동성애의 깊은 뿌리는 쉽게 뽑아내지 못하는 고질병과도 같습니다. 동성애의 욕정이 육체적 습관만이 아니고 영혼 깊은 곳에 뿌리를 내리고 있기 때문입니다. 그래서 그 일은 사람의 일로 할 수 있는 것이 아니라 예수 그리스도의 이름 안에 역사하는 성령의 권능으로만 됩니다. 그러므로 그 형제에게 오직 성경을 통해서 예수님을 인격적으로 만나고 모든 삶의 습관을 바꾸어 경건생활로 돌아 오게 해야 합니다.

옛 사람의 옷을 벗고 그리스도로 옷 입는 생활습관이 필요한데 그만한 믿음의 의지가 있는지 그것이 관건입니다. 그러므로 형제는 동성애 친구의 경건생활 훈련의 인도자가 되어 함께 성경을 공부하며 선한 직업을 갖고 정상적인 교회생활을 할 수 있도록 도와야 할 것입니다. 화가 나고 낙심할 날 때도 있겠지만 변함없는 형제 사랑으로 참고 인내로서 선한 길로 동행하십시오. 주께서 형제에게 지혜와 능력을 주시기를 기도합니다. (이요나)

## 상담사례(53) 신학교 동료에게 자꾸 끌려요

정말 솔직하게 말하겠습니다. 전 캐나다에 살고 있는 1학년을 마친 여자 신학생 입니다. 저는 여성적이지 않고, 톰보이 같다는 소리를 자주 듣습니다. 목소리가 다른 여성에 비해 낮고 행동이 조신하지 않습니다. 일부러 그런 건 아닌데 어렸을 때부터 그랬어요. 전 현재 캐나다에 가족과 함께 이민 왔는데요, 아시다시피 이 나라는 미국보다 동성애가 더 심합니다. 주위에 그냥 커밍아웃하는 동성애자들이 수두룩하고요 일반 공립 학교들도 나이 상관없이 동성애를 옹호하고 지지합니다. 그래서 '레인보우데이' 라는 것도 생겼지요.

본론으로 들어가자면, 몇 개월 전부터 같은 신학생 중에 예쁘고 귀여운 친구의 행동과 말들이 신경 쓰이게 되었습니다. 이 아이가 애교가 많고 스킨십을 좋아하는 아이인데 장난으로 하는 말들이 '혹시 이 아이가 진심이 아닐까'라는 생각을 하게 됩니다. 이 자매가 인기가 많아서 다른 남자애들한테 고백을 많이 받는데 제 속에서는 불같은 질투가 일어 납니다. 밤에 계속 생각나서 정말 미치겠습니다. 다들 저를 엄청 믿음이 좋은 신학생으로 생각하고 있는데 이런 말을 솔직하게 말하면서 기도를 부탁 할 수도 없고, 매일 성경을 읽고 하나님의 말씀을 대변하는 사람인데 이래도 되나 라는 생각이 들어 일부러 이 자매를 피하고 있는데 마음 속으로는 보고 싶어 정말 미치겠습니다. 차라리 이 자매에게 모든 걸 고백하고 나의 사랑을 시도해 볼까요 어떡하죠?

## 전문가상담/ 신학을 하는 이유가 무엇인지 상고하시기를

동성애 성향을 갖고 있으면서도 복음의 종이 되겠다고 신학을 하는 것이 참으로 아이러니하지요. 모두가 주께 응답을 받았다고 하는데 그렇다면 동성애 문제에서는 완전히 변화가 되어야 할 것입니다. 그리스도의 증인이 되려면 온전한 의인이 되어서 성령의 충만함 속에 있어야 할 것입니다. 그러므로 지금은 동성애와 같은 그런 더러운 생각과 이끌림에서 자신을 채찍질하고 온전한 회개의 때를 찾아야 할 것입니다.

육신대로 살면 반드시 죽을 것이라 기록되었고, 동성애자는 천국에 들어 갈 수도 없습니다. 또한 그 속성을 갖고 사역자가 되면 오히려 하나님께 범죄하는 위선자가 되는 것입니다. 자신을 돌이켜 진리의 말씀 안에서 성령의 충만함을 얻으십시오. 갈보리채플 홈페이지에 들어오셔서 성경강해를 처음부터 공부해 보시기 바랍니다. (이요나)

## 상담사례(54) 왜 목사님들은 답변을 못하는가요?

저는 미국에 거주하고 있습니다. 우연히 어제 유튜브에 올라와 있는 목사님의 CTS 출연 동영상을 보았고, 이후 관련 동영상을 더 찾다 보니 미국 UBM Church에서 설교하신 동영상도 찾아 볼 수 있었습니다. 1, 2편으로 나누어 설교하신 동영상을 보고 나니 제가 처음 예수님을 만나고 지금까지 풀리지 않았던 의문점들에 대한 해답도 얻을 수 있었습니다. 보편적인 교회에 계시는 목사님들은 저의 상황, 일어나는 일들에 대해서 경험도 없으시고 지식도 없으시기에 제가 마음을 열고 다가갈 수가 없습니다.

모든 예수 믿는 사람들이 쉽게 말을 하죠. "기도하면 된다"고. 그 말이 틀린 말은 아니지만 적어도 저에겐 너무 불투명하고 무책임한 말처럼 들립니다. 예수님께서 제게 오셨을 때, 저는 정말 올바르게 예수와 함께 잘 살고 싶었고 그럴 수 있다고 생각했습니다. 그러다가도 동성애에 사로잡히면 내가 정신병자인가 라는 생각도 하고요.

창세기부터 계시록까지 읽어 보았고 계속 반복해서 읽고 있습니다. 하지만 저에게 큰 도움은 되질 않네요. 내 한쪽 귀에선 예수님께서 가룟 유다에게 "그는 차라리 태어나질 말아야 했었다"는 말씀이 들리곤 합니다.

목사님께선 나같은 사람이 겪는 고통, 영적 훼방들을 아실거라 생각 합니다. 나의 문제들, 상처들이 치유를 받지 못한다면 저는 올바른 예수의 사람으로써 살아 갈수가 없을 것 같습니다. 저는 하나님께서 허락하신 주의 종에게 지도가 필요한 사람 입니다. 기회가 되면 한번 뵙고 싶습니다.

## 전문가상담/ 하나님의 인도하심을 따라

바울은 하나님을 사랑하는 자는 모든 것이 합력하여 선을 이룬다고 하였습니다. 그러므로 지금은 우리의 알 수 없는 의심도 후일 모두 알게 하실 것입니다. 중요한 것은 동성애 유혹으로 고통을 받고 있으면서도 동성애를 긍정적으로 받아들이고 동성애자로 살지 않고, 어떻게라도 그 더러움에서 벗어나려는 믿음의 길로 나아가려는 그 마음은 하나님을 사랑하는 형제의 마음을 아는 성령께서 아시기 때문이라고 생각합니다.

나 역시 그런 마음이 없었다면 세상의 유혹을 끊고 좁은 길로 들어오지 않았을 것입니다. 일반 목사님들이 동성애에 대하여 알지 못하는 것은 동성애에 대한 감정이나 지식이나 체험이 없기 때문입니다. 물론 성경을 통하여 성령의 가르침을 받으면 될 것이지만 목사님들 자신이 동성애와 같은 더러운 일에 관심을 갖고 있지 않습니다.

그래서 형제님은 지금 자신을 온전한 길로 인도할 목회자를 만나게 해달라고 기도하고 스승을 찾아 나서야 합니다. 제가 한국생활을 접고 일본에 가지 않았다면 나를 인도할 갈보리채플 목사를 만나지 못했을 것입니다.

나는 그분을 만나 3년간 세상 일을 접고 오직 성경을 공부를 했고, 그 결과 성령 충만함을 얻어 성령체험을 통해 완전한 변화를 얻을 수 있었습니다. 그러나 자신의 환경을 원망하지 말고 오직 변화의 소망을 갖고 주께 기도하며 성령의 인도하심을 따르시면 유쾌한 날이 이르게 될 것입니다. 제가 미국에 가게 될 때 한번 만날 수 있게 되기를 기도하겠습니다. (이요나)

## 상담사례(55) 의사가 되어야 할까요? 목사가 되어야 할까요?

저는 하나님께서 주신 비전이 동성애에 관련된 것이라고 생각합니다. 그래서 전 동성애가 후천적 질병이라고 믿었고 이를 치료하며 복음을 전하는 사람이 되자고 결심을 했으며 또 그것을 위해 기도하고 있습니다. 그런데 목사님의 설교에서 동성애는 '정신적 질병'이 아닌 '죄'라고 말씀하셨을 때 충격을 받았습니다. 저는 정신적 질병으로 생각하고 그들에게 쉽게 다가가기 위해 의학 쪽으로 진로를 생각했었습니다.

그런데 목사님께서 질병이 아니라고 하시니 전 목회자가 되어야 하나 혼란스러운 생각이 듭니다. 동성애는 죄이기 때문에 하나님밖에는 길이 없다는 건데 전 동성애자들을 다시 이성애자로 치료해주고 복음을 전하고 싶습니다. 의사를 꿈꾸며 전문의까지 가서 정신의학적으로 치료하는 의료 선교를 해야 하나요, 아님 신학을 해서 목회자를 해야 하나요?

### 전문가상담/ 지금은 거룩하고 의인의 품성을 준비할 때

참으로 기이한 분이시군요. 동성애자 치유를 위해 헌신하고자 하시니 말입니다. 그러나 그것은 의사나 목사가 되지 않아도 할 수 있는 일입니다. 진정으로 사랑의 마음을 갖고 있다면 성경적인 충분한 지식과 성령의 충만함 속에서 형제들의 영혼을 구원할 수 있습니다. 또한 형제가 의사나 목사가 된다고 해서 동성애자를 변화 시킬 수 있는 것은 아닙니다. 사람의 변화는 오직 성령이 하시는 일입니다.

우리는 다만 진리의 복음을 전하며 성령 안에서 형제들을 사랑으로 돌보는 것뿐입니다. 내가 누구를 변화 시킨다는 생각은 교만합니다. 소경이 소경을 인도할 수 없습니다. 그러니 지금은 자신이 먼저 온전한 변화를 이룬 성도가 되는 것이 주님의 뜻이라 생각합니다. 거룩하고 의로운 그리스도의 품성을 준비하시기 바랍니다. 그러면 주께서 인도하실 것입니다.(이요나)


## 상담사례(56) 내가 목사의 자격이 있나요?

목사님, 저는 교회를 개척해서 섬기는 목사입니다. 그런데 막상 교회를 개척하고 나니 발가벗겨진 것처럼 저의 형편없는 죄의 모습들이 확연히 드러났습니다. 믿음이 있는 듯 했으나, 참된 믿음이 없음을 알게 되었습니다. 하나님을 사랑하는 듯 했으나, 사랑하지 않는 것처럼 살아가는 스스로를 보며 실망과 좌절하게 됩니다.

저는 군대를 제대하고 하나님을 믿게 되었습니다. 많은 은혜를 체험하던 중 주일 오후 예배에 초청된 목사님들의 설교를 듣고 큰 실망을 하였습니다. 거의 대부분이 본문과 상관없는 엉터리 설교였기 때문입니다. 그때 저는 하나님의 말씀을 직접 대할 수 있게 해달라고 기도하기 시작했습니다.

그러던 어느 날 기도 중 마음 속에 신학교를 가라는 음성이 들렸습니다. 그러나 부모님의 반대로 3년을 기다리다가 결혼 후 장로회 신학대학원을 가게 되었습니다. 그러나 저는 처음부터 목회자가 되고자 신학교를 들어간 게 아니었습니다.

그런데 신학교에 들어가자 사람들은 나를 전도사로 불렀습니다.

저는 참 부담스러웠습니다. 그런 부담감 속에서 3년을 마쳤습니다. 나는 아내의 권고와 사람들의 권유로 어쩔 수 없이 교육전도사 생활을 하게 되었고 졸업 후 교수님의 권유로 전임 전도사가 되었습니다. 그런데 전임 전도사로서 사역하며 담임 목사님과 다른 목회자들을 보며 또 실망을 하게 되었습니다. 그런 저 자신 때문에 실망하며 목회에 자신감이 사라졌습니다.

담임 목사님은 설교가 참 엉망이었습니다. 그리고 사례비나 얘기하고 신앙도 제대로 없는 교인들은 무조건 교회 일에 열심을 내야 한다고 생각했습니다. 그런데 1부의 설교를 맡았는데 성경도 제대로 모르겠고 어떻게 설교를 해야 할지도 몰랐습니다.

다른 목사들을 흉보던 내가 그들과 같은 모습이 되고 말았습니다. 나는 인터넷에서 다른 목사들의 설교를 베끼기 시작했고 나도 모르는 말을 마구 쏟아 냈습니다. 담임 목사님도 엉망, 저도 엉망, 교인들도 역시 엉망이었습니다. 그야말로 종교생활이었습니다.

저는 결국 부족하기에 훈련을 더 받아야겠다는 생각에 훈련을 준비하던 중 OOO 목사님의 성경강좌를 듣게 되었습니다. 이 강좌를 듣고 말씀을 제대로 공부하려고 했습니다. 그리고 교회를 OOO 목사님의 가르침에 따라 창세기부터 계시록까지 대하설교와 성경강좌를 하려고 했습니다. 그러나 그분의 설교를 의존하다 보니 나는 앵무새가 되었습니다. 갈수록 자신감을 상실하고 내 자신이 싫어져 도망가고 싶으나 내가 갈 곳은 그 어디에도 없었습니다.

오늘 그런데 인터넷에서 목사님의 설교를 듣게 되었고 또 성경적 상담 자기대면 과정이 있는 것도 알았습니다. 사실 저는 성경적 상담에 관심이 있었습니다. 다른 사람을 돕기에 꼭 필요하다고 생각됩니다. 이런 불신앙의 나 같은 사람도 자기대면을 공부하면 다른 사람들을 상담 할 수 있을까요? 내가 왜 목사가 되어 이런 생고생을 하는지 정말 미치겠습니다. 인생이 왜 이렇게 꼬였는지, 정말 돌릴 수 있으면 제자리로 돌아가고 싶습니다. 목사님 내가 어떻게 할지 도와 주세요.

## 전문가상담/ 목회는 부르심입니다

형제의 글을 읽다 보니 우리나라 목회의 현실을 보는 것 같아 가슴이 아픕니다. 사명감에 불타서 헌신을 하여도 힘이 드는데, 상황의 떠밀림 속에 목회의 길로 들어 선 수많은 목사들이 기도원을 전전하고 있다는 말을 여러 번 들었습니다.

목사들이 한번쯤은 자기의 사역에 대하여 회의를 품을 수는 있습니다마는 대부분 부르심의 소명 가운데서 성령의 인도하심을 받게됩니다. 또한 많은 초년생 목사들이 설교 때문에 고민한다는 상담을 받으면서 신학교의 문제점들을 발견하게 됩니다. 나 역시 갈보리채플로 부르심을 받지 않았다면 형제님처럼 설교 때문에 괴로워했을 것입니다.

설교는 성경을 알아야 할 수 있는 것입니다. 물론 설교를 잘하는데는 특별한 언변의 능력도 필요하겠지만 내가 공부하지 않은 것을 아는 것처럼 다른 사람들에게 전달한다는 것은 불가능한 것이며 위선입니다.

수만 편의 유명 목사님들의 설교를 판매하는 인터넷 사이트가 있다는 것은 그만큼 수요가 있다는 것인데 어쩌다 한국 교회가 여기까지 왔는지 가슴이 아픕니다. 설교는 성경의 지식과 지혜를 통하여 성령의 말하게 하심입니다.

지금이라도 형제는 목사라는 인위적인 직분을 내려 놓고, 부르심에 대한 하나님의 응답을 받아야 하지 않을까 싶습니다. 형제가 자기대면 과정을 하고 싶은 것도 현재의 목회 상황에서 벗어나고자 하는 것이면 아무 의미가 없습니다.

그러나 자신을 내려 놓고 진정으로 하나님 앞에 서고자 하는 굳은 의지가 있다면 초심으로 돌아가 성경으로 자신을 대면하는 것도 유익할 것입니다. 부르심이 없는 사명은 없습니다. 주께서 부르셨다면 잘못 꼬인 실타래를 풀도록 회개의 열매를 맺으시기 바랍니다. 주께서 형제를 긍휼히 여기시기를 기도합니다. (이요나)

# 제8부

# 동성애에 대한 신학적 질문

알것은 이것이니 법은 옳은 사람을 위하여 세운 것이 아니요 오직 불법한 자와 복종치 아니하는 자며 경건치 아니한 자와 죄인이며 거룩하지 아니한 자와 망령된 자며 아비를 치는 자와 어미를 치는 자며 살인하는 자며 음행하는 자며 남색하는 자며 사람을 탈취하는 자며 거짓말 하는 자며 거짓 맹세하는 자와 기타 바른 교훈을 거스리는 자를 위함이니 이 교훈은 내게 맡기신바 복되신 하나님의 영광의 복음을 좇음이니라 (디모데전서 1:9-11)

## 상담사례 (57)  성 소수자 운동을 하는 사람들은 어떤 심리일까요?

동성애자가 아니고 이성애자인데도 불구하고 동성애를 적극 옹호하고, 피켓들고 시위에도 참여하며 성 소수자 동아리까지 들어가는 사람들은 어떤 심리로 그렇게까지 하는 건가요?

### 전문가상담/  자기의 선택이지요

그들은 소수자 인권이라는 의협심에서 나설 수도 있고 아니면 직업 전선일 수도 있겠지요. 그러나 그들도 대부분 동성애 성향을 어느 정도 갖고 있다고 보는 것이 맞습니다. (이요나)

### 상담사례 (58)  선천적 동성애자라고 주장, 어떻게 조언해야 하나?

친구 중에 동성애자가 있는데 그는 천성적으로 타고났다고 주장합니다. 그 어떤 말도 들을 생각하지 않고 네 자신을 네가 잘 알듯이 나도 내가 잘 안다, 거짓이 아니다라고 말합니다. 어떤 방법으로 접근해야 할까요?

### 전문가상담/  진리의 복음을 전하는 길 밖에 없습니다

선천적 동성애자라는 말은 성립되지 않습니다. 성행위는 정신적인 사랑과 생물학적인 행위가 함께 하는 것인데 만약 타고난 것이라면 생물학적으로 유전인자를 갖고 태어나야 하고 정신적이라면 정신적 장애로 보아야 하는데 동성애자들은 이미 1970년 대에 미국 정신의학계를 통하여 동성애는 정신질환이 아니라는 판결을 받아 냈습니다.

다만 동성애자들이 동성애 감정을 타고난 것처럼 느끼는 것은 어려서부터 자연스럽게 마음 속에서 동성에 대한 연정이 있었기 때문입니다. 그러나 수세기 동안 동성애자들이 생물학적이든 정신의학적이든 태생적인 것으로 증명하려 하였지만 모두 실패했습니다. 인간의 창조는 하나님이 하셨고 성경은 처음부터 남자와 여자로 창조하셨음을 기록하였습니다(창1:26-27). (이요나)

## 상담사례 (59) 동성애자 어떻게 복음을 전할까요?

현실적으로 동성애자들에게 동성애가 죄라는 말을 하면 기본적으로 거부감을 가지는 게 현실입니다. 이런 사람들에게 어떻게 다가가며 복음을 전할 수 있을지요?

### 전문가상담/ 그리스도의 사랑으로 복음적 접근이 필요합니다

술이든 마약이든 성 중독이든 이 문제를 죄의 문제로 대신하면 상대는 자신이 죄인인 것을 시인하게 되므로 거부감을 갖는 것은 당연합니다. 그러므로 술이나 도박, 동성애 같은 것을 음주문화, 놀이문화, 게이문화로 치부하게 된 것이지요. 동성애도 마찬가지입니다. 그러므로 그들의 개인적인 죄의 문제를 갖고 다가가기 보다는 소망을 상실한 인간의 허망함에 대한 복음적 은혜를 갖고 접근하는 것이 좋겠습니다. 우선은 그리스도인의 성실함과 정결함을 갖고 은혜로 다가가야 할 것입니다. (이요나)

## 상담사례 (60)  결혼한 트랜스젠더도 동성애자인가요?

트랜스젠더들이 결혼했을 경우, 이들은 동성애자인가요, 이성애자인가요? 혼란스럽습니다.

### 전문가상담/ LGBTQ 모두 동성애입니다

남자 동성애자가 성전환 수술해서 법적으로 여자가 되었어도 그들은 원초적으로 남자입니다. 한 예로 수캉아지를 수술을 했어도 암캉아지가 될 수 없듯이 말입니다. 또한 그들의 성행위도 동성연애의 범위를 벗어날 수 없습니다. 그들은 처음부터 끝까지 동성애자일 뿐입니다. 그들이 벗어나는 것은 그리스도 안에서 탈동성애 하는 길입니다. 그러면 신체적으로는 고자가 되더라도 그리스도의 사람이 되어 우리와 함께 영생의 복을 누릴 수 있습니다. 그러므로 트랜스젠더들에게도 복음이 필요합니다. (이요나)


## 상담사례 (61)  이성애자가 어떻게 동성애에 빠질 수 있을까요?

저랑 친했던 동성친구가 동성인 친구가 좋아졌다고 고백을 한 적이 있습니다. 저의 경우는 그 친구의 고민을 들으면서도 동성을 좋아하게 된 친구의 마음을 공감할 수 없었어요. 그런데 그 친구는 어떠한 이유로 인하여 동성애에 빠질 수 있었을까요?

### 전문가상담/ 강력한 영들의 역사입니다

동성애는 성적 분별력이 없던 어린 시절 동성애적인 유혹을 받았던가 아니면 사춘기 때에 동료들과 성행위를 즐기다가 동성애에 빠지는 경우가 많습니다. 또 군대 생활과 같은 폐쇄 공간에서 은밀하게 경험한 동성연애는 강렬한 쾌감의 기억이 남아 있어 그 잔상을 끊어내지 못하고 스스로 이끌려 가는 경우가 있습니다. 그러나 정상적인 사람들은 그 마음속에 동성연애에 대한 부정적인 의식을 갖고 있기 때문에 쉽게 동의하지 못합니다만 만약 어떤 상황에서 동성애자와 성적 경험을 하게 된다면 특별한 유혹의 잔상이 계속 머리속에 떠오르게 될 것입니다. 그러니 처음부터 동성연애에 대한 감각을 갖지 않는 것이 좋습니다. (이요나)

## 상담사례 (62)  청소년들에게 동성애 문화 어떻게 조언해야 하나요?

요즘 청소년들이 동성애에 대하여 긍정적으로 반응하고, 더러는 인권이라는 이름으로 동성애에 반대하면 왕따를 조성하기까지 하는데, 청소년들의 이러한 현상은 어디에서 기인한 것이며, 남자 청소년들의 화장에 대해 우리 사역자들은 뭐라고 조언을 해야 할까요?

### 전문가상담/  차분히 성경공부를 시작하는 길 밖에

그만큼 우리 사회가 동성애 문화로 만연되어 있다는 증거입니다. 매스컴을 통하여 음행이 성문화로 포장되고 있고 이제는 성에 속한 더러운 것들이 인터넷 스마트폰을 통하여 무작위로 노출되어 있으며 정부 정책도 인권이란 명분으로 동성애를 소수자들의 성 생활로 인정하여 학교와 단체에서도 성 문화라는 명목으로 교육하는 시대가 되었습니다. 따라서 우리 교회는 오직 성경을 통한 진리를 가르쳐 성령의 인도하심을 통하여 도덕적이고 윤리적인 생활이 일상화

되도록 힘써야 할 것입니다. 남자 청소년들의 화장에 대하여는 왜 꼭 화장을 해야 할 필요성이 있는가를 인지시킬 필요가 있지 않을까 싶습니다. 또 성경공부를 통해서 "여자는 남자의 의복을 입지 말 것이요 남자는 여자의 의복을 입지 말 것이라 이같이 하는 자는 네 하나님 여호와께 가증한 자니라"(신 22:5)라는 성구를 함께 논의하며 하나님의 의도가 무엇인가 생각하게 하는 것도 중요하다고 생각됩니다. (이요나)

## 상담사례 (63) 동성애자에게 어떻게 복음으로 접근할 수 있을까요?

교회 청년 사역을 맡으면서 남녀 청년들 중에 동성애 성향의 모습들이 나타나는 것을 보게 됩니다. 확실하게 상담을 요청하지 않아서 어떻게 대응할지 고민 중이지만 막상 상담을 청해 온다고 해도 무슨 말을 해 주어야 할지 걱정이 됩니다.

### 전문가상담/ 오직 성경적 관점과 정의입니다

우선 동성애자들을 죄인처럼 대해서는 안됩니다. 최근 우리나라에서 동성애 반대운동이 극심하게 일어나 동성애자들을 죄인처럼 다루어 온 것은 복음적이지 않습니다. 지금은 율법의 시대가 아니고 진리의 복음을 통하여 모든 사람들에게 그리스도의 은혜의 해를 전파해야 합니다. 그들이 성령의 인도하심을 받을 수 있도록 포용하고 인내하여 그리스도의 사랑 가운데로 이끌어야 할 것입니다.

중요한 것은 갑자기 성 정체성 문제를 다루지 말아야 합니다. 평상시 성경공부를 하면서 자연스럽게 로마서나 고린도전서를 1장부터 함께 읽으며 성경공부를 하게 되면 자연스럽게 동성애 문제를 다루게 합니다. 그때 사회적인 문제로 접근하지 말고 복음적인 방법 곧 구원을 이루는 은혜의 복음으로 접근을 하면 정체성의 문제를 가진 청년들이 깊은 관심을 갖고 상담을 하게 될 것입니다. 어떤 상황이 되더라도 정죄나 비판으로 가지 말아야 하고 그렇다고 동성애를 지지해서도 안됩니다. 성경적 관점으로서 시작하고 성경적 정의로 마무리해야 합니다. (이요나)

## 상담사례 (64) 동성애 지지 신학자들은 어떤 사람들인가요?

동성애를 지지하거나 저술활동을 하는 신학자 중 본인은 동성애자가 아니면서 동성애를 지지하는 사람도 있습니까?

### 전문가상담/ 하나님의 진리를 대적하는 사람들입니다

대부분 퀴어신학자들이나 자유신학자들은 성경을 왜곡하여 죄의 문제를 다루려하지 않고 문화와 인권으로 접근하고 성경 해석의 모순들을 파헤치려고 합니다. 대부분 그들은 성경을 알지 못하는 사람들로 원초적으로 하나님을 대적하는 악한 심령을 가진 사람들이라고 보아야 합니다.

그들은 뱀과 같아서 하나님의 사람들에게까지 성경은 하나님이 쓴 것이 아니라 인간들이 자기들의 생각을 기록한 종교적인 기록으로 치부하려 합니다. 또 그들은 친동성애 단체로부터 지지를 받아 자신들의 명예를 쌓아가기도 합니다. 그들은 모두 사단의 씨입니다.(이요나)

## 상담사례 (65) 차별금지법 어떻게 생각하세요?

현재 우리나라에서 계속해서 시행하려고 하는 차별금지법에 대해서 어떻게 생각하시며 우리는 어떻게 대응해야 합니까?

### 전문가상담/ 동성애는 인권이 아니라 도덕과 윤리의 문제

동성애자들은 동성애를 문화이고 인권의 문제라고 말하지만 엄격히 말해 동성애는 각 개인의 성적 취향에 속한 것이며, 성 도덕에 관련된 것이므로 법률로 규정한다는 것 자체가 모순입니다. 또한 차별금지법, 군 형법, 지방자치단체의 조례 안, 이 모든 것은 인권을 빙자한 정치적인 문제입니다.

미국을 예로 들면 오바마가 대통령으로 선출되지 않았다면 미국에서 동성애 합법화는 되지 않았을 것입니다. 또한 서울 시민들이 동성애 지지자 박원순을 시장으로 선출하지 않았다면 서울광장에서 퀴어축제를 할 수 없었을 것입니다.

우리가 이런 문제를 소홀히 생각했기 때문에 친동성애단체들이 국가인권위원회를 장악하고 또 정부는 유엔의 압력을 받아 성 소수자 인권정책에 지지를 하고 있는 것입니다.

그러므로 우리는 동성애가 법률적으로 두각을 나타내지 않게 하기 위해서 어느 정권을 세워야 할 것인가에 큰 관심을 가질 필요가 있으며, 교회연합단체들과 시민단체들이 정치적인 접근을 통하여 동성애 관련법이 통과되지 못하도록 힘을 써야 할 것입니다. (이요나)

## 상담사례 (66)  동성애와 에이즈의 상관관계는 어떻게 됩니까?

동성애자들과 친동성애 단체들은 이 시대에 에이즈는 동성애를 통해서 전달되는 질병이 아니고 고혈압과 당뇨와 같은 질병이라고 주장합니다. 그들이 맞는가요?

### 전문가상담/  동성애는 성병의 매개체가 되고 있습니다

고혈압이나 당뇨병은 전염병이 아닙니다. 그러나 에이즈는 혈액과 정액을 통해서 전염되며 아직 완전한 치료약이 개발되지 않았습니다. 또한 에이즈는 동성애와 직접적인 관계를 갖고 있다고 보아야합니다. 물론 수혈을 통해서도 감염되고 있지만 가장 사회문제가 되고 있는 것은 동성애 행위를 통한 감염입니다. 또한 동성연애 관계는 에이즈뿐만 아니라 매독, 임질, B형 감염, 피부병의 매개체이기도 합니다. (이요나)

## 상담사례 (67)  동성애자의 인권, 어떻게 접근해야 할까요?

친동성애자들이 대학교에까지 들어와 동성애자들의 인권을 논하고 세미나를 개최합니다. 그들의 말을 들으면 그들이 세상으로부터 너무 핍박을 받는다는 생각도 듭니다. 어떻게 생각하시나요?

### 전문가상담/  동성애는 인권이 아닙니다

동성애는 원초적으로 개인의 성적 취향이고 성 도덕, 성 윤리에 속한 것이므로 인권문제로 접근하는 것 자체가 모순입니다. 그렇다면 소아성애나 짐승들과의 성행위, 포르노, 음행, 청소년 성행위 및 성추행 등 이 모든 것도 인권의 문제로 다루어야 할 것입니다. 저들은 자신들을 소수자처럼 말하고 있지만 소수자가 어떻게 미국과 같은 나라에서 동성애를 합법화 할 수 있습니까? 저들이 동성애 관련자들을 소수자로 지칭하는 것은 자신들을 사회적 약자로 포장하여 정부와 사회로부터 보호를 받으려 하는 것입니다. 저들이 스스로 소수자이기를 원한다면 장애인으로 규정하는 것이 더 합리적일 것입니다. (이요나)

## 상담사례 (68)  가부장적 관점을 문자적으로만 해석할 수 있나요?

퀴어 신학자들의 '성경을 문자적으로만 해석하면 안 된다'는 주장을 들어 보면, 성경을 문자적으로만 해석할 경우 발생하는 문제들, 예를 들어 성경에서 여성을 다루는 가부장적 관점과 단어들에 대해서, 이혼과 같은 경우 여성들의 의사는 존중되지 않는 가부장적 이스라엘 율법을 과연 현재에 적용할 수 있는가요? 이런 부당한 내용들도 문자 그대로 해석해야 하는가 묻고 싶습니다.

### 전문가상담/  그리스도 예수 안에서 하나입니다

성경은 여성을 가부장적 관점으로 다루라고 하지 않습니다. 그것은 사람이 창조자 유일신 하나님을 떠나 악한 사단의 지배를 받으면서 원초적으로 의도하신 하나님의 형상과 모양이 파괴되어 인간이 자기 중심적 지배구조와 약육강식의 생활방법을 선택하기 시작하면서 여성의 인격의 동등함을 무시하고 가부장적 구조를 갖게 된 것입니다. 그러나 성경은 예수 그리스도의 복음은 모든 인간의 권위를 하나님의 창조적 권위 아래 두시고 "너희는 유대인이나 헬라인이나 종이나 자주자나 남자나 여자 없이 다 그리스도 예수 안에서 하나이니라"(갈 3:28) 선포하였습니다. 이것이 복음의 진리입니다.

물론 사도 바울은 "여자의 머리는 남자요 남자의 머리는 예수 그리스도요 예수의 머리는 하나님이시라" 기록하였으며, 다시 하나님의 창조의 계획을 말하여 "남자가 여자에게서 난 것이 아니요 여자가 남자에게서 났으며 또 남자가 여자를 위하여 지음을 받지 아니하고 여자가 남자를 위하여 지음을 받은 것이니 이러므로 여자는 천사들을 인하여 권세 아래 있는 표를 그 머리 위에 둘지니라"(고전11:8-10) 기록하였습니다. 그러나 이것은 남자 여자의 원초적인 가부장적인 권위를 다룬 것이 아니라 하나님의 자녀들의 그리스도의 복음 안에서의 영적 질서를 말씀하신 것입니다. (이요나)


## 상담사례 (69) 성서를 문자적으로만 해석해야 한다면?

여자는 잠잠하라, 여자는 머리에 수건을 쓰라는 성경 구절을 어떻게 해석해야 하나요?

### 전문가상담/ 교회 권위의 질서입니다

성경은 하나님께서 기록하신 것이고 교회는 하나님의 집이며 그리스도의 나라입니다. 어느 나라도 각국의 법률과 질서가 있듯이 하나님의 나라에도 하나님께서 세우신 법과 규율이 있습니다. 성경은 여자의 머리는 남자요 남자의 머리는 그리스도요 그리스도의 머리는 하나님이시라 정하여 교회 치리의 규정을 정하신 것입니다. 그렇다고 해서 여자의 권위를 낮춘 것은 아닙니다. 성경은 "그러나 주 안에는 남자 없이 여자만 있지 않고 여자 없이 남자만 있지 아니하니라 여자가 남자에게서 난 것 같이 남자도 여자로 말미암아 났으나 모든 것이 하나님에게서 났느니라"(고전11:11,12) 기록하였고 다시 "너희는 유대인이나 헬라인이나 종이나 자주자나 남자나 여자 없이 다 그리스도 예수 안에서 하나이니라"(갈3:28) 기록하였습니다.

따라서 "모든 성도의 교회에서 함과 같이 여자는 교회에서 잠잠하라 저희의 말하는 것을 허락함이 없나니 율법에 이른 것 같이 오직 복종할 것이요"(고전14:34)와 같이 여자에게 잠잠하라 하신 것은 교회 안에서의 영적 권위와 질서를 말씀하신 것입니다. (이요나)

### 상담사례 (70)  성경의 역사 비평적 접근 왜 안되나요?

성서는 역사를 포함하고 있는 우리를 향한 하나님의 말씀이라고 생각합니다. 그런 점에서 역사 비평적 접근으로 진리를 수호하는 방식도 필요하다고 생각합니다. 목사님이 추구하시는 문자적 해석 또한 역사적 맥락을 벗어나지 않는 것으로 느껴지는데, 역사 비평적 접근으로 동성애 문제의 바른 접근을 펼치는 것을 어떻게 보시는지요.

### 전문가상담/  영적세계와 물질세계는 구조가 다릅니다

물론 성경의 역사는 세계사를 모두 포함하고 있습니다. 다만 영적 세계와 물질 세계는 구조가 다른 상황에서 공존할 따름입니다. 그러나 우리가 성경의 말씀을 접근할 때에는 그 해석을 통하여 비유적, 은유적 상황을 접근해야 하므로 문자적 접근을 하는 것이 옳습니다. 만약 역사적 비평을 수용한다면 세상을 통치하는 사단의 세계를 수용해야 하므로 성경에서 뜻하신 하나님의 뜻이 왜곡되게 됩니다. 우리가 숫자나 알파벳을 말할 때 그것을 역사적이나 상황적으로 해석하지 않습니다. 물론 성경의 역사적 배경을 무시하고 있지는 않습니다.

이스라엘 역사를 보건대 각 시대별로 정확하게 역사를 순서대로 표명하고 있습니다. 그렇다고 성경의 말씀을 각 시대의 역사적 비평을 받아 해석을 하지는 않습니다. 그렇다면 전지하신 하나님의 말씀이 무엇인가 부족하여 세상 사람의 역사 속에서 비평을 받아야 하는 모순에 빠지게 됩니다. 성경은 누구에게 비평이나 비판을 받을 수 없는 전지전능하신 하나님의 영으로 기록한 진리의 경전임을 믿어야 할 것입니다. (이요나)

## 상담사례 (71)  같은 내용의 서로 다른 기록을 문자대로 번역하면?

(막11:2),(눅19:30),(요12:14)에 보면 예수께서 맞은편 마을로 가서 나귀새끼를 데리고 오라고 하십니다. 그런데 (마21:2)에서는 나귀와 나귀새끼 각각 두 마리를 말합니다. 이렇게 쓴 제자의 의도가 있지 않을까 생각이 됩니다. 그러나 이러한 사고방식은 성경해석에 있어 문자 그대로 읽기에 반대되는 것이 아닌가요? 그렇다면 위와 같은 사건은 어떻게 해석해야 하나요?

### 전문가상담/  문자는 달라도 해석은 다르지 않습니다

마태복음 21장을 다른 복음서의 기록과 오해를 하셨군요. 마태복음 21장 2절에는 나귀와 나귀새끼를 언급하였고 마가, 누가, 요한은 어린(새끼) 나귀 한 마리를 언급했습니다. 여기서 제자들이 주 앞에 끌고 온 나귀는 어미가 아니고 아무도 타보지 않은 어린 새끼 나귀 입니다. 마태는 새끼 나귀가 어미와 함께 있는 것을 기록한 것이고 마가와 누가와 요한은 어미는 관계없이 새끼만을 언급한 것입니다. 이는 예수께서 말씀하신 내용이 서로 다른 것을 기록한 것이 아니라 상황이 다른 것을 기록한 것입니다. 사복음서는 네 사람의 제자들이 기록한 것이기 때문에 같은 말씀을 자신의 시각으로 달리 표현한 부분들이 있습니다. 이런 경우는 그 부분을 읽는 우리로 그 당시 상황을 좀더 쉽게 이해하기 위한 것이라 생각해야 할 것입니다. (이요나)

## 상담사례 (72)  탈동성애 기독교에서 이루어진다 할 때

목사님 설교 중에 오직 기독교만이 탈동성애자가 나온다고 하였습니다. 또한 불교, 유교 이외 타 종교는 동성애를 다루지 않으며 성경만이 동성애를 다룬다고 하셨습니다. 그렇다면 성경이 동성애를 다루고 있기 때문에 탈동성애자들의 사례가 나온다는 말씀인데 이러한 배경을 성경 해석에 적용시킨다면 배경과 문학에 따라 성경 해석을 할 수 있는 것이 아닌가요?

### 전문가상담/  성경의 정죄는 구원을 전제로 하고 있습니다

기독교만이 탈동성애를 할 수 있는 것은 성경만이 동성애를 죄로 다루고 있기 때문입니다. 모든 죄를 율법으로 가두어 그리스도의 복음으로 자유케 하기 위한 하나님의 계획이기 때문에 복음의 진리만이 죄의 문제를 해결할 수 있는 것입니다. 유교나 불교는 윤리와 도덕을 다루는 종교입니다. 따라서 종교는 근본적으로 인간의 원죄를 다룰 수 없습니다. 죄는 영적인 문제이기 때문입니다. 또한 인간의 죄를 율법으로 단죄한 것은 모든 인류를 오직 예수 그리스도의 은혜의 구속으로 구원하기 위한 하나님의 계획입니다. 또한 배경과 문학에 따라 성경 해석을 할 수 있지 않느냐는 질문을 하셨는데 성경은 하나님께서 친히 기록하신 것이기 때문에 그분의 뜻과 목적에 합당한 해석을 해야 하기 때문에 배경과 문학에 따라 성경 해석을 할 수는 없다고 생각합니다. (이요나)

## 상담사례 (73)  고린도전서 6장 9-10절의 해석

고린도전서 6장의 '말라코이'는 '여자 노릇하다', '여자처럼 행동하다'로 나오지만, 마태복음과 누가복음에서는 '여자들의 사치'와 관련된 용어로 기록되었습니다. 따라서 '여자처럼 행동'하는 트랜스젠더보다는 '사치'로 해석하는 것이 옳지 않을가요?

'아르세노 코이레스'는 남색으로 남성간 동성애로 해석하지만 단어의 용례를 보면 고린도전서 기록 당시 그 어떤 헬라문학에서도 사용된 문헌이 없습니다. 최초 사용은 2세기 아티스타티데스의 '변증론'과 3세기 히폴리투스의 '모든 이단 반박'에서 모두 제우스 신화에서 남자 미소년을 납치해 강간하는 내용으로 사용했습니다.

그러나 동성애적 의미는 4세기에 등장합니다. 또한 고린도전서 기록 당시 로마문화 속에서 귀족 남성이 남자 노예를 강간하는 것은 명예로운 행위로 묘사 되었습니다. 그러나 유대인들은 그들의 문화를 혐오했습니다. 만일 '동성애'가 죄이면 남자 노예는 무슨 죄인가요? 따라서 두 가지 근거로 봤을 때 '아르세노 코이레스'는 동성애가 아닌 '강간'으로 보아야 하지 않을까요?

## 전문가상담/ 문맥을 따라 저자의 견해를 파악해야

(고전 6:9,10) 불의한 자가 하나님의 나라를 유업으로 받지 못할 줄을 알지 못하느냐 미혹을 받지 말라 음란하는 자나 우상 숭배하는 자나 간음하는 자나 탐색하는 자나 남색하는 자나 도적이나 탐람하는 자나 술 취하는 자나 후욕하는 자나 토색하는 자들은 하나님의 나라를 유업으로 받지 못하리라

(딤전 1:10) (율법은) 음행하는 자며 남색하는 자며 사람을 탈취하는 자며 거짓말 하는 자며 거짓 맹세하는 자와 기타 바른 교훈을 거스리는 자를 위함이니

위의 두 구절 말씀은 동성애 문제가 거론될 때마다 퀴어 신학자들이 가장 빈번하게 사용하는 구절입니다. 그들은 헬라어 'malakoi(말라코이)'와 'arsenokitai(아르세노코이타이)' 곧 '탐색하는 자'(여자처럼 행세하는 자들)와 '남색하는 자'(남자 동성애자들)의 해석의 문제를 놓고 여러 성경 번역본을 나열하며 보수성향의 교회들이 이 단어들을 자기들의 입맛대로 번역하는 실수를 했다고 주장하고 있습니다.

한 예를 들면 그들은 '탐색(malakos)'이 사용된 마태복음 11장 8절에서 '부드럽다'라고 사용된 것을 들어서 '행실이 단정치 못한', '규율 없는'으로 해석을 할 수 있는데 이것을 왜 동성연애 행위로 해석할 필요가 있느냐고 반문합니다. 그러나 이는 자위행위를 말할 때, 수음, 손장난, hand play와 같이 여러 용어로 사용하는 것과 같아서 논란의 여지가 없습니다. 여자나, 여성이나, 자매나, 계집애나, 계집

념이나 적용 범위가 다를 뿐이지 모두가 동의어입니다.

또한 그들은 '남색(arsenokitai)'의 해석을 놓고 이 단어가 성행위의 동작의 주체가 남자라는 것을 뜻하는 말인지 아니면 다른 사람들과 섹스하는 남자를 뜻하는 것인지 구분이 명확하지 않다고 주장하며 이 단어가 사용된 정황상 '남색(arsenokitai/아르세노코이타이)'이란 단어는 '능동적인 삽입 성교'를 뜻하는 것이므로 '남창'이라고 할 수 있는 것을 굳이 동성연애자라고 해석하는 것은 합당치 않다고 주장합니다.

그러나 이 사람들에게 우리나라 말 '문 닫고 들어와', '나는 먹물 꽤나 먹은 사람이다'라는 말을 해석하라면 어떤 결과가 나올까 싶습니다. 성경 전체를 문맥을 따라 읽으면 초등학교 학생이라도 알 수 있는 말을 가지고 생트집을 잡고 있는 것입니다. 성경은 하나님의 성령을 통하여 그의 택하신 종들에게 영감을 주어 친히 쓰신 것입니다. 그분은 전지하시고 전능하시며 시작과 끝, 처음과 나중, 알파와 오메가로서 영의 세계와 천지만물과 인류의 학문과 철학과 종교와 사상과 정치를 주관하시며 인간의 영혼과 생사화복과 은밀한 생각과 언행의 선악을 분별하시며 그에 대한 합당한 심판을 하십니다.

그러므로 성경에서 다룬 불의에 대한 모든 단어들은 사람을 판단하려는 것이 아니라 하나님의 형상과 모양으로 창조하신 사람들로 창조의 아름다움을 역행하지 않도록 경계하신 것입니다. 성경해석은 사회적, 시대적 상황을 고려하여 편리하게 해석되는 것이 아니라 성경 저자의 의도와 목적이 무엇인가를 헤아려 성경 해석적 원리를 따라야 합니다. (이요나)

## 상담사례 (74)  탈동성애는 이겨내는 싸움인가, 완전한 변화인가요?

저는 동성애자 사역을 하다, 동성애에 빠져 약 1년 가량 동성애를 즐기던 사람입니다. 그후 저는 동성애에서 정상적인 생활로 돌아오는데 어려움이 없었는데 내가 아는 탈동성애자 형제는 호감이 가는 남성을 볼 때마다 힘들다고 합니다. 탈동성애는 이겨내야 하는 싸움인가요? 완전한 변화를 말하는 것인가요?

### 전문가상담/  이겨내는 싸움은 완전한 변화를 이룹니다

동성애자 사역을 하다가 동성애자들과 관계를 가졌다는 것 자체가 악한 행동이지요. 학교선생이 학생들을 성추행 한 것과 다름이 없으니까요. 이는 본인이 다른 사람을 지도할 수 있는 영적 영역에 이르지 못했다는 증거입니다. 그러나 본인은 본래 동성애자도 아니고 이미 이성과의 성적 경험을 가진 사람으로서 호기심에 이끌려 동성과의 관계를 가졌기 때문에 완전한 동성애자와 같이 남자에게 이끌리지 않는 것입니다. 그러나 당신이 계속 동성과의 관계를 갖게 된다면 당신도 곧 동성애의 매력에 빠져 자기 마음에 드는 남자들을 찾아 나서게 될 것입니다. 동성애는 학습이 되기 때문입니다.

또한 탈동성애란 변화 과정의 단계와 완전 변화의 단계로 나눌 수 있습니다. 오랜 세월 동성애 생활습관에 빠진 사람은 의지적으로 벗어나려 해도 쉽지는 않습니다. 이는 쏟아져 내리는 폭포를 역류시키는 것처럼 쉽지 않습니다. 그러나 굳은 의지로 흐름을 바꾸려는 노력은 매우 중요합니다. 변화하고자 하는 그 의지 속에서 하나님의 영이 역사하기 때문입니다. 이 노력은 자신의 습관을 멈추는데 중요한 역할이 됩니다.

그러나 더 중요한 것은 새로운 성경적 생활습관 훈련입니다. 우리의 몸은 기계적이라서 자기 의지로 나쁜 습관을 멈추고 의로운 습관을 입는 경건 훈련이 필요합니다. 그 가운데서 성령의 기쁨과 자유함을 얻게 되는 것입니다. 동성애로의 유혹은 계속 있을 수 있으나 그것을 이겨낼 수 있는 능력이 내 안에 있다면 그는 이미 승리자이며 성령 안에서 탈동성애자의 기쁨을 누릴 수 있게 됩니다. (이요나)


## 상담사례 (75) 기독교는 동성애를 비판할 수 있나요?

The Christianity can defend the right of the human and say that the homosexuality is something wrong?

(기독교는 인간의 권리를 이야기하면서 동성애가 잘못되었다고 이야기할 수 있나요?)

### 전문가상담/ 인권은 창조자에게 부여 받은 것

인간의 권리라는 것은 인권을 말하는 것 같은데 인권이란 원래 인간을 창조한 분으로부터 계획된 것으로 원초적으로 인간의 인권은 하나님의 형상과 모양으로 창조된 인격체로서, 지정의(知情意)를 통하여 지혜와 지식과 능력을 통하여 하나님의 사랑과 은혜를 실천하며 살도록 지음을 받았습니다. 그런데 사람이 하나님을 진리를 거부하여 내어버림을 받아 그의 본성적 지정의(知情意)가 악한 영들의 지배를 받고 있는 것입니다. (이요나)

# 상담사례 (76)  동성애를 정죄하며, 사랑을 외치는 목회 대안은?

우리는 죄를 미워하되, 사람을 미워하지 말라고 하는 말을 어떻게 정의할 수 있습니까? 우리 스스로 '동성애=죄'로 정의하는 순간부터 동성애자는 우리를 적으로 생각하지 않겠습니까? 이런 원리 속에서 현실적인 목회의 방법이 궁금합니다.

## 전문가상담/  하나님의 정죄는 구원을 전제로 하는 사랑입니다

동성애를 비롯한 인간의 모든 죄를 정죄한 것은 하나님입니다. 모든 인간은 죄인이기 때문에 누구를 죄인으로 정죄하지 못합니다. 따라서 '동성애=죄'란 정의도 하나님께서 정의한 것입니다. 그러나 예수께서 교회와 목회자를 세우신 것은 죄를 정죄하라고 하신 것이 아니라 하나님께서 미리 아신 자들을 택하여 성경 말씀으로 가르치시고 성령으로 기름부은 종들에게 회개의 복음을 선포하여 예수 그리스도의 구원의 은혜를 체험하고 의인으로 살아가는 길을 가르치도록 세우신 것입니다.

따라서 교회가 동성애자들을 정죄하고 비판하는 것은 비성경적입니다. 오히려 그들을 긍휼히 여기고 그들이 하나님의 은혜를 깨달아 의인의 길로 돌아 올 수 있도록 기도하고 복음적 소통을 해야 합니다. (이요나)

# 제9부 [교육편]

# 동성애, 복음적 대응

너희 중에 이와 같은 자들이 있더니 주 예수 그리스도의 이름과 우리 하나님의 성령 안에서 씻음과 거룩함과 의롭다 하심을 얻었느니라 (고린도전서 6:11)

# 동성애, 성경적 이해

동성애의 문제는 근래에 사회적으로 많은 문제가 되고 있다. 동성애자들은 이제 우리도 인간으로서의 모든 권리를 찾아야 한다고 주장한다. 그리고 각 나라 사회에서도 이들을 밀어주려고 하는 듯 하다.

또한 수많은 동성애자들이 공개적으로 커밍아웃을 하여 자신들이 동성애자임을 드러낸다. 이미 서구사회에서는 동성 결혼을 합법화 하였고 정당한 부부로서 사회보장 혜택을 인정 받고 있고 더 나아가 국민들이 누리는 모든 면에서 동등한 권리와 혜택을 받기 원한다. 어디 그뿐인가? 초등학교에서는 동성애 성 교육을 정당화하고 있고, 교회와 신학교에서도 동성애를 인정하고 동성애자에게 목사 안수를 주는 세상이 되고 말았다.

동성애자들이 인권을 주장하는 첫 번째 이유는 자신들은 동성애자로 타고 났다고 주장한다. 그렇기 때문인 동성애는 이성애와 같이 인간이 누려야 할 정당한 권리라고 말한다. 둘째로 그들은 동성애자는 다른 사람에게 아무런 해를 주지 않는다고 주장하며, 셋째로 동성애자들은 좋아하는 사람들과의 상대적인 것이라 제 삼자가 관여할 권리가 없다고 주장한다. 어떤 사람들은 성경이 동성애를 허용한다고 까지 주장하기도 한다.

## 동성애자들은 그렇게 타고 났는가?

일부 의학자들이 동성연애자들의 주장을 받아들여 의학적으로 연구한 결과 동성애에 대한 생물학적 근거가 발견됐다고 주장하였다. 그들의 자기들의 주장을 뒷받침하기 위해 아래와 같은 세 가지 연구 결과를 인용하고 있다:

- Hamer의 "X-chromosome(염색체)" 연구이고,
- LeVay의 "hypothalamus(시상하부)" 연구이며,
- Bailey and Pillar의 "Identical Twins(일란성 쌍둥이)" 연구인데 공교롭게도 이들은 모두 동성애자들이었다.

이들의 연구발표가 나오자 동성애자들은 쌍수를 들어 환영하며 이들의 발표를 세상에 알리기 시작했고, 세상 사람들은 세 사람의 연구원들은 모두 자신들이 동성연애자들이었기 때문에 더욱 특별한 관심을 가지고 있었다. 그런데 중요한 것은 이들의 연구는 다른 연구가들에 의해서 의학적 검증을 받지 못했다는 사실이다. 그럼에도 언론들이 가세하여 이들의 사례 연구에서 발견된 방법상의 결함은 전혀 설명하지 않고 연구 결과만을 단순화하고 기사화하여 이들의 연구가 검증되지 않았음에도 이들의 발표가 진실인 것처럼 전 세계로 확산되었다.

그러나 아직까지도 동성애자들의 행동이 유전적으로 결정된다는 과학적인 증거가 없다. 또한 이들이 주장하는 생리적 또는 사회적 성장 요소가 동성애 행위를 결정한다는 주장만으로 동성애의 선천성은 성립되지 않는다.

어떤 사람은 도벽이나 음주 남용의 성향을 가지고 있지만 그들은 계속 그들의 선택으로 그런 생활을 하게 되며 또 국가의 법도 그들에게 상당한 책임을 지게하고 있다. 그러므로 어느 한 사람이 동성

애자가 되는 것은 그들이 동성애적 생활을 선택한 것이며 이러한 선택은 남녀의 성이나 민족성과 같은 타고난 본능의 특징 때문이 아니다. 그러므로 우리가 확신할 수 있는 것은 동성애의 원인은 이미 하나님께서 창세기 19장을 통하여 인간 사회를 어지럽히고 멸망하게 하는 죄의 문제로 정의하였음이 진리인 것을 알 수 있다.


## 결혼의 기초

인류의 남녀의 성과 결혼에 관한 기본적인 정의는 창세기 1장과 2장에 기록되었다. 또한 예수님께서도 사람들이 결혼제도에 대한 질문을 했을 때, 창세기 1장과 2장 말씀을 인용하시며 결혼은 하나님의 계획과 사람들의 거룩한 삶을 위해 제정하신 축복임을 강조하시며, "어미의 태로부터 된 고자도 있고 사람이 만든 고자도 있고 천국을 위하여 스스로 된 고자도 있도다 이 말을 받을만한 자는 받을지어다"(마 19:12)고 말씀하셨다. 그러므로 주님은 사람이 고자가 아니면 모두 결혼을 해야 된다고 말씀하신 것이다.

이와 같이 하나님께서 우리를 창조하실 때에는 서로 보완해주는 남자와 여자로 창조하셨다. 그러므로 창세기에는 "아담이 배필이 없으므로 여호와 하나님이 아담을 깊이 잠들게 하시니 잠들매 그가 그 갈빗대 하나를 취하고 살로 대신 채우시고 여호와 하나님이 아담에게서 취하신 그 갈빗대로 여자를 만드시고 그를 아담에게로 이끌어 오시니 아담이 가로되 이는 내 뼈 중의 뼈요 살 중의 살이라 이것을 남자에게서 취하였은즉 여자라 칭하리라 이러므로 남자가 부모를 떠나 그 아내와 연합하여 둘이 한 몸을 이룰지로다 아담과 그 아내 두 사람이 벌거벗었으나 부끄러워 아니하니라"(창2:21-25) 기록되었다.

하나님께서 사람을 남자와 여자로 창조하신 이유는 남편과 아내로서 서로 보완하는 생리적 구조로 인류를 번성시켜야 하는 의무와 책임을 수행하기 위함이다. 그러므로 하나님은 "그들에게 복을 주시며 그들에게 이르시되 생육하고 번성하여 땅에 충만하라"(창1:28)고 명령하셨다.

이 명령은 노아의 홍수 이후에도 반복되었다(창 8:15,17). 그러나 번식만이 하나님께서 인간을 남녀로 만드신 유일한 목적은 아니다. 하나님은 남녀가 하나가 되는 신묘막측한 육체적 기쁨의 조화를 통하여 부부간의 사랑을 나누어 인류의 삶 가운데서 하나님의 사랑을 실현하기 위함이다.

## 다른 사람에 끼치는 영향

많은 의학자들은 한 목소리로 동성애 활동은 병에 걸릴 수 밖에 없다고 적시한다. 동성애자들은 에이즈는 이성관계에서도 발생되고 있다고 주장하지만 에이즈를 비롯한 성병은 동성애와 이성간의 난교(亂交) 속에서 '항문포진(헤르페스-HERPES)'과 B형, C형 간염과 기생충의 전염을 유발한다. 한 순간의 쾌락으로 얻어진 성병으로 겪어야 할 평생의 고통은 산 지옥일 수 밖에 없다.

1990년대 초 캐나다 학계에서 남자 동성연애자 그룹의 수명을 연구한 결과에 의하면 "동성연애자들은 다른 사람들보다 수명이 8-10년이 짧다"고 보고가 있었다. 그럼에도 동성애자들은 주변의 사람들을 유혹하여 동성애 관계를 갖는다. 그 결과 에이즈를 비롯한 여러 가지 성병들이 확산되고 있다. 그럼에도 그들은 동성애는 다른 사람에게 피해를 주지 않는다고 주장한다.

또한 심리학자들은 여성간 동성애자나 남성간 동성애자들의 가정에서 자라난 아이들도 지성이나 성장이나 도덕적 판단, 자기개념, 사회적 자신감이나 성적 주체성과 같은 특징에 있어서 이성간의 부모에게서 양육된 아이들과 동일하다고 주장한다. 그러나 인본주의자들은 한 가지 사실을 망각하고 있다. 성경은 "마땅히 행할 길을 아이에게 가르치라 그리하면 늙어도 그것을 떠나지 아니하리라"(잠 22:6) 기록하였다.

그러므로 하나님이 정죄하는 동성애 생활을 즐기면서 자녀들에게 하나님의 말씀을 충실하게 가르칠 수는 없다. 그들은 이미 하나님의 뜻을 저버린 사람들이기 때문이다. 또한 우리 믿는 자들 중에도 아직 동성애 생활을 정리하지 못한 사람들이 있는데 그가 예수님을 자신의 구원자로 영접한 성도라면 하나님께 죄의 용서를 받은 의인이 틀림이 없다.

그럼에도 동성애생활을 정리하지 못한 것은 오랫동안 동성애의 생활 습관을 끊어버리지 못하고 죄 가운데 살고 있음을 뜻한다. 그러나 이것은 교회가 갖고 있는 구조적인 문제이기도 하다. 주께서 복음 사역자를 세운 것은 하나님의 성도들을 온전케 하며 선한 일을 행하여 그리스도의 몸을 세우려 하심이기 때문이다(엡4:11,12)

## 동성애는 남의 일인가?

동성애자들은 동성애 생활은 당사자들의 일이지 제 3자가 관여할 일은 아니라고 주장한다. 그러나 이것은 틀린 말이다. 우리의 창조주 되시고 인간을 설계하신 하나님은 인간의 삶의 모든 분야에 대한 권위와 권리를 가지고 계시다. 그는 인간의 모든 삶의 법칙을 만드셨고 특별히 불륜에 관련된 모든 성 행위와 동성애 행위는 금하신다.

그러므로 하나님은 "너는 여자와 교합함 같이 남자와 교합하지 말라 이는 가증한 일이니라"(레 18:22)고 하셨고 또 "누구든지 여인과 교합하듯 남자와 교합하면 둘 다 가증한 일을 행함인즉 반드시 죽일지니 그 피가 자기에게로 돌아가리라"(레 20:13)고 말씀하셨다.

그러므로 이러한 불륜 행위들은 하나님의 권위를 거절하는 것을 뜻한다. 어떤 사람은 구약의 율법은 예수님께서 오시므로 폐기되었고 예수님은 동성애에 대하여 아무 말씀도 하지 않으셨다고 주장한다. 그러나 주님은 내가 율법을 폐하러 온 것이 아니라 완성시키러 오셨다 하셨고 율법의 일점일획도 땅에 떨어지지 않을 것이라고 말씀하셨다.

또한 주께서 동성애에 관한 특별한 규례를 말씀하지 않으신 것은 이미 산상수훈에서 창조적 부부생활과 음행과 간음에 대해 말씀하셨고 또한 동성애를 비롯한 불륜들은 율법의 정죄가 타당하므로 별도의 규례를 말씀하실 필요가 없었던 것이다. 그러므로 동성애에 대한 레위기 18장이나 20장의 말씀은 율법적 정죄로서 변하지 않는 진리이며, 다만 그리스도의 복음의 은혜로 이런 죄에 빠진 사람들이라 할지라도 예수 그리스도를 주로 믿으면 십자가의 구속을 받아 하나님의 자녀가 되는 새 언약을 주신 것이다.


## 동성애, 성경적으로 유효한가?

어떤 사람은 "성경에서 동성애 행위를 정죄한 것은 우상숭배와 관계되어 있기 때문이라"(왕상 14:24)고 말을 하지만 레위기 18장 22절을 보면 성경은 우상숭배와는 관계 없이 동성연애를 정죄하고 있다.

또한 바울은 동성애 행위에 대하여 분명히 순리를 거역한 부도덕한 타락과 도착이라고 정의하여, "이를 인하여 하나님께서 저희를 부끄러운 욕심에 내어 버려 두셨으니 곧 저희 여인들도 순리대로 쓸 것을 바꾸어 역리로 쓰며, 이와 같이 남자들도 순리대로 여인 쓰기를 버리고 서로 향하여 음욕이 불 일듯하매 남자가 남자로 더불어 부끄러운 일을 행하여 저희의 그릇됨에 상당한 보응을 그 자신에 받았느니라"(롬1:26-27)고 정죄하였다

또한 디모데전서 1장 10절에서 사용된 헬라어 'arsenokoitai'는 실제로 '남자가 남자와 같이 잔다'는 말이다. 각 성경의 번역들이 서로 조금씩 다른 부분도 있지만, 킹제임스 성경은 '자신을 학대하는 사람들'이라고 번역되었고 NASB는 '동성애자들'로 번역하였다. 또한 NIV에서도 고린도전서 6장 9절에서 사용된 '동성연애자들'이라는 말과 같은 번역을 취하였다. 그러므로 이에 대한 변명은 무용하다.

어떤 사람은 창세기 19장에 언급된 소돔성에 나타난 죄는 동성애

행위가 아니라 '손님 접대 관습'이나 그 지역적 풍습 중 하나로 '자기 중심'의 관습이라고 주장한다. 그러나 창세기 18장 20절에서 하나님은 분명하게 "여호와께서 또 가라사대 소돔과 고모라에 대한 부르짖음이 크고 그 죄악이 심히 중하니"라고 말씀하셨다.

그로 인하여 하나님께서는 소돔에 천사들을 보내셨고 그들을 본 소돔성 사람들이 "무론 노소하고 사방에서 다 모여 그 집을 에워싸고 롯을 부르고 그에게 이르되 이 저녁에 네게 온 사람이 어디 있느냐 이끌어내라 우리가 상관하리라"(창 19:4-5)고 기록되었다. 여기서 사용된 '상관'이란 말은 히브리어 'yadha(야다)'로서 꼭 성행위를 한다는 뜻은 아니지만 롯이 이 단어를 '남자를 가까이 아니한 두 딸'(창 19:8)이라는 말을 할 때에도 사용하였으므로 'yadha(야다)'는 동침의 뜻이 분명하다.

손님대접을 잘못해서 화가 난 자들을 달래기 위해 처녀 딸을 줄 사람은 없다. 이는 그들의 욕구가 성행위임을 말하는 것이다. 에스겔 16장 49절에는 빈곤과 같은 상황으로 소돔이 이기주의적이었다고 정죄하였지만 그렇다고 이것이 동성행위 때문에 정죄를 받았다는 말은 아니다. 그러나 에스겔은 50절에서 그들의 죄를 '가증한 일'이라고 기록하였다. 이것은 히브리어로 레위기 18장 22절에서 동성행위를 설명할 때 사용했던 말과 동일하다. 그러므로 이에 대한 변명 또한 그 근거가 없다.

사실 '가증하다'는 단어는 성경에서 몰렉에게 아이를 제물로 바치는 것과 같은 죄를 설명할 때 사용된다. 그러나 성경 그 어디에서도 자기중심이거나 손님대접을 하는 말로 설명된 일은 한번도 없다. 또한 우리 성경에는 동성애를 '남색'이라고 기록하였는데. 흥미롭게도 이 단어는 법정용어로 사용되고 있다.

믿는 동성애자들 중에는 사울 왕의 아들 요나단과 다윗이 동성애자였다고 주장한다. 이들은 그 증거로 사무엘상 18장 3절에서 "요나단은 다윗을 자기 생명 같이 사랑했다"는 것이고 또 다음 4절에서 "요나단이 자기의 입었던 겉옷을 벗어 다윗에게 주었다"고 했다는 것이며 더 나아가 20장 41절의 "피차 입맞추었다"는 말을 이끌어낸다. 그러나 요나단에 대한 다윗의 사랑은 성적인 이성간의 애정이 아니고 우정이었다.

그리고 요나단은 자기의 옷을 다 벗은 것이 아니라 그의 갑옷과 그의 칼과 활과 띠를 벗었을 뿐이다(삼상 18:4). 그뿐 아니라 다윗이 그의 여러 아내들을 사랑한 것을 보면 분명히 그는 이성적인 사랑을 했던 사람임을 알 수 있다. 더군다나 다윗은 우리야의 처 밧세바가 목욕을 하는 것을 보고 욕정에 이끌려 간음을 하였다. 그가 동성연애자였다면 이런 일은 애당초 발생하지도 않았을 것이다.

어떤 사람들은 이사야서 56장 3절을 말하며 성 전환한 트랜스젠더들로 하나님 앞에 나아갈 수 있고 하나님의 자녀보다 더 귀한 이름을 받을 수 있다고 말한다. 그러나 이사야서 56장에 언급된 고자들은 동성애자들이 아니다. 그들은 타고났던가 사고로 고자가 된 자들을 말한 것이다. 이와 같이 동성애에 대한 그 어떤 다른 성경적 논쟁이라 할지라도 성경은 분명하게 반박할 수 있다. 따라서 우리는 하나님께서 이성간의 결합만을 유일한 결혼으로 인정하고 있으며, 동성애는 성경에서 정죄하고 있다는 것을 알아야 한다.

## 동성애에 대한 형벌

성경은 동성연애를 혐오할 것으로 설명할 뿐 아니라 이에 관련된 자들을 벌할 것을 명령하고 있다(레 20:13). 소돔과 고모라에서도 이들이 회개를 하지 않으니 그 성들을 멸하셨다(창 19:24-25). 이들을 벌하신 하나님은 앞으로도 벌하실 것이다. 그러므로 바울은 "불의한 자가 하나님의 나라를 유업으로 받지 못할 줄을 알지 못하느냐 미혹을 받지 말라 음란하는 자나 우상 숭배하는 자나 간음하는 자나 탐색하는 자나 남색하는 자나 도적이나 탐람하는 자나 술 취하는 자나 후욕하는 자나 토색하는 자들은 하나님의 나라를 유업으로 받지 못하리라"(고전6:9-10) 기록하였다. 그가 누구라도 하나님의 나라를 상속받지 못한다면 그는 더 이상 하나님의 자녀가 아니다.

## 동성애자들의 소망

그러나 동성애자들에게도 소망은 있다. 하나님은 자신의 죄인 됨을 회개하고 돌아오면 동성애 행위를 포함한 인간의 모든 죄를 용서하시고 씻어주신다. 바울은 "너희 중에 이와 같은 자들이 있더니 주 예수 그리스도의 이름과 우리 하나님의 성령 안에서 씻음과 거룩함과 의롭다 하심을 얻었느니라" (고전 6:11) 증거하였다.

이와 같은 하나님의 은혜는 회개하는 자에게 하나님을 기쁘게 하는 삶을 살 수 있도록 능력을 주신다(롬 6:6-7). 그러므로 동성애자들이 진심으로 회개를 하였다면 그의 자녀로서 천국을 상속 받게 된다.

오늘날 자유주의 교회들이 '사랑'이라는 미명아래 동성애 행위를 허용하며, 동성애는 타고난 것이며 해결 방법이 없으므로 정당한 것으로 받아들여야 한다고 주장하고 있으나 이는 잘못된 것일 뿐 아니라, 동성연애자들을 육체적 본능으로 사는 동물 수준으로 격하시키는 것이다.

설혹 그들은 동성애자들의 인권을 말하며 그리스도의 사랑으로 받아들여야 한다고 주장하지만 사실 그들은 동성애자들을 사랑하고 있지 않은 것이다. 그들의 주장이야 말로 하나님의 위대한 작품인 하나님의 형상대로 지은 사람에게서 하나님의 모양을 제거하려는 것이므로 그들은 동성애자들을 영혼 없는 동물과 같이 여기고 있는 것이다.

사람은 동물이 아니고 도덕적 선택을 할 수 있는 능력을 가진 존재로 하나님이 그의 형상으로 지으셨다(창 1:26, 27). 이뿐 아니라 창조자의 아들 예수 그리스도의 복음은 동성연애의 죄를 포함해 모든 죄의 속박으로부터 믿는 자를 자유케 한다.

그러나 자유주의자들은 동성애는 타고 난 것이기 때문에 할 수 없이 그대로 받아들여야 한다고 주장하지만 우리 주변에 수많은 사람들이 하나님의 말씀에 순종하여 성령님의 능력으로 동성애를 비롯한 죄의 속박으로부터 벗어나 그리스도의 자유에 참여하였다. 이는 오직 성경만이 줄 수 있는 소망임을 증거하는 것이다.

# 동성애, 탈출 가이드

## 성경적 자기대면의 시작

인류 역사를 살펴볼 때 이 땅의 모든 사람들은 인생의 문제의 해결책을 찾아왔다. 각 세대마다 많은 사람들이 새로운 인간의 철학들과 모델들을 제시하지만 인생은 갈수록 고통을 겪고 있다. 심지어 예수 그리스도의 공동체 안에도 정신적 고통, 신체적 질병, 정체성의 문제로 인한 우울, 불안, 두려움, 근심 가운데 결혼생활이 깨어지고 사회 처처에서 다툼이 끊이지 않는다. 그러므로 욥은 "인생은 고난을 위하여 났나니 불티가 위로 날음 같으니라."(욥 5:7)고 고백하였다.

그러나 인간을 창조하신 하나님은 인생의 삶의 문제들에 대한 원인을 규명하고 해답을 제공하는 유일하고도 완전한 성경을 주셨다. 성경은 16세기가 넘게 인류의 삶 속에서 그의 증인들에 의해 기록되었으며, 오늘에 이르기까지 1900여 년을 지속하며 인류의 삶 속에서 함께 숨 쉬어 왔다. 신구약 성경에 있는 하나님의 약속과 권위는 생동력 있고 풍성한 삶을 위한 기반을 제공한다. 성경은 태도와 대인관계와 의사소통과 행동의 모든 문제들에 대한 해답들을 포함하고 있다. 따라서 우리가 당면하고 있는 인생의 여러 가지 문제들을 성경적으로 대면하는 것은 문제를 풀어내는 유일한 길이다.

따라서 당신이 동성애를 비롯한 인생의 모든 문제를 극복하고 영적으로 성숙하기를 진정으로 갈망한다면, 당신의 실패와 단점들을 기꺼이 성경적 대면하고 성경적 표준에 따라 적절한 변화를 이루어야 한다(롬 12:1-2). 만약 당신이 이 길을 선택한다면 당신은 주 예수 그리스도의 진리 안에서 성장하게 되며 다른 사람들의 문제들을 효과적으로 도울 수 있는 위치에 서게 될 것이다 (갈 6:1-5). 그 이유는 성경에 기록된 모든 진리의 원리들이 당신의 삶 안에서 영속적인 변화를 위한 기초가 되기 때문이다.

잠언서 16장 6절에는 "인자와 진리로 인하여 죄악이 속하게 되고 여호와를 경외함으로 인하여 악에서 떠나게 되느니라"고 기록되었다. 따라서 우리는 회개하고 주님의 자비를 구하고 성령께서 간섭해 주시도록 간구해야 한다. 또 주님을 충만하게 알고 거룩하게 되는 것이 나의 소원이라고 기도해야 한다. 마음에서 악한 것만 생각하고 있으면 주님께서 우리의 기도를 응답해주실 수 없다. 또한 시편 34편 14절에는 "악을 버리고 선을 행하며 화평을 찾아 따를지어다"라고 명하였고, "악에서 떠나 선을 행하라 그리하면 영영히 거하리니"(시 37:27)라고 기록되었다.

그러나 어떤 사람이 "저는 아무리 해보아도 그렇게 할 수가 없습니다. 마음은 원이지만 죄를 버릴 수가 없어요!"라고 말을 한다면 이는 그가 마음에서 악을 떠나기 싫어하기 때문이다. 잠언 기자는 "소원을 성취하면 마음에 달아도 미련한 자는 악에서 떠나기를 싫어하느니라"(잠13:19)고 기록하였다.

많은 성도들이 같은 죄의 문제를 가지고 계속 도움을 청한다. 특히 음욕의 죄의 문제로 도움을 구한다. 이런 죄를 극복하려다 실패하면서 삶 자체에 대해서 좌절하는 사람들을 자주 만난다. 대부분 그들은 음욕의 노예가 됐다고 생각한다. 자기가 하기 싫은 죄를 계속 반복하게 된다고 호소한다. 그러나 예수 그리스도께서 왜 이 세상에 오셔서 십자가를 지셨는가? 예수 그리스도는 죄책과 죄의 권세로부터 우리를 구하러 오셨다. 사람이 죄를 반복하는 원인은 하나님의 능력에 문제가 있는 것이 아니라 하나님의 뜻을 행하지 않으려는 본인의 의지적 불순종에 있다.

우리가 알아야 할 것은 성경은 예수 그리스도를 믿지 않는 불신자를 위해서 쓴 것이 아니고 예수님을 믿는다고 고백하는 사람을 위해서 기록하신 하나님의 말씀이다(딤후 3:17). 그러므로 만일 누가 죄를 계속 짓게 된다면 자신의 믿음을 성경적으로 점검해 보아야 한다. 바울은 "너희가 믿음에 있는가 너희 자신을 시험하고 너희 자신을 확증하라 예수 그리스도께서 너희 안에 계신 줄을 너희가 스스로 알지 못하느냐 그렇지 않으면 너희가 버리운 자니라."(고후 13:5)고 기록하였다. 그러므로 당신이 믿음 안에 있다면 죄에서 벗어나기 위해서 과격한 결단이 필요하다. 어떤 죄든 성령으로 인도받는 사람들을 지배할 수 없기 때문이다.

그러므로 생활 속에 자리 잡고 있는 모든 죄들은 단호하게 단절시켜야 한다. 물론 죄는 꼭 음욕의 죄가 아닐 수도 있다. 부부간의 문제일 수도 있고, 부모와 자녀 간의 문제일 수도 있다. 오락이나 스포츠에 빠지고 음악에 빠질 수도 있다. 또 재물에 빠질 수도 있다.

그러나 우리 생활 속에서 우리를 지배하고 있는 속성들을 잘라 내지 않는다면 그는 결코 하나님 앞으로 나아갈 수 없다. 그러므로 예수님은 "만일 네 손이나 네 발이 너를 범죄케 하거든 찍어버리라. 불구자나 절뚝발이로 영생에 들어가는 것이 두 손과 두 발을 가지고 영원한 불에 던지우는 것보다 낫다."(마 18:8)고 단호하게 말씀하셨다.

## 선택의 책임

죄는 다른 사람에게 책임이 있는 것이 아니다. '한 번만 하지', '이 번만 하고' 하면서 짓는 죄도 본인의 선택임을 기억해야 한다. "마귀의 꼬임으로 죄를 지었다"는 말은 거짓이다. 예수를 믿는 당신에게 마귀가 할 수 있는 것은 당신의 마음속에 있는 탐욕을 일으켜 죄를 짓도록 유혹할 뿐이다. 그러므로 예수님께서도 "마음에서 나오는 것은 악한 생각과 살인과 간음과 음란과 도적질과 거짓 증거와 훼방이라."(마 15:19)고 말씀하셨다.

또한 육신은 우리의 마음을 지배하려고 성령을 대항해서 항상 싸우려고 한다는 것을 잊어서는 안 된다(갈 5:17; 약 4:5). 그러나 우리는 마음을 다룰 수 없다. 마음은 완전한 비물질이기 때문에 우리가 볼 수도, 완전히 다룰 수도 없다. 성경은 "만물보다 거짓되고 심히 부패한 것은 마음이라 누가 능히 이를 알리요."(렘17:9)라고 기록하였다. 그러므로 무엇보다도 먼저 예수님께 우리의 마음속의 모든 악을 깨끗하게 제거해달라고 기도해야 한다. 비록 불신자일 때나 신자일 때의 나의 몸은 동일하지만 성령의 지배로써 우리는 죄를 멀리 할 수 있다. 바울도 "무릇 하나님의 영으로 인도함을 받는 그들은 곧 하나님의 아들이라."(롬8:14)고 증거하였다.

그렇게 하기 위해서 우리는 믿음의 말씀 위에 서서 몸의 소욕을 억제하고 죄를 극복할 굳은 의지를 가져야 한다. 그래야만 내 안에 계신 성령께서 나를 돕고 악을 이루지 못하게 하신다. 내가 말씀에 순종할 때 성령께서 죄와 의에 대해서 책망하시고 내가 무엇을 할 것을 가르쳐주시므로 우리가 죄를 넉넉하게 이길 수 있다. 내가 굳건한 의지를 갖고 있을 때 육신과 정욕을 따르려는 나의 모든 생각을 사로잡아 그리스도에게 복종케 할 수 있다(고후 10:5).

어떤 사람들은 이렇게 말한다. "나도 죄는 미워하고 일부러 죄를 짓는 것은 아니다. 내 안의 죄가 죄를 짓게 한다. 바울도 로마서 7장에서 그렇게 말하였다"고 주장한다. 그러나 이것은 새빨간 거짓말이다. 사람이 오븐에 손을 올려놓으면 안 된다는 것을 안다면 이 사람은 일부러 손을 오븐에 손을 올려놓지는 않는다. 마찬가지로 사람이 무엇을 정말 싫어하면 그것을 절대로 하지 않는다. 뜨거운 오븐에 손을 올려놓는 것이 위험하다는 것을 안다면 그 사람은 오븐에 그의 손을 올려놓는 어리석은 짓은 하지 않을 것이다. 죄도 마찬가지이다. 바울이 죄의 속성을 말한 것은 해결할 수 없는 인간의 상태와 죄를 해결할 상태를 로마서 7장과 8장에서 설명한 것이다.

그러나 사람이 어떤 죄가 됐건 그것을 정말 싫어한다면 절대로 죄를 범하지 않을 것이다. 그러므로 "죄는 미워하는데 어쩔 수 없이 그 짓을 한다"는 말은 새빨간 거짓말이다. 누가 말은 그렇게 하면서 죄를 짓는다면 그것은 죄악에 죄악을 쌓아 올리는 것이다. 죄를 짓고 죄책을 느낄지는 몰라도 그 죄를 미워하는 것은 아니다. 그 죄를 짓는 것을 즐거워한다고 시인하는 것이 오히려 낫다. 왜냐하면 죄를 즐겨 하지 않는다면 절대로 그것을 할 리가 없기 때문이다. 그러므로 먼저 하나님의 지혜를 얻기 위해 진지하게 기도해야 한다.

"주님. 저는 포르노를 좋아합니다. 이것이 죄인 것을 고백합니다. 그럼에도 제가 그것을 좋아하기 때문에 즐겨왔습니다. 그러나 하나님 아버지 제가 주를 믿은 후부터 그것을 할 때마다 죄책감을 느낍니다. 그런데도 저는 계속 반복하고 있습니다. 이제 나의 죄를 고백하고 더 이상 하지 않기로 작정하고 하나님께 기도 드립니다. 주의 말씀에 '만일 우리가 우리 죄를 자백하면 저는 미쁘시고 의로우사 우리 죄를 사하시며 모든 불의에서 우리를 깨끗하게 하실 것이다'(요일 1:9)라고 하셨으니 부디 이제 저를 용서해주시고 이 죄악의 길에서 벗어나도록 지혜를 주십시오. 예수 그리스도의 이름으로 기도하였습니다. 아멘"


## 선택의 우선순위

- 나는 그 일을 하겠다.
- 나는 그 일을 하지 않겠다.

선택은 오직 자신에게 달렸다. 그 누구도, 또 환경이나 그리고 마귀도 나를 죄를 짓게 하지는 못한다. 미치지 않고서야 자기의 머리에 총구를 대는 사람은 없다. 그러므로 자신의 선택으로, 자신의 의지로 죄를 짓고 있다는 것을 스스로 시인해야 한다. 내 자신의 음욕이 나로 죄를 짓게 한다는 것을 잊어서는 안 된다.

"사람이 시험을 받을 때에 내가 하나님께 시험을 받는다 하지 말지니. 하나님은 악에게 시험을 받지도 아니하시고 친히 아무도 시험하지 아니하시느니라. 오직 각 사람이 시험을 받는 것은 자기 욕심에 끌려 미혹됨이니 욕심이 잉태한즉 죄를 낳고 죄가 장성한즉 사망을 낳느니라."(약 1:13-15)고 하신 말씀은 유혹이 죄를 짓도록 발전되는 과정을 잘 가르치는 말씀이다. 이와 같이 사람들은 자기 위주의 삶 때문에 죄를 짓는다. 유혹 자체는 죄가 아니고 그 유혹에 넘어가는 것이 죄이다.

결코 하나님은 당신을 유혹하지 않으신다. 이미 "사람이 시험(유혹)을 받을 때에 내가 하나님께 시험(유혹)을 받는다 하지 말지니. 하나님은 악에게 시험을 받지도 아니하시고 친히 아무도 시험하지 아니하신다."(약 1:13)고 말씀하셨기 때문이다. 당신이 유혹을 받는 건 당신 자신의 음욕(욕심) 때문이다. 그러므로 어떤 유혹이 올 때에 그것만을 바라보고(생각하고) 있으면 당신의 마음이 그것에게 정복되어 그것에 빠져 노예가 된다. "오직 각 사람이 시험을 받는 것은 자기 욕심에 끌려 미혹되는 것이다."(약 1:14).

　일단 유혹을 받게 되면 당신의 육신은 원하는 음욕의 대상을 갈망하게 되고 그 유혹에 넘어가게 된다. 이렇게 해서 죄를 짓게 된다. 유혹에 넘어갈 때마다 영적으로는 내가 나의 몸에 칼질을 하는 것과 마찬가지이다. 죄를 질 때마다 우리의 마음은 강퍅해진다. 그렇게 되면 기도를 하거나 성경을 보기가 싫어진다. 그러므로 성경은 "욕심이 잉태한즉 죄를 낳고 죄가 장성한즉 사망을 낳느니라."(약 1:15)고 기록하였다.

　그러므로 우리는 어떤 유혹이 와서 죄를 짓고 싶은 마음이 들 때마다 우리 앞에는 선택이라는 기회가 있음을 기억해야 한다. 절대로 속수무책이 되는 경우는 없다. 따라서 그때마다 저주에서 우리를 구하시기 위해서 예수님이 죽으신 것을 기억해야 한다. 이것이 예수님 안에서는 항상 승리할 수 있는 비결이다. 죄를 지으면서 죄를 짓지 않게 해달라고 기도하면 안 된다. 선택은 이미 우리에게 있었고 지금도 우리에게 있다. 죄를 지으라는 유혹이 올 때 "No!"라고 하는 선택은 전적으로 당신의 의지에 달려있다. 그러므로 유혹이 올 때마다 당신은 먼저 기도해야 한다.

　"하나님 아버지. 저는 연약해서 늘 하나님께 불순종했습니다. 부디 저를 용서해주십시오. 소가 도살장에 끌려가듯 죄를 짓게 하는 일에 끌려가지 않도록 죄의 유혹에서 저를 막아주십시오. 새도 덫을 보고는 덫에 일부러 걸려 들어가지 않습니다. 그런데 저는 지금까지 판단력을 상실하고 살았습니다. 죄를 지을 때마다 덫을 보았지만 그러면서도 그 덫을 향하여 들어갔습니다. 그러니 하나님 아버지 이제부터는 하나님의 지혜를 주십시오. 예수님의 이름으로 기도합니다. 아멘!"

## 어떻게 기도할 것인가?

당신이 하는 모든 일에 복을 주시도록 하나님께 기도하는 것은 매우 중요한 일이다. 당신의 삶의 모든 일, 모든 활동에 복을 주시도록 기도하는 습관을 가져야 한다. 만약 일상에서 죄를 지으려는 마음의 유혹을 받으면 "하나님이 높임을 받으소서. 하나님의 뜻을 행하도록 저의 죄를 책망해 주세요. 예수님의 이름으로 기도합니다"라고 큰 소리로 외치며 기도하고 곧바로 성경적인 행동을 실천해야 한다. 당신의 육신은 악을 행하기 원하기 때문에 기도를 못하도록 속삭이겠지만 만일 당신이 정말로 예수님을 믿는 성도로서 이러한 기도를 큰 소리로 한다면 죄를 지을 수 없을 것이다.

만약 당신이 세상 사람들과 똑같이 살면 세상 사람들과 똑같은 육체의 열매를 맺게 된다. 당신도 세상 사람들처럼 TV, 영화, 게임을 즐기며 스마트폰이나 인터넷을 통해서 음란물을 즐긴다면 그것은 당신의 마음에 오물을 퍼붓는 것과 같다. 그러는 동안 계속 자제력을 잃게 된다. 그러므로 예수 그리스도의 성도들은 세상과 짝하는 것이 하나님과 원수 되는 것임을 알아야 한다. 그래서 우리는 항상 자신의 신분과 상태를 점검해야 한다. 만약 우리가 이 세상 사람들과 똑같이 산다면 우리의 마음은 그리스도에게서 멀어지게 되어 있다. 육신적인 마음은 하나님의 법에 순종하지 않는 것이고 또 그렇게 할 수도 없기 때문이다. 싸움은 어느 특정한 죄와의 싸움이 아니다. 진짜 싸움은 자기 마음과의 싸움이며 그 마음을 지배하는 것이 세상의 신이다. 성경은 "이 세상 신이 믿지 아니하는 자들의 마음을 혼미케 하여 그리스도의 영광의 복음의 광채가 비취지 못하게 함이니."(고후 4:4)라고 기록하였다.

## 어떻게 마음을 새롭게 할 것인가?

사람이 어떻게 마음을 새롭게 할 수 있는가? 성경은 "모든 이론을 파하며 하나님 아는 것을 대적하여 높아진 것을 다 파하고 모든 생각을 사로잡아 그리스도에게 복종케 하라."(고후 10:5)고 기록하였다. 이럴 때 많은 사람들이 '내가 어떻게 하나님의 뜻을 알 수 있느냐'묻는다. 그러나 하나님의 뜻을 아는 방법은 간단하다.

성경에서 말씀하시는 명령은 모두 하나님의 뜻이기 때문에 성경을 매일 읽고 또 열심히 그대로 행하면 된다. 그렇게 할 때 말씀 안에 역사하시는 성령의 능력으로 우리가 거룩하게 된다. 그러므로 우리는 성령께서 우리의 마음을 충동하실 때 그에게 귀를 기울여야 한다. 또한 성령께서 우리의 잘못을 지적하시면 그것을 무시하지 말고 그대로 행해야 한다. 이럴 때 우리는 다음과 같이 기도해야 한다.

"하나님 아버지. 저는 그 동안 내 마음이 방황하도록 내어 버려두고 마음의 소욕이 이끄는 대로 죄를 지어 왔습니다. 주를 믿으면서도 하나님의 말씀에 귀를 기울이지 않고 그 말씀에 순종도 하지 않았습니다. 그 결과 죄에 대하여 자제를 못하고 있습니다. 그러므로 저는 무엇보다도 마음이 변해야 합니다. 이제 하나님께 다시 고백합니다. 성경의 말씀을 따라 성령의 이끄심을 받는 생활을 하겠습니다. 내가 오직 하나님의 말씀을 더욱 갈망하게 하여 주십시오. 예수님의 이름으로 기도합니다. 아멘".

## 어떻게 유혹에서 탈출할 것인가?

예수님께서도 "너를 실족케 하는 것들은 모두 빼버리라"고 하셨다. 즉, 나를 넘어지게 하는 것은 전부 없애버리라는 말씀이다. 이것을 "근본적이고 혁명적인 수술"이라고 말한다. 그것 때문에 불지옥으로 내려가는 것보다는 차라리 절단해 없애버리는 것이 낫다는 말씀이다. 예를 들면 만일 당신이 인터넷 음란 중독자가 되어서 그것을 안 볼 수가 없다면 인터넷을 없애고 필요하면 컴퓨터까지 없애버려야 한다.

TV나 인터넷, 스마트폰을 보는 것에 중독이 됐으면 그것을 없애버려야 한다. 그것을 보지 않아도 죽지 않으니까 안심하고 없애도 된다. 그 대신 당신은 성경 말씀을 따라 교회생활을 하며 성도들과 온전한 교제를 이루어야 한다. 그렇게 되면 당신은 머지않아 그런 것들을 보고 싶은 생각이 없어질 것이고 더럽고 추한 것들이 눈에 띄면 도리어 그것이 역겨워지게 될 것이다.

만약 당신이 과도한 채무가 있다면 물건을 사지 말아야 한다. 만약 아이돌 가수들을 사랑하면 CD를 다 없애버리고, 이와 관련된 포스터도 버리고, TV에서 멀어져야 한다. 그리고 일단 결심했다면 어떤 일이 있어도 끝까지 실천해야 한다. 만약 자위나 음란 행위를 해왔으면 음란과 관련된 생각과 말과 행동을 모두 버려야 한다. 특히 여자의 경우는 음란한 냄새를 풍기는 모든 옷을 버려야 한다. 만약 당신이 식욕을 절제하지 못하는 사람이면 모든 음식물에 대해서는 일단 "No!" 하는 습관을 가져야 한다. 비만 체중인 사람은 완전한 자제를 배울 때까지 디저트는 아예 먹지도 말아야 한다.

또한 사람들 앞에서 나쁜 언행을 하는 습관이 있는 사람은 자기 언행을 교정하는 습관을 가져야 한다. 다시 말해서 남자 동성애자들은 동성애 생활 속에서 언행이 자연히 여성스러워진다. 레즈비언도 남자의 언행이 마음과 몸에 배였다. 그런 관계로 탈동성애 하기로 작심을 했어도 동료들과 만나면 자신의 옛 모습이 그대로 나타나게 된다. 그러므로 매사에 성경적인 자기대면 생활 속에서 말씀을 실천하는 생활이 병행되어야 한다. 그것이 악한 습관에서 의로운 삶으로 바꾸는 첫 걸음이다.

설혹 피할 수 없는 상황에서 불의의 유혹을 받았다 해도 선택은 결국 당신의 몫이다. 따라서 당신을 유혹하는 것을 우선 피하는 것이 성공의 시작이다. 유혹을 받는다고 멍하니 앉아 있다가 유혹에 넘어가지 말고 속히 도망가야 한다. 그와 함께 그 유혹을 깨우치는 성구들을 암송하고 고백하며 하나님께 지혜를 구하라. 그러면 마음에서 악한 생각이 사라지고 평안과 기쁨이 찾아 올 것이다. 그러므로 바울은 "또한 네가 청년의 정욕을 피하고 주를 깨끗한 마음으로 부르는 자들과 함께 의와 믿음과 사랑과 화평을 좇으라" (딤후 2:22) 증거하였다.

## 경건생활의 절대성

함께 기도하라.

유혹의 장소를 떠나 거룩한 사람들과 어울리라.

나에게 도움이 될 믿음의 사람과 같이 생활하라.

관련 성구를 큰 소리로 암송하라.

예수 그리스도의 이름으로 마귀를 물리쳐야 한다.

좋아하는 찬송을 들으며 함께 부르는 생활을 하라

공동체 생활을 하라

그리스도인의 삶은 주일에 교회에 가서 자리를 채우는 것만이 목적이 아니다. 주님을 섬기는 삶을 사는 것이 그리스도인의 삶이다. 많은 그리스도인들이 주를 섬기지 않고 오히려 세상 사람들 속에서 시간을 보내는 경우가 많다.

그러나 세상과 짝하는 것이 하나님과는 원수 되는 일인 것을 기억해야 한다. 주님께서 죽은 자를 살리시고 귀머거리를 듣게 하시고 소경과 문둥병자를 치료하신 것처럼 그분은 지금도 모든 것을 하실 수 있음을 기억하라. 그분은 우리의 필요도 다루어 주실 수 있는 전능자시다.

그러므로 당신은 "주님, 주님에게는 불가능이 없으십니다. 저도 그리스도의 보혈을 통해서 승리를 가질 수 있습니다. 영적으로 게으르고 규율이 부족한 저를 용서해주십시오. 예수님의 이름으로 기도합니다. 아멘" 하고 기도해야 한다.

## 성구암송 생활훈련

먼저 자신을 성경말씀으로 훈련시켜야 한다. 예수님은 우리가 주님의 제자가 되려면 "아무든지 나를 따라 오려거든 자기를 부인하고 자기 십자가를 지고 나를 좇을 것이니라."(마 16:24)고 말씀하셨다. 사도 바울도 성령님의 감동으로 "내가 내 몸을 쳐 복종케 함은 내가 남에게 전파한 후에 자기가 도리어 버림이 될까 두려워함이로라."(고전 9:27)고 고백했다.

자기를 훈련하려는 사람은 "더러운 악을 즐겨 행하지 않겠다"는 고백을 계속하면서 자기의 결심을 순간순간 다짐하고, 하나님을 찬양하며 그를 경배하는 삶을 살아야 한다. 그 어떤 것도 하나님을 향한 나의 결심을 뺏어갈 수 없다는 것을 재삼 다짐해야 한다. 예수님도 십자가를 지시기 전에 겟세마네 동산에서 십자가의 결심을 이루시려고 얼마나 힘든 싸움을 하셨는가를 음미해보라.

## 관련 성구를 암송하라

시편 1편에서부터 시작하는 것이 좋다. 또한 자신의 문제와 관련된 성구들을 찾아 암송하라. 다시 말해 음행과 관련된 사람은 디모데후서 2장 22절의 "또한 네가 청년의 정욕을 피하고 주를 깨끗한 마음으로 부르는 자들과 함께 의와 믿음과 사랑과 화평을 좇으라", 시편 119편 9절의 "청년이 무엇으로 그 행실을 깨끗케 하리이까 주의 말씀을 따라 삼갈 것이니이다"와 같은 말씀을 암송하라.

분노가 많은 사람은 에베소서 4장 26, 27절의 말씀 "분을 내어도 죄를 짓지 말며 해가 지도록 분을 품지 말고 마귀로 틈을 타지 못하게 하라"는 말씀을 암송하고 마음에 새겨두라. 이와 같은 마음으로 성경의 말씀들을 암송을 하면 암송을 할 때마다 당신의 마음 가운데서 성령님의 능력이 나오는 것을 느낄 것이다. 이렇게 해서 당신의 삶을 그리스도의 영적인 말씀으로 채우라.

## 예배 생활에 충실하라

교회는 당신의 구원자 하나님의 아들 예수 그리스도의 몸이며 성도의 집이다. 우리가 악한 행실로 멀리 떠나 있었을 때 하나님은 그의 아들 예수 그리스도를 보내시어 내 모든 죄를 위해 십자가를 지우시고 하나님의 사랑을 확정하셨고 그 아들을 믿는 믿음 위에 사단의 권세를 이길 교회를 세우셨다.

우리는 그리스도의 몸 된 교회를 통해서 하늘로부터 오는 양식을 먹으며 그 안에서 역사하는 성령의 능력과 성도의 교제를 통해서 한 지체인 그리스도의 몸을 이루어 간다. 그러므로 죄에서 떠나 의인된 당신은 교회를 통해서 모든 영적 능력을 받을 수 있다. 일주일에 단 한 번의 양식으로는 갈급한 당신의 영혼을 채울 수 없다. 그러므로 모든 성경공부에 참여하고 모든 예배에 적극 참여하라. 유일하신 참 하나님과 그 아들 예수 그리스도를 아는 것으로 당신의 육신의 정욕에서 떠나 신의 성품에 참여할 수 있고 영생에 이르게 될 것이다.

그러므로 우리가 이 세상에 사는 오직 한 가지 목적은 곧 예수 그리스도의 이름을 높이고 그의 영광을 찬송하기 위해서다. 그 어떤 모양이라도 당신을 위해서 사는 삶이 되어서는 안 된다. 오직 예수 그리스도를 위해서 사는 삶이 되어야 한다. 당신이 이 사실을 알게 되면 당신은 이미 영적인 세계로 들어온 것이다. 그 세계로 들어서면 모든 지각에 뛰어난 평강과 목적과 이해와 지혜와 지식을 얻게 된다. 이렇게 되면 당신의 삶은 말만이 아닌 실제 그리스도 안에 감추어지고 죽음에서 부활하신 그리스도의 능력으로 사는 새로운 삶을 살게 된다.

## 동성애 성향을 가진 사람을 위한 조언

- 동성애의 원인과 관계없이 혼란스런 자신의 성 정체성의 실제와 고통을 인정하라.
- 동성애는 하나님이 금하신 범죄 중의 하나임을 고백하고 회개하라.
- 동성애는 예수 그리스도의 진리 안에서 회복할 수 있음을 깨달으라.
- 가족과 교회 지도자와 믿음의 공동체에서 당신의 고통의 상황을 고백하라.
- 예수 그리스도를 믿어도 아직 극복해야 할 정신적, 육체적 문제가 있음을 인식하라.
- 예수 그리스도 안에 있는 자는 정죄함이 없으며 성령의 인도함을 받음을 확신하라.
- 그리스도 안에서의 영적 투쟁은 당신의 믿음의 실천과 비례함을 인지하라.
- 동성애의 유혹은 당신의 마음의 상태에서 언제든지 나타날 수 있음을 기억하라.
- 동성애를 합리화하는 모든 잘못된 가르침으로부터 단호하게 돌아서야 한다.
- 당신의 마음과 생각 속에 있는 모든 잘못된 사고는 성경의 진리로 바꾸어야 한다.
- 그리스도 안에서는 그 어떤 경우에도 동성애의 교제가 있을 수 없음을 기억하라.
- 오직 하나님의 진리의 말씀과 성령과 기도로 거룩하여짐을 깨달으라(딤전4:5).
- 동성애 죄를 지으며 하나님 앞에 나갈 수 없다는 것을 명심하라(고전6:9,10).
- 동성애 극복을 위해 성경적 믿음생활을 함께 할 동역자를 찾아라.
- 당신의 영혼을 위해 진리의 말씀을 가르칠 성경적 지도자를 만나라(히13:17).
- 음행, 간음, 동성애와 관련된 성구들을 암송하라(고전6:9,10,11, 딤전1:9-11)

## 부모, 형제, 복음 사역자를 위한 조언

- 오직 진리만을 말하라(요8:31)
- 어떤 죄도 용서받을 수 있음을 인지하라(롬1:16,17).
- 그들을 더욱 사랑하고 그들을 위하여 기도하며 그들이 성경적인 진리를 받아들일 수 있도록 경계와 권고의 말씀을 전하는 데 게으르지 말라(요일5:16).
- 일대일 양육 제자훈련 프로그램을 개설하고 극복을 위한 성경공부 모임에 동참하라.
- 동성애자들 간의 교류를 끊어내야 하며 모든 매개체를 차단하라(마18:8,9).
- 동성애는 사랑이 아님을 성경적으로 깨우쳐라(고전6:9,10, 딤전1:9,10).
- 트랜스젠더도 동성연애자임을 기억하라.
- 동성애는 에이즈에 노출되어 있음을 인식하게 하고 모든 성적 행위를 극복케 하라.
- 에이즈 환자와 트랜스젠더는 더욱 각별한 사랑으로 대하라(그들의 영혼을 사랑하라).
- 어떤 상황에서도 포기하지 말며 용서와 사랑과 인내로써 항상 기도하고 권면하라.
- 귀신축사와 같은 맥락으로 접근, 대응 또는 상담하지 말라.
- 인위적인 방법(폭력, 정신교육, 정신과 치료, 감금, 감시)으로 접근하지 말라.
- 자신이 알지 못하는 분야를 비성경적으로 대응하지 말고 전문가와 의논하라.


## 동성애 문제의 대응 방법

- 동성애는 인권문제가 아니라 죄의 문제임을 기억하라(고전6:9-10, 딤전1:9,10).
- 동성애를 심리학적으로 대응하지 말라(딤후3:16,17).
- 동성애를 문화적, 정치적으로 비화하지 말라(고후10:4-6).
- 동성애를 어떤 경우라도 정당화하지 말라(요14:6).
- 동성애는 복음의 진리의 믿음 안에서 극복됨을 기억하라(고전6:11).

# 성에 대한 일반적 용어

- 이성애(heterosexual) : 선천적 본성에 의한 남녀의 정상적인 행위.
- 동성애(homosexual) :선천적 본성에 역행하는 성적이탈로서 인간에게만 나타난다.
- 양성애(bisexual) : 남녀를 구분치 않고 행하는 성행위로 인간에게만 나타난 성적 행위.
- Sex : 생물학적인 면에서 남녀를 구분할 경우에 사용된 용어로 태어나면서부터 구분된 선천적인 성별을 뜻한다. 최근에는 성행위의 표현으로도 사용되는 경향이 있다.
- Gender : 생물학적 차원의 섹스와는 달리 정신적 차원에서 남녀를 구분하는 용어로 사용된다. 최근 트랜스젠더들의 세력이 왕성해지면서 섹스와 동의어로 사용하려는 추세가 있지만. 이는 출생 이후 사회적, 문화적 심리적인 환경에 의해 학습된 후천적 성적지향에 대한 용어.
- Sexuality(성적지향) : 19세기에 등장한 이 용어는 성적행동은 물론이고 개인이 갖는 성에 대한 태도, 사고, 감정, 가치관을 포함한 개인의 정체성을 뜻하는 표현으로 자위행위 역시 섹슈얼리티의 일부이다. 젠더도 문화적이고 심리학적 특성을 나타내므로 섹슈얼리티에 속한다고 할 수 있다.
- Sexual identity(성 정체감) : 해부학적으로 개인이 남성(male)인가 여성(female)인가를 나타낼 때의 자신의 성적 주체성을 정립하는 용어
- 성 정체성 : 성적 지향성을 바탕으로 자신의 성적 상태를 인식하고 자신의 성적 주체성을 정립하는 용어.

## 나의 소망, 나의 바람

이 일이 장래 세대를 위하여 기록되리니 창조함을 받을 백성이 여호와를 찬송하리로다 여호와께서 그 높은 성소에서 하감하시며 하늘에서 땅을 감찰하셨으니 이는 갇힌 자의 탄식을 들으시며 죽이기로 정한 자를 해방하사 여호와의 이름을 시온에서, 그 영예를 예루살렘에서 선포케 하려 하심이라 (시편 102:18-21)

탈동성애 이후 갈보리채플 목사로 부름받은 이래 나는 2000여 명 정도의 크리스천 동성애자들을 상담해왔다. 놀라운 것은 그들 중 38%가 모태신앙으로 태어난 아이들이고, 그 중에 17%가 목회자 가정에서 태어났다.

또한, 내가 만난 청년 중에는 독실한 부모 밑에서 부족함 없는 사랑을 받고 성장했음에도 동성애자가 된 형제도 있었다. 그러므로 나는 동성애의 원인을 뭐라고 정의할 수는 없다. 날아가는 새가 싼 똥이 하필이면 내 머리에 떨어졌느냐고 말하는 것이 더 합리적일 것 같다.

나를 돌이켜 보건데 동성애는 철도 들기 전부터 혈관 속을 흐르는 어떤 존재와 같았다. 키 크고 잘생긴 남자가 좋았고, 남자의 허벅지를 보는 것만으로도 가슴이 뛰었다.

사춘기가 되면서 남자를 향한 설렘은 진한 욕정으로 더해갔고, 어쩌다 그 욕정이 채워지는 순간이면 심장이 녹아내리는 짜릿한 경련이 내 영혼을 불살라 버렸다. 그 욕정 속에서 나는 완전한 동성애자가 되어 있었다. 세상을 알지도 못하던 천진난만한 소년기에 말이다.

그럼에도 오늘 나는 동성애는 타고난 것이 아니며 창조자의 섭리를 이탈한 가증한 죄로써 죽어서도 쉼을 얻지 못할 악한 영들의 저주임을 고백한다. 설령 백 번 양보해 어떤 이들의 주장처럼 선천적이라 하더라도 동성애는 견딜 수 없는 인간 모독이며, 또 스스로 감당할 수 없는 인격적 굴욕이다.

유월이 오면 해마다 서울의 심장 서울광장에서 동성애자들의 광란의 퀴어 축제가 국제적인 규모로 개최되고 있다. 동성애자들의 축제가 20회라는 데서 일천만 성도를 자랑하는 선교대국의 위상이 무색해진다.

해마다 진화해온 저들의 축제는 세계 각국의 동성애자들이 초청된 가운데 미국 대사관을 비롯하여 유엔연합, 프랑스 대사관 등과 구글을 비롯한 다수의 국제기업이 참여한 가운데 수천 명의 규모로 치러졌다. 갈수록 지능적으로 진화하는 동성애자들의 축제를 물끄러미 바라봐야만 하는 나는 더욱 죄인 된 느낌이다.

저들의 동성애문화축제의 백미는 퀴어 퍼레이드다. 저들은 감히 부부의 침실에서도 입기에 민망한 팬티 차림으로 마치 귀신의 영들을 불러 모으는 듯한 난폭한 괴성을 지르며 신들린 자들처럼 카퍼레이드를 펼친다. 더러운 영들의 광란의 질주다.

그런데 정작 우리를 놀라게 한 것은 저들의 광란의 횡포를 보고 있는 국민들의 반응이다. 마치 유명 연예인들의 축제를 보듯이 손뼉을 치며 즐기는 모습은 이 나라 국민의 도덕적 민도를 보는듯하여 가슴이 무너져 내린다.

도덕과 윤리를 뽐내던 우리나라가 어쩌다 이 지경에까지 이른 것인지, 복음을 맡은 목회자로서 이 시대를 사는 것이 죄인 된 기분이다. 주여 어서 오소서. 아멘